Der Autor über sein Buch:

Das "Paradigma der dialogischen Vernunft" ist Grundlage verschiedener aktueller Denkrichtungen (Analytische Philosophie, Hermeneutik, Kritische Theorie). Diese Ansätze sind es, denen mein Interesse gilt. Im folgenden geht es vor allem um die Positionen von Rawls, Apel und Habermas. Dabei ist auch den Spuren Kants in der heutigen politischen und Moralphilosophie nachzugehen. Die "Krise der Moderne" scheint das Erbe der Aufklärung "im Jahrhundert von Auschwitz, GULAG und Hiroshima" infrage zu stellen. Die möglichen Antworten auf Kants Frage "Was können wir hoffen?" sind zwar weniger erfreulich, als es der utopische Marxismus Blochs annahm. An einen in unserer dystopischen Zeit bevorstehenden Bankrott der Ethik glaube ich jedoch trotzdem nicht. Die praktische Vernunft wird sich nur mit der ebenso unbequemen wie unvermeidlichen Ungewißheit abfinden müssen.

Javier Muguerza (Málaga 1939), Leiter des Instituts für Philosophie des spanischen Wissenschaftsrates, hat in Madrid, Frankfurt a. M. und New York studiert und in Barcelona, La Laguna (Teneriffa), Mexiko-Stadt und Madrid gelehrt. Er ist Autor zahlreicher Arbeiten zu politik- und moralphilosophischen Themen, darunter der Bücher "La razón sin esperanza", "La alternativa del disenso" (Tanner Lecture 1988) und "Desde la perplejidad".

Javier Muguerza

Ethik der Ungewißheit

Alber-*Reihe*
Praktische Philosophie

Unter Mitarbeit von
Norbert Hoerster, Reinhart Maurer,
Manfred Riedel, Robert Spaemann
und Meinolf Wewel
herausgegeben von
Günther Bien, Karl-Heinz Nusser
und Annemarie Pieper

Band 34

Javier Muguerza

# Ethik der Ungewißheit

Aus dem Spanischen
übersetzt von Ruth Zimmerling

Verlag Karl Alber Freiburg/München

Auswahl aus „Desde la perplejidad
(Para una critica de la razón dialógica)“


Übersetzt mit Unterstützung des
Ministerio de Cultura de España

CIP-Titelaufnahme der Deutschen Bibliothek

**Muguerza, Javier:**
Ethik der Ungewissheit / Javier Muguerza. Aus d.
Span. übers. von Ruth Zimmerling. – Freiburg
(Breisgau); München: Alber, 1990
(Alber-Reihe Praktische Philosophie; Bd. 34)
ISBN 3-495-47690-3
NE: GT

Gedruckt auf alterungsbeständigem Papier (säurefrei)
Printed on acid-free paper

Druck: Offsetdruckerei J. Krause, Freiburg i. Br.
ISBN 3-495-47690-3

# Vorwort

Die drei in diesem Band zusammengefaßten Aufsätze entstanden aus vorläufigen Fassungen dreier Kapitel meines Buches "Desde la perplejidad (Para una crítica de la razón dialógica)". Sie sind, wie auch der sie verbindende Titel "Ethik der Ungewißheit", ein Reflex der allgemeinen Unsicherheit, in der sich das politik-philosophische Denken derzeit zu befinden scheint, setzen aber angesichts der trügerischen Sicherheiten, wie sie von philosophischem Dogmatismus und Skeptizismus angeboten werden, auch sozusagen auf diese Unsicherheit. Der Verfasser hegt jedenfalls den Verdacht, daß die konstatierte Ungewißheit mitnichten ein vorübergehendes Merkmal des Philosophierens über die menschliche Praxis darstellt, sondern daß sie vielmehr eine bestimmte Auffassung von der Philosophie selbst widerspiegelt, gemäß dem alten burgundischen Sprichwort, das José Ortega y Gasset so gerne anführte: *Rien ne m'est sûr que la chose incertaine.*

Die Veröffentlichung dieses Bandes verdanke ich der Initiative meines Kollegen Ernesto Garzón Valdés von der Universität Mainz, dem ich ebenso danken möchte wie Ruth Zimmerling, die mit großer Geduld und Sorgfalt die Übersetzung aus dem Spanischen besorgt hat.

Madrid 1990 — Javier Muguerza

# Inhalt

# I. Zwischen Liberalismus und Libertarismus

Ein bekanntes Wörterbuch der zeitgenössischen Philosophie,[1] das seinerzeit eine Art Manifest für alle darstellte, die wir uns in unserem Land "junge Philosophen" nennen ließen, begann mit einer Widmung, die ich nicht nur schön fand, sondern die mir seither auch ständig zu denken gegeben hat: "Für die, die uns im Kampf um ein freies Denken vorausgingen; für die, die uns im Kampf um ein befreiendes Denken folgen werden." Was mir, ausgehend von einer ziemlich freien - wenn schon nicht befreienden - Auslegung dieser beiden Adjektive seither zu denken gibt, ist gerade die Beziehung zwischen den beiden Strömungen, die man ganz grob als liberales und als libertäres Denken bezeichnen könnte, und ganz besonders die Möglichkeit des Übergangs von der ersten zur zweiten, welche die zitierte Widmung so ohne weiteres für selbstverständlich zu halten scheint. Um das Bild meiner Perplexität zu vervollständigen, ist darauf hinzuweisen, daß *Liberalismus* und *Libertarismus* Ideologien sind, die derzeit wieder an Bedeutung gewinnen und deren Wiedergeburt sich vor dem Hintergrund einer - vielleicht nicht tödlichen, aber doch sehr ernsten - Krise des Marxismus vollzieht,[2] so daß man zumindest am Rande auch nach der Beziehung zwi-

---

[1] M. A. Quintanilla (Hrsg.), Diccionario de filosofía contemporánea, Salamanca 1979.

[2] Vgl. meine Arbeit A vueltas con la razón: La crisis del marxismo, Kap. VI von Desde la perplejidad, Madrid: Fondo de Cultura Económica 1990.

schen den beiden genannten Ideologien und diesem fragen muß.

Ich sage für niemanden etwas Neues, wenn ich als Einstieg feststelle, daß die bekanntesten unter den aktuellen Theorien der Gerechtigkeit - wie immer es mit ihnen in der Vergangenheit bestellt gewesen sein mag - *neokontraktualistische* Theorien sind, daß es sich also um Theorien handelt, die mehr oder weniger von der alten Theorie des Gesellschaftsvertrags inspiriert sind. Hier ist nun sicher weder der richtige Zeitpunkt noch der Ort, um nach den möglichen sozialgeschichtlichen Gründen zu fragen, die - falls es sie überhaupt gibt - erklären könnten, warum dies so ist. Sofern wir uns aber als Erben des vieldeutigen Nachlasses der Aufklärung verstehen - und allein diese Auffassung erlaubt es uns meines Erachtens, uns selbst als "nachaufklärerisch" zu bezeichnen -, haben wir Gründe genug, daran zu zweifeln, daß es sich dabei um einen Zufall oder gar um das Produkt einer Mode handelt, die diese Theorien letztlich zu einer bloß zufälligen Übereinstimmung gebracht hätte. Denn es war gerade einer der Väter der Vertragstheorie, der mit seinen frühen Überlegungen über den Ursprung der Ungleichheit zwischen den Menschen das größte denkbare Hindernis für die im allgemeinen für aufgeklärt erachtete Gleichsetzung von fortschreitender Freiheit und fortschreitendem Vordringen der Vernunft errichtet hat. Damit hat er uns nebenbei auch dazu gezwungen, nach dem Nutzen zu fragen, den die Ethik aus letzterem wohl ziehen könnte. Es kann daher auch nicht verwundern, daß sich die Ethik heutzutage dieser Erneuerung des Interesses am Kontraktualismus bzw. Neokontraktualismus erfreuen kann. Denn unabhängig davon, wie der Vertragsansatz ursprünglich entworfen war, wird er zweifellos in der Gegenwart als eine der vielversprechendsten Möglichkeiten für die Behandlung einer vom

Standpunkt der Ethik aus so entscheidenden Frage angesehen, wie sie die Problematik der *praktischen Vernunft* aufwirft.

Die Ethik scheint schon immer etwas mit der Vernunft zu tun gehabt zu haben, wenn auch vielleicht nur in dem Maße, in dem sie als Maßstab für die Rationalität unserer Handlungen dient. Und eigentlich immer schon wird dem hinzugefügt, daß die Aufgabe der Ethik nicht so sehr die Beschäftigung mit dem ist, was wir "tun" - also mit der Art und Weise unseres tatsächlichen Handelns -, sondern mit dem, was wir "tun sollten", d. h. mit der Art und Weise, wie wir handeln sollten. Nun sieht es jedoch so aus, als ob die heutigen Moralphilosophen nicht nur nicht gewillt sind, Handlungsanweisungen zu geben - eine an sich lobenswerte Haltung (schließlich würde sowieso niemand auf sie hören) -, sondern daß sie sich noch nicht einmal über moralische Fragen auslassen wollen, also über die Fragen, denen sie doch offenkundig ihre berufliche Identität verdanken. Um es mit den Worten eines dieser Philosophen zu sagen: "Man sollte einen Philosophen nicht mit einem Gemeindepfarrer verwechseln". Damit besitzt man zweifellos ein gutes Alibi, um die Verwicklung in unerfreuliche Situationen zu vermeiden.

Wenngleich man also den Philosophen vielleicht vorwerfen kann, daß sie heutzutage die Berührung mit dem "Sollen" vermeiden, wo immer sie können, bin ich doch nicht so sicher, ob man ihnen ebenfalls einen Vorwurf daraus machen kann, daß sie noch nicht einmal auf den Umgang mit der "Vernunft" stolz sind, der doch mit ihrem Beruf traditionell verbunden wird. Tatsächlich ist der Abstand zwischen jener vermeintlich rationalen Reflexion, aus der Philosophie besteht, und der zweifelhaften Rationalität der Welt, in die wir nun einmal hineingeboren sind, so groß geworden, daß die Resignation verständlich ist. Und selbst

wenn dies vielleicht den Rückzug der Philosophen nicht rechtfertigt (bei Licht besehen: wieso sollten sie dazu gezwungen sein?), so ist doch gewiß, daß in einer Welt, in der die *omnipotente Vernunft der Macht* - mit ihrem unvermeidlichen Gefolge von Gewalt und Tod - die *impotente Macht der Vernunft* verdrängt hat, daß man in einer solchen Welt die Ethik eigentlich nur noch wie in dem Film des gleichen Titels fragen kann: "Was hat ein Mädchen wie Du an einem Ort wie diesem zu suchen?"
Nun ist der zeitgenössische Philosoph, auf den ich mich weiter oben bezog und der es, wie gesagt, ablehnt, mit den Gemeindepfarrern in einen Topf geworfen zu werden, ein ehrwürdiger englischer Professor für Ethik, nämlich Patrick Nowell-Smith, der jener zeitgenössischen philosophischen Richtung - der sogenannten *analytischen Philosophie* - angehört, deren bescheidene spekulative Ansprüche einen - ich könnte nicht sagen, ob vorteilhaften oder nicht - Gegensatz zu den ehrgeizigen Synthesen der systematischen Philosophie der Vergangenheit bilden.[3] Interessant ist, daß Nowell-Smith sich, als er den weiter oben zitierten Satz schrieb - wohl ohne sich dessen bewußt zu sein -, in ebenso überraschende wie berühmte Gesellschaft begab: nämlich in die Gesellschaft des ehrgeizigsten Konstrukteurs philosophischer Systeme der gesamten Geschichte der Philosophie, als den man Hegel wohl bezeichnen muß. Denn als Bestätigung dafür, daß es letztlich nichts Neues unter der Sonne gibt (daß also alles, was nicht Tradition ist, Plagiat ist), behauptete Hegel immer, daß sich die Philosophie sehr davor hüten müsse, erbaulich zu sein; und schon in einem seiner Aphorismen von Jena warnte er uns buchstäblich vor der Versuchung der Philosophen, "sich auf's Erbauen [zu legen] und den Pfarrer [zu

[3] Vgl. als Paradebeispiel Ethics von P. H. Nowell-Smith selbst, Oxford 1954.

vertretten]".[4] Um der Wahrheit willen ist allerdings zu sagen, daß die Übereinstimmung zwischen Hegel und den analytischen Philosophen damit auch schon endet, denn was die Geringschätzung der Ethik betrifft, so ging jener sehr viel weiter als es diese je taten.

Beispielsweise lehnte Hegel in seinen reiferen Jahren nicht nur die philosophische Vorliebe für das, was *sein soll*, gegenüber dem, was *ist*, ab - eine Vorliebe, die seiner Meinung nach den Philosophen den Boden unter den Füßen wegzog und sie zu Träumereien verleitete -, sondern er ging sogar so weit, daß für ihn der Gipfel der Vernunft in der Aufhebung des Unterschieds zwischen der Solidität des besagten Seins und der Phantasterei eines angeblich moralischen Sollens lag. Wenn wir nämlich auf diese Unterscheidung verzichten, müssen wir dann nicht auch darauf verzichten, unsere Unzufriedenheit angesichts des scheinbaren Mißverhältnisses zwischen der Rationalität der Welt, in der wir leben, und unseren philosophischen Rationalitätsidealen zu erklären? Anders gefragt: Müßten wir nicht darauf verzichten, zwischen der Realität, wie sie nun einmal ist, und der Vernunft zu unterscheiden? Tatsächlich wies Hegel der Philosophie eben gerade die Aufgabe zu, die grundlegende Identität der beiden aufzuzeigen. Wie er selbst es in einem lapidaren Satz zusammenfaßte: "Die Vernunft als die Rose im Kreuze der Gegenwart zu erkennen ... diese vernünftige Einsicht ist die Versöhnung mit der Wirklichkeit, die die Philosophie ... gewährt."[5] Die Interpretation dieses berühmten Hegelschen Satzes ist zweifellos schwierig. Aus seinem Kontext läßt sich sicherlich die Absicht herauslesen, jegliche philoso-

---

[4] Aphorismen aus der Jenenser Zeit, 66, in: Johannes Hoffmeister (Hrsg.), Dokumente zu Hegels Entwicklung, Stuttgart 1936, S. 371.

[5] Hegel, Grundlinien der Philosophie des Rechts, Vorrede, Sämtliche Werke, Jubiläumsausgabe, Bd. VII, S. 35.

phische Bemühung, die gegenwärtige Welt zu transzendieren, in Mißkredit zu bringen, was angesichts der Tatsache, daß dieser Kontext eine Abhandlung über die Staatslehre ist, ebenso beruhigend für die Mächte dieser Welt klingen muß wie beunruhigend für jene, die sie zu stürzen versuchen oder die sich doch zumindest dagegen wehren, ihnen zu huldigen. Ebenso sicher ist aber, daß es auch weniger strenge Interpreten gibt, die darauf hinweisen, daß diese Rechtfertigung des Status-quo auch ein gerüttelt Maß an Ironie enthält, da ja - für den Dämmerungsblick der Philosophie, die, so Hegel selbst, in Vergangenheit verwandelt, was sie betrachtet - die scheinbare rationale Apologie des Wirklichen sehr wohl auch dessen Totenschein beinhalten könnte und sogar den Geburtsschein einer anderen Realität. Wie dem auch sei, die Ethik jedenfalls kommt bei keiner dieser Interpretationen gut weg. Und - um endlich zu ihr zurückzukehren - was Hegel am Ende vorschlägt, ist der Ersatz der schwammigen Normativität moralischer Vorschriften durch die härtere, quasi faktische der Gesetzesnormen oder, mit anderen Worten, die Reduktion der Ethik auf ein Kapitel seiner "Rechtsphilosophie".

Die analytischen Philosophen sind, wie schon gesagt, niemals so weit gegangen. Erstens schlagen sie nicht die Reduktion der Ethik auf die Rechtsphilosophie vor, sondern auf jene Disziplin, der sie den Namen "Metaethik" geben (dazu ließe sich vielleicht anmerken, daß diese Reduktion nicht gerade ein großer Trost ist). Wenn die Ethik, wie sie sagen, keine Normen diktieren - d. h. nicht wie ein Gemeindepfarrer Ratschläge geben - kann, wenn also die Ethik für sie nicht normative Ethik ist und man den Moralphilosophen nicht länger mit einem Erzeuger von Moralkodizes, mit einem Moralisten, verwechseln darf, was kann dann die Ethik stattdessen tun? Ihrer Meinung nach könnte sie sich, da ja der Moralphilosoph - anders als der

Moralist - uns *nicht* sagt, was wir zu tun haben, mit dem Studium dessen befassen, *was diejenigen sagen, die uns sagen*, was wir zu tun haben. Das heißt, sie könnte sich damit befassen, die Sprache der Moral zu untersuchen - zu "analysieren", um den üblichen Ausdruck zu gebrauchen. Für große Teile der heutigen philosophischen Produktion sind folglich "Ethik" und "Analyse der Sprache der Moral" zu Synonymen geworden. Dies hat ohne jeden Zweifel zu einer Fülle von Spitzfindigkeiten, aber auch zu beträchtlicher Langeweile geführt (die Abhandlungen der analytischen Ethik sind tatsächlich in aller Regel zugleich spitzfindig und langweilig).

Das ist jedoch noch kein Vorwurf an die analytische Ethik bzw. Metaethik. Denn soviel ich weiß sind Philosophen nicht verpflichtet, die Leute zum Lachen zu bringen. Dabei gelingt es dem einen oder anderen - ob dies nun gut ist oder nicht, sei dahingestellt - sogar, ohne daß er sich erst besonders darum bemühen müßte. Und was die Spitzfindigkeiten anbelangt, so sind sie nicht immer überflüssig. Beispielsweise besteht eine der wirksamsten Methoden der moralischen Sprache, um uns dazu zu bringen, daß wir uns moralisch verpflichtet fühlen, eine bestimmte Handlung vorzunehmen - etwa, denjenigen angemessen zu entlohnen, der in unserem Auftrag und zu unserem Vorteil irgendeine Arbeit ausführt -, darin, diese Handlung als "gerechte" Handlung zu qualifizieren. Eine der Aufgaben des Moralphilosophen bestünde folglich darin, seinerseits zu fragen, was wir eigentlich sagen wollen, wenn wir sagen, etwas sei gerecht. Unser Philosoph verfügt dabei im Prinzip über keinen anderen Anhaltspunkt als die Art und Weise, wie die Leute dieses Wort tatsächlich gebrauchen. Man könnte meinen, daß diese Aufgabe in der Geschichte der Ethik keineswegs neu ist. In Platons "Staat" zum Beispiel verbringt Sokrates seine ganze Zeit damit, seine Gesprächspartner danach zu fragen, was sie denn eigentlich sagen wollen, wenn sie sagen, etwas sei gerecht. Natürlich wäre es aber ein Fehler, die historische Perspektive aus den Augen zu verlieren und anzunehmen, was die Griechen von damals unter *dikaiosyne* verstanden, müsse unbedingt das gleiche sein wie das, was wir heute unter "Gerechtigkeit" verstehen. Würde man so verfahren, dann käme das dem Anachronismus jenes Übersetzers gleich, der, als man ihm klarzumachen versuchte, daß man *trieres* unmöglich mit "Dampfschiff" übersetzen könne, seelenruhig antwortete, die Griechen hätten wirklich ziemlich seltsame Vorstellungen vom Dampfschiff gehabt. Im Gegensatz zu dem, was viele Moralphilosophen anscheinend glauben, ist das Vokabularium der Moral keineswegs mit einer Art Unverrückbarkeit ausgestattet, die es völlig aus dem Zusammenhang mit dem *sozialen Leben* heraushebt, aus dem sich jede Moralität nährt.[6] Man stelle sich vor, in einer Gesellschaft wie der unseren behauptete jemand, ein bestimmter Lohn sei als Gegenleistung für eine bestimmte Arbeit gerecht. Könnte man dann das gleiche auch in einer

---

[6] Alasdair MacIntyre mit seiner Arbeit A Short History of Ethics, New York 1966, Kap. I, kommt das - auch historische - Verdienst zu, als einer der ersten die mangelnde geschichtliche Sensibilität angeprangert zu haben, an der in der Regel die Praxis der Analyse der Sprache der Moral krankt (eine Sensibilität, die er selbst dagegen in anderen seiner Bücher wie Secularisation and Moral Change [1967] oder Against the Self-Image of the Age [1971] gezeigt hat). Daher ist der ahistorische "Neoaristotelismus" umso bedauerlicher, mit dem sein letztes Buch, After Virtue, Notre Dame 1981, endet, ganz zu schweigen von der unsinnigen Synthese, die er zwischen Trotzky und dem Heiligen Benedikt herzustellen wagt, das heißt zwischen der Hingabe an den historischen Pessimismus und dem Willen zur Erhaltung der moralischen Kultur in jenen Zeiten der Barbarei, indem er uns auffordert, in einer Art von Neuen Klöstern Zuflucht zu suchen, von denen ich nicht weiß (obwohl ich es stark vermute), ob er sie mit jenen *think tanks* oder *Centers for Advanced Studies* - vielleicht mit dem *Hasting Center*? - gleichsetzt, wohin sich der *scholar* des Westlichen Reiches - zu dessen Untertanen, oh weh!, auch der gehört, der dies schreibt - von Zeit zu Zeit zurückzieht, um zu lesen und seine Neurosen zu pflegen, in einer modernen Version des ora et labora eines anderen dunklen Zeitalters.

Gesellschaft sagen, in der anstelle des Prinzips "Jedem nach seiner Leistung" das Prinzip "Jedem nach seinen Bedürfnissen" herrscht, oder in einer prä- oder postindustriellen Gesellschaft, der der Gedanke der Produktivität fremd wäre und in der nicht mehr das "Recht auf Faulheit" existierte, sondern das reine Gesetz des Müßiggangs? Zweifellos könnte die Philosophie mit ihren geringen Mitteln allein wenig beitragen zu solchen und ähnlichen gesellschaftlichen Veränderungen, die einem Wandel des *moralischen Vokabulars* zugrundeliegen. Daraus folgt jedoch nicht, daß man die offizielle Interpretation des ständig wiederholten Wittgensteinschen Urteils - das durch eben diese Interpretation nicht nur aus dem Zusammenhang, sondern auch aus den Angeln gerissen wird - akzeptieren müßte, wonach "die Philosophie (in diesem Fall die Analyse der moralischen Sprache) alles so läßt, wie es ist". Denn abgesehen davon, daß Wittgenstein auch sagte, "alles, was wir beschreiben können, könnte auch anders sein", wäre es vielleicht richtiger zu behaupten, daß die Philosophie alles so läßt, wie es ist, mit Ausnahme eben des moralischen Vokabulars oder genauer der begrifflichen Ausstattung, der dieses Vokabular jeweils als Vehikel zu dienen hat. Und so sehr sich eine Philosophie auch ihrer eigenen Nichtigkeit rühmen mag, wenn ihr das Spaß macht, so ist doch wahr, daß die Veränderung dieser Begriffe - die sich, wie zum Beispiel der der Gerechtigkeit, an nicht mehr und nicht weniger als den möglichen Zwecken und Zielen menschlichen Handelns orientieren -, falls sie, was leider nur selten der Fall ist, überhaupt bewirkt wird, nicht eben etwas ist, was man als Lappalie bezeichnen könnte.

Wenden wir uns nun also wieder der Frage nach der Rolle der Vernunft - der praktischen Vernunft - in der Ethik zu. Für Kant befand sich die Grundlage sowohl der theoretischen als auch der praktischen Vernunft - also die Grundlage der höchsten Prinzipien von Wissenschaft und Moral - in der Vorstellung von einem *hypothetischen Subjekt* (das er "transzendental" nannte), das dazu bestimmt ist, sozusagen als Modell für die Erkenntnis bzw. das Handeln der *realen Subjekte* (die er "empirische" nannte) zu dienen, sofern sich diese darum bemühen, wie wirklich "rationale" Subjekte zu erkennen bzw. zu handeln. Die Rationalität der wissenschaftlichen Erkenntnis dieser realen Subjekte könnte beispielsweise nur durch die Zuverlässigkeit gewährleistet werden, mit der diese Erkenntnis die Erkenntnisstruktur des hypothetischen Subjekts wiedergibt, eine Struktur, die im übrigen für Kant Punkt für Punkt mit der Strukturierung derjenigen Prinzipien übereinstimmte, auf denen die Newtonsche Mechanik der damaligen Zeit beruhte. Angesichts dieses Beispiels könnte man nun glauben, daß sich eine solche "Begründung" der Wissenschaft der Zirkularität schuldig macht und eigentlich den Karren vor die Ochsen spannt: Weit entfernt davon, den realen Subjekten als "Modell" zu dienen, entpuppt sich das hypothetische Subjekt vielmehr als eine "Idealisierung" ihrer Erkenntnisfähigkeit, denn gerade in ihrer Eigenschaft als Zeitgenossen Kants *waren* die betreffenden realen Subjekte ohne Zweifel schon von sich aus newtonianische Wissenschaftler. Und gerade deshalb konnten die Wissenschaftler nach Kant ihrerseits der theoretischen Vernunft *andere Wege* als die der Newtonschen Mechanik, der Euklidischen Geometrie oder der Aristotelischen Logik eröffnen, die doch vom Kantischen Standpunkt aus alle unüberwindliche Paradigmen der Rationalität darstellten.[7] Analog dazu hatte auch die praktische

[7] Zu all diesem vgl. Stephen Toulmin, Human Understanding, Bd. I: The Collective Use and Evolution of Concepts, Princeton 1972, bes. S. 415 ff.

Vernunft keinen Grund, das für Kant in der Moralität seiner tugendhaften Eltern verkörperte Paradigma für unüberwindbar zu halten. Dies würde nämlich nichts anderes bedeuten, als daß man das hypothetische Subjekt - das jetzt nicht nur Newtonianer, sondern außerdem noch Pietist ist - in ein eisernes Korsett für das moralische Handeln der realen Subjekte verwandeln würde. Die *Rationalität* unseres moralischen Handelns hat sich also, anders ausgedrückt, entgegen der Kantischen Überzeugung nicht an irgendeinem hypothetischen rationalen Subjekt auszurichten, sondern es muß sich umgekehrt die Aufstellung dieser Hypothese auf das mehr oder weniger rationale Verhalten der tatsächlichen moralischen Akteure gründen, auch wenn diese nicht mehr Zeitgenossen Kants sind. Und wir sehen, daß das Subjekt des moralischen Handelns ebenso wie das Subjekt der wissenschaftlichen Erkenntnis niemals - wie es das hypothetische Subjekt Kants war - eins ist, sondern *viele*, nämlich eine Gemeinschaft (oder sogar mehrere Gemeinschaften) realer Subjekte. Dies ist der Grund dafür, warum man heute dazu neigt zu sagen, daß die Ausübung der Rationalität nicht in einem Monolog bestehen kann, sondern eines Dialogs zwischen solchen Subjekten bedarf. Das heißt, daß die praktische Vernunft - und vermutlich auch die theoretische, die uns aber hier nicht interessieren soll - nicht "monologisch", sondern "dialogisch" ist. Heutzutage wird das vage Verdienst dieser Umwandlung der Kantischen Philosophie mit sehr guten Gründen dem späten Denken Wittgensteins zugeschrieben, da in der revolutionären Wittgensteinschen Intuition der Unmöglichkeit einer privaten Sprache, die sich von einem einzigen Subjekt rational beherrschen ließe, die Basis für die Überwindung jedes *methodologischen Solipsismus* liegt und darüber hinaus eine der Grundlagen für die Umwandlung der Kantischen Transzendentalphilosophie in eine Philosophie der sprachlichen Kommunikation.[8] Ein so einzigartiges Unternehmen bliebe selbstverständlich bis zur Unkenntlichkeit verzeichnet, wenn wir uns darauf beschränken würden, es - im Stil mancher analytischen Philosophen - als eine "sprachliche Auflösung des (hypothetischen) Kantischen Subjekts" zu beschreiben. Denn die Sprache ließe sich auch verstehen als "eine" statt "viele", wie sie der frühe Wittgenstein verstand und wie sie die Neopositivisten noch lange Zeit danach - auch nachdem Wittgenstein sich selbst korrigiert hatte - verstanden. Dagegen gab es für den späteren Wittgenstein anstelle einer einzigen - oder doch zumindest einer privilegierten - Sprache, deren Logik die syntaktische und semantische Struktur jeder anderen Sprache regeln würde, eine *Vielzahl* von "Sprachspielen", deren Syntax und deren Semantik - also deren Spielregeln - von der Gemeinschaft der (realen) Subjekte aufgestellt werden, die diese Sprachen sprechen. Um es im aktuellen semiotischen Jargon auszudrücken: Die Regelung dieser Sprachspiele ist nicht mehr eine "syntaktisch-semantische", sondern eine "pragmatische"; und ihre Rationalität muß sich daher - wie im Fall der Sprache der Moral - nicht auf die strenge Befolgung der deduktiven oder induktiven *Logik* beschränken lassen, die für nicht wenige analytische Moralphilosophen noch immer den unverrückbaren Horizont der moralischen Argumentation darstellt.[9] Darüber hinaus aber wäre sogar der Ausdruck "die Sprache der Moral" nichts anderes als eine vom Wittgensteinschen Standpunkt aus zulässige Ungenauigkeit, da es ja mehr als eine Gemeinschaft von Sub-

---

[8] Karl-Otto Apel, Transformation der Philosophie, 2 Bde., Frankfurt a. M. 1973, Bd. 1, S. 223 f.

[9] Ein paradigmatisches Beispiel sowohl für die Möglichkeiten als auch für die Grenzen einer so verstandenen moralischen Argumentation findet man in Alan Gewirth, Reason and Morality, Chicago und London 1978, S. 22 ff. und 42-47.

jekten geben kann - und bekanntlich auch gibt -, die sich ihrer bedienen und zwar jeweils auf ihre eigene Weise. Für Wittgenstein ist jedenfalls die Sprache - das heißt: *jede* Sprache - eine "Lebensform". Und damit können wir auch die weiter oben angesprochene Verbindung zwischen moralischem Vokabular und gesellschaftlichem Leben verstehen. Denn die Sprache ist, so verstanden, nicht nur eine Lebensform, sondern eine gesellschaftliche Lebensform und vielleicht sogar die gesellschaftliche Lebensform *par excellence*. Innerhalb jeder Sprache, jeder Lebensform, haben wir es folglich wieder mit einer wimmelnden Menge von Subjekten zu tun, die miteinander in Dialog und Interaktion stehen und so die Vernunft leben lassen. Nur wenige Werke in der langen Geschichte der Philosophie haben derart vollendet wie die Platonischen *Dialoge* zu "zeigen" vermocht, ohne es "sagen" zu müssen - um die Wittgensteinsche Unterscheidung aufzugreifen -, worin dieses Leben der Vernunft besteht. Wenn, um zu dem weiter oben schon erwähnten Beispiel zurückzukehren, die Personen in einem dieser Dialoge - Sokrates, Glaukon und sein Bruder Adimantos, Thrasymachos, Kephalos und sein Sohn Polemark, Klitophontos und sogar der Chor derer, die der Unterhaltung schweigend beiwohnen - über die Tugend der Gerechtigkeit diskutieren und dabei ihre Gründe vorbringen und austauschen, dann tun sie alles, was man rational diesbezüglich tun kann, und kommen damit genau so weit, wie die praktische Vernunft in diesem Punkt kommen kann. Und wenn es vielleicht auch richtig ist, daß ein solcher Dialog in der Regel nicht unternommen wird, wenn man nicht auf irgendeine Übereinkunft abzielt, so ist doch nicht weniger richtig, daß die Übereinkunft nicht von vornherein gesichert ist, so daß unser Dialog sehr wohl auch enden könnte, ohne daß sie erreicht wird. Aber wie dem auch sei, es ist jedenfalls klar, daß eine solche *Über-*

*einkunft* allein *im Dialog* zustandekommen kann. Und bedenkt man nun, daß eine Möglichkeit für die Benennung einer solchen "Übereinkunft" über die Gerechtigkeit wäre, sie als einen "Vertrag" zu bezeichnen, dann versteht man ohne weiteres - wie schon eingangs gesagt -, warum der Neokontraktualismus in Bezug auf das Problem der Rationalität so viele Erwartungen geweckt hat.
Ob sich seine Vertreter dessen bewußt sind oder nicht, der Neokontraktualismus bedeutete eine Kristallisation der dialogischen Auffassung der Vernunft im Bereich der analytischen Philosophie. Und selbst wenn diese Philosophie hier nur als *Ausgangspunkt*, nicht unbedingt aber als *Zielpunkt* dient, so war doch der von uns eingeschlagene Umweg geboten, um zeigen zu können, warum dies so ist. Es ist nun aber an der Zeit, die Untersuchung einer dieser neokontraktualistischen Theorien der Gerechtigkeit in Angriff zu nehmen, deren besondere Art der Auseinandersetzung mit den Fragen der Freiheit, Gleichheit usw. es uns vielleicht erlaubt, unsererseits den Fragen des Liberalismus und Libertarismus nachzugehen, von denen - wenn ich mich recht entsinne - diese Arbeit zu handeln versprach.
Die Untersuchung wird sich genauer gesagt nicht auf eine einzige Version des Neokontraktualismus konzentrieren, sondern es ist beabsichtigt, mehrere von ihnen zu betrachten. Eine von ihnen wird uns, wie wir sehen werden, ziemlich weit über jede Form der analytischen Betrachtung hinausführen. Man wird aber zugeben müssen, daß ich keine andere Wahl habe, als die Untersuchung mit der "Theorie der Gerechtigkeit" von John Rawls zu beginnen, deren Bedeutung als Pionierwerk des Neokontraktualismus - und deren uneingeschränkte Bedeutung im Rahmen des Spektrums der zeitgenössischen politischen und Moralphilosophie überhaupt - kaum überschätzt werden

kann.[10] Am deutlichsten, wenn auch nicht ausschließlich dort, hat sich diese Bedeutung sicherlich im vorher erwähnten Bereich der analytischen Philosophie und dort insbesondere in dem der Ethik gezeigt.
Im übrigen ist viel darüber diskutiert worden, ob Rawls ein Abkömmling dieser philosophischen Strömung ist, wenn auch vielleicht nur in dem Sinne, daß er sich polemisch auf sie bezieht und versucht, ihren üblichen Beschränkungen zu entkommen.[11] In gewissem Sinne könnte man sagen, daß er es nicht ist, da er in seinem Werk weder eine Analyse der moralischen Sprache betreibt (obwohl andererseits analytische Züge durchaus vorhanden sind) noch den Versuch, die Ethik auf diese zu beschränken und so zur Metaethik zu machen, zur bevorzugten Zielscheibe seiner Kritik macht (obwohl seine anspruchsvolle Art und Weise, normative Ethik zu treiben, schon für sich die Unausweichlichkeit einer solchen Beschränkung widerlegt). Die *bête noire* ist für Rawls jedenfalls eine andere normative Ethik, nämlich die utilitaristische. Nur daß der *Utilitarismus* - wie gelegentlich schon gezeigt wurde[12] - der rettende Halt für die große Mehrheit der analytischen Moralphilosophen gewesen ist, wenn sie, gequält von einem ebenso unstillbaren wie argwöhnisch unterdrückten Bedürfnis nach Moralismus, sich dazu herabließen, die metaethische Keimfreiheit der reinen Analyse der Sprache der Moral aufzugeben und uns Ratschläge zu erteilen, wie wir in der praktischen Moral des täglichen Lebens unsere Angelegenheiten am besten ordnen können. So wäre es, in einem anderen Sinne, diese analytische Tradition (soweit

---

[10] John Rawls, A Theory of Justice, Cambridge (Mass.) 1971 (dt. Eine Theorie der Gerechtigkeit, übers. von H. Vetter, Frankfurt a. M. 1975).
[11] Vgl. zum Beispiel die Einleitung von Norman Daniels zu ders. (Hrsg.), Reading Rawls. Critical Studies on Rawls' "A Theory of Justice", New York 1974, S. XI-XXXIV.
[12] So José Luis Aranguren, Lo que sabemos de moral, Madrid 1967, S. 24 ff.

man sie ihrerseits in die umfassendere Tradition der utilitaristischen Ethik einreihen kann), die durch das Werk von Rawls erschüttert wurde. Daher ist das - teils zustimmende, teils ablehnende - Echo nicht verwunderlich, das dieses Werk bei deren Vertretern gefunden hat.[13]

Rawls Hauptzweck ist also, wie gesagt, die Begründung einer Auffassung von Gerechtigkeit, die dem in der angelsächsischen politischen und Moralphilosophie spätestens seit den Zeiten von Bentham vorherrschenden Standpunkt - als dessen Wegbereiter vielleicht Hume und als dessen berühmtester Epigone Mill zu betrachten ist - entgegensteht.[14] Ganz grob zusammengefaßt könnte man sagen, daß die Utilitaristen ein Kriterium suchten, mit dessen Hilfe die absolute oder relative Güte bzw. Schlechtigkeit unserer Ziele und Wünsche festgestellt werden könnte. Sie glaubten, es in der Maximierung des Wohlergehens bzw. Glücks für die größtmögliche Anzahl gefunden zu haben - zwei Begriffe, die man nur nach unserer eingestandenermaßen groben Charakterisierung des Utilitarismus als synonym auffassen kann. Was gut und was schlecht ist, wäre dann ebenso wie das, was man für gerecht oder ungerecht hält, durch seinen mehr oder weniger großen *sozialen Nutzen* bestimmt, ein Prinzip, das die Gesetzgebung und das Regierungshandeln jener Länder inspiriert hat und noch immer inspiriert, die wir seit anderthalb Jahrhunderten als zivilisiert zu bezeichnen pflegen. Wie plausibel dieses Prinzip auch scheinen mag, seine Anwendung kann jedenfalls zu Konflikten mit dem führen, was wir unseren

---

[13] Als Beispiel - mehr für letzteres als für ersteres - läßt sich der Kommentar von Richard Hare, Rawls' Theory of Justice anführen, der in dem von Daniels herausgegebenen Band, zit. Anm. 11, enthalten ist.

[14] Wie dem auch sei, der philosophische Gegner, an dem Rawls seine Kräfte mißt, ist Henry Sidgwick (The Methods of Ethics [1874], 7. Aufl. 1907; Principles of Political Economy, 1883; Outlines of the History of Ethics, 1886), dessen Werk in A Theory of Justice, S. 22, als kanonische Formulierung des klassischen Utilitarismus bezeichnet wird.

intuitiven Gerechtigkeitsbegriff nennen könnten. Beispielsweise läßt der soziale Nutzen die Sklaverei doch nicht dann weniger ungerecht erscheinen, wenn eine große Mehrheit von der Existenz einer versklavten Minderheit profitiert, ebenso wie keine Überlegung utilitaristischer Art die Verurteilung eines Unschuldigen rechtfertigen könnte.[15] Auf solche und ähnliche Einwände haben die Utilitaristen gewöhnlich damit geantwortet, daß sie erklärten, die Verurteilung eines Unschuldigen oder die Sklaverei ließen sich schließlich im Zuge einer angemessenen Umformulierung des Nutzenprinzips verbieten - denn auch, wenn sie auf den ersten Blick vorteilhaft erscheinen mögen, so wurde argumentiert, erwiesen sich doch die Folgen solcher Tatbestände auf mehr oder weniger lange Sicht als schädlich für das Wohlergehen bzw. das Glück des Sozialkörpers in seiner Gesamtheit[16] -, wobei eine solche Umformulierung des Nutzenprinzips von ihrem Standpunkt aus gesehen immer noch besser sei als der Rückgriff auf etwas so Vages und Unbestimmtes wie das, was weiter oben der *intuitive Begriff* von Gerechtigkeit genannt wurde. Wie vage und unbestimmt dieser nun aber sein mag, man muß sich trotzdem fragen, ob mit der genannten Verteidigungsstrategie die Dinge für die Position, die damit verteidigt werden soll, nicht noch schlimmer gemacht

---

[15] Obwohl "unser intuitiver Gerechtigkeitsbegriff" nicht gleichzusetzen ist mit dem sogenannten ethischen Intuitionismus und sich vielleicht auch besser verteidigen läßt, verdient die Rawlssche Diskussion des Intuitionismus - A Theory of Justice, S. 34 ff. (dt.: 52 ff.) - Beachtung, sofern man den Neokontraktualimus von Rawls als einen "dritten Weg" zwischen Utilitarismus und Intuitionismus darstellen will.

[16] Vgl. bezüglich unserer Frage die Diskussion von Rawls mit David Lyons und Michael Teitelman - David Lyons, Rawls versus Utilitarianism; Michael Teitelman, The Limits of Individualism; John Rawls, Reply to Lyons and Teitelman - in: The Journal of Philosophy 69 (1972) S. 535-543, 545-556 und 556 f., sowie die Beiträge von B. J. Diggs, Alan E. Fuchs, Jan Narveson und David Gauthier zum Thema "Utilitarianism and Contractarianism" in: Harlan B. Miller-Williams und H. Williams (Hrsg.), The Limits of Utilitarianism, Minneapolis 1982, S. 101-168.

werden. Es könnte zum Beispiel jemand darauf bestehen zu behaupten, daß die Sklaverei oder die Verurteilung eines Unschuldigen eben gerade nicht wegen ihres fehlenden sozialen Nutzens verwerflich sei, sondern wegen ihrer Ungerechtigkeit, so daß die Umformulierung des Nutzenprinzips nur dazu führen würde, sie noch anstößiger erscheinen zu lassen als die ursprüngliche Formulierung. Was sich aber jedenfalls mit Rawls an dieser Fragestellung geändert hat, ist die Überzeugung, daß der Utilitarismus - als unbestreitbar dominierende Theorie - sich nicht mehr darauf beschränken kann, sich gegen Kritiker zu verteidigen, die ihrerseits nicht in der Lage sind, eine alternative Theorie zu bieten, sondern daß er zum ersten Mal seit über einhundert Jahren vor einer großen theoretischen Herausforderung steht und nicht nur vor einer Handvoll unartikulierter Intuitionen.[17] Daraus also resultiert, wie gesagt, die Bedeutung des Rawlsschen Werkes.

Für unsere Zwecke genügt es, bezüglich dieses Werkes in Erinnerung zu rufen, daß Rawls damit beginnt, daß er die Gerechtigkeit - im Unterschied zum Nutzen - als "die erste Tugend sozialer Institutionen" beschreibt, so daß sich alle legislativen und politischen Entscheidungen an den Schranken auszurichten haben, die von den Prinzipien der Gerechtigkeit gesetzt werden. Und es ist an der Stelle, wo er erörtert, welche *Prinzipien der Gerechtigkeit* ihm am ehesten vertretbar erscheinen, an der Rawls die kontraktualistische Tradition, also die Theorie des Gesellschaftsvertrags von Locke, Rousseau und Kant, wieder zum Leben erweckt.[18] In einer Art *Gedankenexperiment* stellt er

---

[17] Vgl. Samuel Gorovitz, John Rawls: A Theory of Justice, in Anthony de Crespigny und Kenneth Minogue (Hrsg.), Contemporary Political Philosophers, New York 1975, S. 272-289 und 276.

[18] A Theory of Justice, S. 11 ff. (dt.: 27 ff.) Wie Robert Paul Wolff treffend betont hat - Understanding Rawls. A Reconstruction and Critique of 'A Theo-

sich dazu eine Gruppe von Individuen vor, die irgendwo in der Mitte liegen zwischen denen, die weiter oben als reale Subjekte bezeichnet wurden, und dem hypothetischen Subjekt Kants; genauer gesagt besteht das Hypothetische in diesem Fall in der vorgestellten Situation - dem "Urzustand" -, in die Rawls seine Subjekte stellt.
Da es sich hier um eine *Hypothese* handelt, wäre es unangebracht, die Beschreibung, die Rawls von dieser Situation liefert, so zu beurteilen, als handelte es sich um eine *historische Beschreibung*, obwohl man sich natürlich - im Anschluß an ihre Formulierung - fragen kann, was sie mit der Realität zu tun haben mag. In dieser Situation kommen nun jene Subjekte, die sich andernfalls in einem Naturzustand befänden - entweder im Hobbesschen Zustand des Krieges aller gegen alle oder im Rousseauschen Paradies, in dem die gegenseitige Unabhängigkeit als Gegenstück die Trägheit einer radikalen Isolierung mit sich bringt[19] -,

---

ry of Justice', Princeton 1977 -, entsprang der Neokontraktualismus von Rawls nicht anläßlich dieses Werkes fix und fertig dem Kopf des Philosophen, sondern dieser Version der Theorie war eine fast zwanzig Jahre lange geduldige und minutiöse Reflexion darüber vorausgegangen. Wolff weist konkret auf "drei Formen des Modells" der Rawlsschen Theorie hin, die sich nacheinander finden lassen in: Justice as Fairness, in: The Philosophical Review 67 (1958) S. 164-194 (dt. Gerechtigkeit als Fairneß, in: John Rawls: Gerechtigkeit als Fairneß, hrsg. von Otfried Höffe und übers. von J. Schulte, Freiburg und München 1977, S. 34-83); Distributive Justice, in: R. Laslett und W. G. Runciman (Hrsg.), Philosophy, Politics and Society, Third Series, Oxford 1967, S. 58-82; und schließlich in der "endgültigen" Formulierung von A Theory of Justice von 1971. Die von mir selbst hinzugefügten Anführungszeichen entsprechen meiner Überzeugung, daß man nicht bestreiten kann, daß die Präzisierungen, die Rawls streng und unerbittlich in seinen aufeinanderfolgenden Überarbeitungen dieser letzten Formulierung ständig hinzufügt - man denke etwa an sein A Well-Ordered Society, in: P. Laslett und J. Fishkin (Hrsg.), Philosophy, Politics and Society, Fifth Series, New Haven 1979, S. 6-20 -, in mehr als einem entscheidenden Punkt zu nennenswerten Änderungen geführt haben.

19 Wie die Experten für die Geschichte des Kontraktualismus sehr wohl wissen, stellt letzteres einen radikalen Bruch mit der Naturrechtslehre dar, obwohl es ihr weitgehend entsprungen ist und auch noch lange Zeit mit ihr in Verbindung stand, was einigen der klassischen Versionen des *status naturae* und darunter vor allem der von Locke eine gewisse Zweideutigkeit verleiht

als rationale Agenten, die ihre jeweiligen Interessen verfolgen,[20] zusammen, um vermittels der Dialogform einer Verhandlung ihre Konstituierung als zivile Gesellschaft (was, wie weiter unten noch deutlicher zu sehen sein wird, aus der Sicht der klassischen Vertragstheorie dasselbe bedeuten soll wie politische Gesellschaft) zu beschließen. Wie man aus dem Gesagten ersehen kann, ist die Hypothese von Rawls keineswegs neu. Die Entwicklung ihrer Implikationen würde genau zu der Theorie der politischen Legitimation führen, wie sie vom 17. und 18. Jahrhundert an bis in unsere Tage vorherrscht, so sehr sie auch - wie schon erwähnt - seit dem vorigen Jahrhundert insbesondere im Kontext der angelsächsischen politischen und Moralphilosophie durch den Utilitarismus an den Rand gedrängt wurde. Die größte Neuerung, die Rawls zu dieser Hypothese beiträgt, besteht in einer vielgerühmten *Zusatz-*

---

(vgl. J. W. Gough, The Social Contract. A Critical Study of Its Development, 2. Aufl. Oxford 1957, S. 136 ff.). Dies ist nicht zu vergessen, wenn man die neo-kontraktualistische Theorie von Rawls betrachtet, deren wichtigste Inspirationsquelle eben nicht der Locke der Treatises on Civil Government ist (und auch nicht dessen "Naturzustand"), sondern vielmehr Kant, der in seiner Rechtstheorie sowie an anderen Stellen seines Werkes den Vertragsgedanken als eine "Idee der Vernunft" interpretierte. Wenn sich naiver angelsächsischer Parochialismus mit anachronistischem Thomismus paart, dann sieht man sich vor so überraschende Fragen gestellt wie etwa die folgende, die ich aus dem Munde eines berühmten Vortragenden und Landsmanns von Rawls zu hören das Vergnügen hatte: "Warum zum Teufel müht sich dieser Mann, in unverständliches Deutsch zu übersetzen, was Locke schon in einfachem Englisch zu sagen gewußt hatte?"

[20] Die Tatsache, daß *diese* Auffassung von Rationalität - die keine andere ist als die, die der gängigen Theorie der rationalen Entscheidung zugrundeliegt - zweifellos einen Teil, wenn auch *nur einen Teil*, der Rawlsschen Charakterisierung der Vertragssituation bildet, scheint nicht wenige seiner Interpreten und/oder Kritiker in die Irre geführt zu haben, die ihn gelegentlich beschuldigten, "keine eigentlich moralische Auffassung der Rationalität zu besitzen" und sogar "ein verkappter Utilitarist" zu sein. Wie ich im folgenden zu zeigen versuchen werde, sind alle diese Anschuldigungen gleichermaßen falsch, wenn es auch richtig ist, daß der mehrdeutige Gebrauch des Ausdrucks "Rationalität" in A Theory of Justice zu Verwirrung führt. Jedenfalls sollte klar sein, daß eine solche strategische oder auf der Klugheit - und letztlich auf dem Nutzen - basierende Auffassung der Rationalität für den Neokontraktualismus von Rawls *nicht die einzige, geschweige denn die grundlegende* ist.

*hypothese*, nämlich der Hypothese vom "Schleier des Nichtwissens", der über den betreffenden Verhandlungspartnern des Vertrages liegen soll, so daß diese eben während der Verhandlung keine Kenntnis von ihrer persönlichen Lage oder der ihrer Angehörigen besitzen. Ein solches Unwissen bezüglich persönlicher Umstände ist im übrigen völlig vereinbar mit einem beliebig hohen Maß an allgemeinem Wissen (psychologischer, soziologischer, wirtschaftlicher Art usw.) und schließt allein Kenntnisse über persönliche Merkmale der Subjekte (Alter, Geschlecht, Rasse, geistige Fähigkeiten usw.) aus, so daß sozusagen "jeder jeder sein könnte". Zweck des Schleiers des Nichtwissens ist es offenbar, zu verhindern, daß jemand seine eigenen Interessen auf Kosten der Interessen anderer zu schützen versucht. Daraus schließt Rawls dann, daß die Prinzipien, die für die Gestaltung der gesellschaftlichen Ordnung vereinbart werden, solche sein müßten, die jedermann *rationalerweise* als gerecht anerkennen muß, ob sie ihm nun letztlich nützen oder schaden, da "die Interessen aller faire Berücksichtigung finden" und niemand im voraus weiß - und es auch so lange nicht wissen kann, bis der Schleier des Nichtwissens sich lüftet -, ob er durch ihre Einführung einen Nutzen oder einen Schaden erfährt.[21] Natürlich werden nicht alle denkbaren Prinzipien -

---

[21] Ich muß nicht hinzufügen, daß *genau dies* der Begriff von Rationalität ist, der weiter oben als "grundlegend" für den Neokontraktualismus von Rawls bezeichnet wurde, insofern er seine "eigentlich moralische Auffassung von Rationalität" enthält. Dieser Begriff, den man in Anlehnung an Rawls *rationality as fairness* nennen könnte, findet sich auch in A Theory of Justice (S. 142 ff., dt.: 166 ff.) und ist sogar in früheren Arbeiten des Autors schon angedeutet; Rawls (vgl. sein Kantian Constructivism in Moral Theory [The Dewey Lectures], in: The Journal of Philosophy 77 [1980] S. 515-573, hier 528 ff.) hat ihn jedoch - um jeden Zweifel auszuräumen - mit der Bezeichnung "Vernünftigkeit" *(the reasonable)* sorgfältig vom Nutzenbegriff der Rationalität *(the rational)* unterschieden, wobei er betonte, daß es die Einführung dieses Elementes in die Vertragssituation bzw. den "Urzustand" ist, die die Subjekte nicht nur zu rationalen, sondern auch zu "moralischen Agenten" macht. Die Tatsache, daß Rawls den "kooperativen" Charakter einer solchen Ausübung

nicht alle denkbaren Auffassungen von Gerechtigkeit - diesbezüglich gleichwertig sein. Die Definition von Thrasymachos, nach der das gerecht ist, was die Interessen des Stärksten begünstigt, würde von den Protagonisten von Rawls' hypothetischer Situation zweifellos abgelehnt werden, da keiner von ihnen wissen kann, ob er sich in der Gruppe der Starken wiederfinden wird, und da folglich für jeden das Risiko besteht, zu den Schwachen zu gehören. Und in diesem Fall wäre die erwähnte Definition für seine Interessen gewiß nicht gerade günstig. Analog dazu wäre auch der Utilitarismus ausgeschlossen, denn er erlaubt es, das Risiko einzugehen, daß einige Mitglieder der Gesellschaft zugunsten des sozialen Gesamtnutzens unterdrückt werden. Niemand aber würde angesichts dieser Annahme und angesichts der Möglichkeit, derart selbst zum Opfer zu werden, freiwillig eine solche Bedrohung seiner Interessen akzeptieren. Nach Meinung von Rawls müßten die Prinzipien der Gerechtigkeit, über die sich die Vertragspartner verständigen könnten, die folgenden sein: Erstens brauchen alle ein Prinzip, das die *Freiheit* jedes Individuums gewährleistet, da ohne Freiheit die Verteidigung der Interessen eines jeden unmöglich - oder doch wenigstens unsicher - würde. Die eigene Freiheit läßt folglich "keine andere Einschränkung [zu], als diejenige, die sich aus der Notwendigkeit des Schutzes der Freiheit der anderen ergibt". Zweitens würden die Verhandlungspartner, wenn sie die Freiheit fair verteilt haben, dazu übergehen, andere Grundgüter - wie materielle Güter oder gesellschaftliche Vorteile - nach einem anderen Prinzip zu ver-

---

von Rationalität bzw. "Vernünftigkeit" so sehr unterstreicht, sowie die Bedeutung, die er der "Symmetrie" und der "Öffentlichkeit" der "Diskussion unter den Vertragspartnern" beimißt, spricht sehr für eine *dialogische* Interpretation dieser Diskussion, da sie sich von dem monologischen Zweck-Mittel-Kalkül des bloßen rationalen Agenten der Entscheidungstheorie unterscheidet.

teilen, das man eigentlich in zwei aufteilen kann:[22] ein *Gleichheits*prinzip, das "jedem gleiche Möglichkeit zum Erwerb dieser Güter" garantiert; und angesichts der Tatsache, daß die Einführung bestimmter Ungleichheiten für alle von Vorteil sein kann,[23] ein *Unterschieds*prinzip, das bestimmt, daß "Ungleichheiten nur dann akzeptabel sind, wenn sie zugunsten der weniger Privilegierten ausfallen". Die Prinzipien, von denen die Rawlssche Theorie der Verteilungsgerechtigkeit beherrscht und im wesentlichen gebildet wird, ließen sich mit dem Kantischen Prinzip des kategorischen Imperativs vergleichen - ein Vergleich, den Rawls selbst vorgeschlagen hat -, was jedenfalls gut mit der allgemeinen Stoßrichtung seiner Argumentation zusammenpaßt.[24] So beruht beispielsweise die Herleitung

---

[22] Die Zusammenfassung bezieht sich auf das, was Rawls in A Theory of Justice, S. 302 ff. (dt.: 336 f.), als "endgültige Fassung" seiner Prinzipien bezeichnet.

[23] Natürlich wird die Plausibilität einer solchen Aussage von den Beispielen abhängen, die man anführt, um sie zu illustrieren. Es ist nämlich nicht das gleiche, ob man - beispielsweise - sagt, daß ein Arzt Instrumente benötigt oder Vorzugsrechte, die ihm Vorteile vor seinen Patienten einräumen, damit er sie so wirksamer behandeln kann, oder ob man nach der eigenartigen Logik der Wohlfahrtsökonomie sagt, daß jede wirtschaftliche Ungleichheit gerechtfertigt ist, sofern niemand dadurch seine Situation verschlechtert, da dies - selbst dann, wenn alle ihre Situation verbesserten - noch lange keine Rechtfertigung ökonomischer Ungleichheiten in irgendeinem halbwegs ethischen Sinn des Begriffs "Rechtfertigung" wäre. Tatsächlich wurde der Zusammenhang der Prinzipien von Rawls mit dem Prinzip der sogenannten Pareto-Optimalität von viel radikaler egalitären Positionen aus kritisiert, als es die seinige ist, wie etwa vom Marxismus; für eine allgemeine marxistische Auseinandersetzung mit den Standpunkten von Rawls vgl. die Arbeit von Richard W. Miller, Rawls and Marxism, in: N. Daniels (Hrsg.), Reading Rawls, zit. Anm. 11, S. 206-229, sowie das Kapitel "Marx and Rawls" in: Allen E. Buchanan, Marx and Justice, Totowa 1982, S. 103-161.

[24] Auf die Kantischen Wurzeln nicht nur seiner Interpretation der Prinzipien der Gerechtigkeit, sondern des ganzen Denkens von Rawls habe ich in La razón sin esperanza, Madrid 1977, S. 253 ff., hingewiesen. Damals kannte ich weder das Buch von Wolff, Understanding Rawls, das etwa zur gleichen Zeit wie mein Buch erschien, noch die kritische Arbeit von Andrew Levine, Rawls' Kantianism, in: Social Theory and Practice 3 (1974) S. 47-63, auf die sich auch Wolff bezieht; die spätere Weiterentwicklung von Rawls - so wie sie sich am deutlichsten in den weiter oben zitierten Dewey Lectures widerspiegelt - hat diese philosophische Einordnung nur bestätigt.

der Prinzipien, wie wir gesehen haben, darauf, daß die Subjekte als rationale Agenten betrachtet werden; und die Verteidigung der Interessen eines jeden dieser Subjekte erfolgt beispielsweise auf eine Art und Weise, die man ohne weiteres zur Norm für die Verteidigung fremder Interessen erheben könnte; und diese Prinzipien erlauben es beispielsweise - und verpflichten sogar dazu -, die betreffenden Subjekte als Zwecke an sich zu sehen und nicht nur als Mittel bzw. als Objekte, wie es weitgehend im Utilitarismus der Fall war usw. Die Prämissen von Rawls sind jedoch trotzdem von den Kantischen sehr verschieden. Sie berücksichtigen Fakten - etwa das Faktum der Knappheit, das die Notwendigkeit der Verteilung überhaupt erst aufwirft, und sogar das Faktum der sozialen Interaktion, in der die Verteilung stattfindet, um hier nur zwei zu nennen -, die in der Argumentation Kants gar keine oder doch zumindest keine annähernd so bedeutende Rolle spielten. Entgegen dem, was gelegentlich gesagt wird, zwingt die Berücksichtigung dieser Fakten Rawls mitnichten dazu, die Kantische praktische Vernunft zu vergessen und sie durch die einfache Vernunft der Klugheit, also die strategische Vernunft derer zu ersetzen, die im Bemühen um die Verfolgung ihrer eigenen Interessen sich nicht aus ethischen, sondern aus utilitaristischen Gründen zu Antiutilitaristen erklären. Dagegen ist es richtig, daß die Rawlsschen Prinzipien dadurch, daß sie diese Tatsachen berücksichtigen, einen Inhalt bekommen können, der dem formalistischen Kantischen Imperativ zumindest in einigen seiner verschiedenen Versionen fehlt.[25] Das aber bedeutet,

[25] Es ist jedenfalls daran zu erinnern, daß es nicht nur einen, sondern mehrere "Kantische kategorische Imperative" gibt, deren "Formalismus" folglich auch verschiedene Grade annehmen kann. Um hier nur auf zwei der Formulierungen in der Grundlegung zur Metaphysik der Sitten einzugehen, so scheint es einen bemerkenswerten Unterschied zu geben zwischen der Formulierung "Handle nur nach derjenigen Maxime, durch die du zugleich wollen kannst,

daß diese Prinzipien auch aus einem ganz anderen Blickwinkel beurteilt werden müssen als die abstrakten Überlegungen der klassischen politischen und Moralphilosophie, nämlich aus einem Blickwinkel, der es erlaubt, voll und ganz in die gegenwärtige sozio-ökonomische Situation unserer heutigen Welt einzutauchen. Dem wollen wir uns nun kurz zuwenden.

Das erste, was einem auffällt, wenn man die Rawlsschen Prinzipien betrachtet, ist ein möglicher Widerspruch zwischen dem Freiheits- und dem Gleichheitsprinzip, das nach dem Willen von Rawls durch das Unterschiedsprinzip berichtigt wird. Schließlich haben wir gesehen, daß die Freiheit selbst ein zu verteilendes Gut darstellt,[26] nicht anders als die materiellen Güter oder die gesellschaftlichen Vorteile. Und es könnte durchaus der Fall eintreten, daß die Einschränkung der Freiheit einiger Individuen eine Ungleichheit darstellt, die dem zweiten Rawlsschen Prinzip genügt, die also zu einer Zunahme von Gütern (zum Beispiel von materiellen Gütern) für die Mehrheit oder sogar für alle führt. Rawls, der diesen Einwand scharfsinnig voraussieht, versucht, ihm zuvorzukommen, indem er die absolute *Priorität* des Freiheitsprinzips vor den an-

daß sie ein allgemeines Gesetz werde", die sich darauf beschränkt, ein rein formales Prinzip der praktischen Vernunft zu etablieren, und der Formulierung "Handle so, daß du die Menschheit sowohl in deiner Person, als in der Person eines jeden andern jederzeit zugleich als Zweck, niemals bloß als Mittel brauchest", die man für unsere Zwecke interpretieren könnte als den Imperativ, nach dem die Menschen nicht als *Objekte*, sondern als *Subjekte* zu betrachten sind, und deren Inhaltslosigkeit keineswegs so offenkundig ist wie bei der ersten (Grundlegung zur Metaphysik der Sitten, Kants Werke, Akademie-Ausgabe, Bd. IV, S. 421 und 429). Über die Bedeutung der zweiten Formulierung für die Begründung einer kommunikativen Ethik vgl. meine Arbeit Más allá del contrato social (Venturas y desventuras de la ética comunicativa), Kap. VII meines Buches Desde la perplejidad, zit. Anm. 2.

26 Vielleicht wäre es aus diesem Grund angebrachter, von "Freiheit" und "Freiheiten" zu sprechen, denn im Unterschied zu letzteren scheint erstere weniger etwas, das selbst zu verteilen ist, als vielmehr - wie auch die Gleichheit - eine Bedingung für die Möglichkeit jeder gerechten Verteilung.

deren Prinzipien der Gerechtigkeit postuliert, so daß keine Zunahme des sozialen Wohlstands - nicht einmal eine gleichmäßig verteilte - die Aufgabe von Freiheit rechtfertigen kann. (Das einzige, was es bekanntlich erlauben könnte, sie zu beschneiden, ist, daß sie mit einem System von Freiheiten vereinbar sein muß, das die Freiheit für alle maximiert.) Ich sage, daß er diesen Vorrang "postuliert", weil ich der Meinung bin, daß die zahlreichen Argumente, die Rawls zugunsten der Priorität der Freiheit vorbringt - und auf die ich hier nicht näher eingehen kann -, überhaupt nichts beweisen, so daß es sich meines Erachtens um ein Postulat handelt. Damit huldigt Rawls einem Wert, der von der in unseren westlichen Gesellschaften vorherrschenden Ideologie hochgehalten wird, für die die Freiheit zumindest im Prinzip - und ich sage hier "im Prinzip", um zu betonen, daß wir uns jetzt auf einer ideologischen Ebene bewegen, die nur wenig oder gar nichts mit der gesellschaftlichen Wirklichkeit zu tun haben kann, die sie zu verschleiern sucht - Vorrang vor der Gleichheit besitzt. Unter diesem Vorbehalt sind aber doch die Plädoyers gebührend zu würdigen, die Rawls - jetzt im Gegensatz zur eben genannten vorherrschenden Ideologie - zugunsten des Egalitarismus vorbringt. Das Rawlssche Gleichheitsprinzip steht, auch wenn es durch das Unterschiedsprinzip berichtigt ist, in entschiedenem Widerspruch zu den sogenannten meritokratischen oder "perfektionistischen" Verteilungstheorien, die genährt werden von calvinistischen Überbleibseln bzw. von sozialdarwinistischen Vorstellungen und die die Ausbeutung der gewöhnlichen Bevölkerung zugunsten einer privilegierten Minderheit möglich und vielleicht sogar notwendig machen. Und da dieser Widerstand konsequenter scheint als das einfache utilitaristische Beharren auf der Maximierung des gesellschaftlichen Wohlstands, scheint mir die Rawlssche Theorie eine sicherere Zukunft zu besitzen als eine Ersatztheorie, mit deren Hilfe sich der "Wohlfahrtsstaat" legitimieren läßt, ein Wohlfahrtsstaat, den der Druck der Gewerkschaften (nach einer bekannten Formel ist Neokapitalismus nichts anderes als "alter Kapitalismus plus starke Gewerkschaften") in den letzten Jahrzehnten gezwungen hat, wirtschaftliche Entwicklung mit sozialer Entwicklung zu verbinden und dabei auch die Umverteilung der Gewinne ernst zu nehmen oder doch zumindest diesen Anschein zu erwecken. Unglücklicherweise für diese Philosophie befindet sich aber nun der Wohlfahrtsstaat selbst in einer Krise; nicht einmal jene Formel, nach der der Neokapitalismus die Fassade des alten Kapitalismus gewerkschaftlich übertüncht, taugt mehr, um den fortgeschrittenen Spätkapitalismus zu charakterisieren; und die Legitimierung dieses Kapitalismus[27] bedarf derzeit ganz anderer Leistungen der Vorstellungskraft als die von Rawls, oder aber, wie man annehmen und befürchten muß, ganz einfach weniger phantasievoller, aber umso drastischerer Lösungen, nachdem die ziemlich kurzlebige Ära relativen Überflusses von vor zehn Jahren endgültig beendet ist.

Nun ist es nach Meinung seiner Kritiker gerade diese *Krise des Wohlfahrtsstaates*, die mit der derzeit stattfindenden Wiederbelebung sowohl des Liberalismus als auch des Libertarismus in Verbindung zu bringen ist. Der englische Soziologe Bill Jordan hat dies deutlich gemacht, indem er zeigte, wie jene Kritiker aus diesen beiden Strömungen die Munition für ihre Kritik beziehen.[28] Er hat sich mit beiden

---

[27] Um es mit dem Titel eines Werkes auszudrücken, auf das im letzten Teil dieser Arbeit noch näher eingegangen wird: Die Probleme des Neokontraktualismus sind zum Teil - wobei man sich aber vor dem Fehlschluß hüten muß, den Teil mit dem Ganzen zu verwechseln - "Legitimationsprobleme im Spätkapitalismus".

[28] B. Jordan, Freedom and the Welfare State, London 1976, S. 2 f. Inzwischen fährt der Wohlfahrts- oder auch "Wohltäter"-Staat trotz seiner Krise - und gelegentlich sogar in deren Windschatten - damit fort, seine eigene Literatur

beschäftigt und ihnen, wie es schon zu Beginn dieser Arbeit geschehen ist, die Begriffe "Freiheit" *(liberty)* bzw. "Befreiung" *(liberation)* zugeordnet, wobei hinter jedem dieser Begriffe eine andere Auffassung davon steht, was es bedeutet, "frei zu sein" *(to be free)*.

Die liberale Kritik am Wohlfahrtsstaat, um mit ihr zu beginnen, beruht auf folgenden Voraussetzungen. Nach Auffassung des Liberalismus ist die Privatinitiative die wirksamste Methode zur Stimulierung der Produktion und folglich des Wohlstands für alle. Daher ist individuelle Verantwortung so weit wie möglich zu fördern, damit jeder Mensch den Lebensunterhalt für sich und seine Familie erarbeiten kann, ohne auf die Fürsorge des Staates angewiesen zu sein. Tatsächlich würde die große Mehrheit dies auch tun, wenn man ihr die Möglichkeit gäbe, ihre Bedürfnisse auf dem Wege des freien Einsatzes der eigenen Ressourcen zu befriedigen, anstatt diesen Einsatz mit Hilfe der Steuerpolitik zu bestimmen. Ausgehend von diesen Prämissen ließe sich der Wohlfahrtsstaat kritisieren, indem man anführt, daß staatliche Einmischung, indem sie den einzelnen Bürgern kollektive Lösungen aufzwingt, deren Freiheit entscheidend beschränkt, daß die Bereitstellung kostenloser Dienstleistungen die Unabhängigkeit der Leute schmälert und ihnen dadurch auch die Fähigkeit nimmt, selbst Lösungen für ihre Probleme zu suchen, und daß das hohe Steuerniveau, das durch die Ausweitung sozialer Leistungen erforderlich wird, nicht nur individuelle Anstrengungen untergräbt, sondern auch die wirtschaftliche Entwicklung bremst und sogar das Wachstum des gesellschaftlichen Wohlstandes behindert. Die Tatsache,

über die sogenannten "wirtschaftlichen Rechte" (in denen die sogenannten "Wohlfahrtsrechte" eingeschlossen sind) abzusondern. Die vollständigste mir bekannte Behandlung dieses Themas ist die von Carl Wellman, Welfare Rights, Totowa 1982.

daß solche Prämissen und Kritiken im heutigen England von den an der Macht befindlichen Konservativen vorgebracht werden, kann selbstverständlich nicht verhindern, daß man darin den überholten Stempel des Liberalismus des 19. Jahrhunderts erkennt.

Was nun die libertäre Kritik am Wohlfahrtsstaat betrifft, die mehr in der Tradition des Anarchismus und des Syndikalismus als in der des autoritären und zentralistischen Kommunismus steht, so geht diese davon aus, daß sich in einer kapitalistischen Gesellschaft alle anderen sozialen Beziehungen aus dem Produktionsprozeß ableiten, der seinerseits auf der Ausbeutung des Menschen durch den Menschen beruht, aber sie ist nicht daran interessiert, einen Gegenvorschlag für eine unter einer alternativen Organisation der Produktion vereinigte Gesellschaft zu entwickeln. Stattdessen betont sie, daß der Staat - wie auch die Fabrik oder die Familie - eine soziale Institution ist, die die tatsächlichen Potentiale des Einzelnen erstickt, da sie ihn dazu zwingt, sich an Beziehungen und Prozessen zu beteiligen, die eine ungerechte Machtverteilung aufrecht erhalten. Der libertäre Standpunkt mißtraut also jeder Form von Autorität und jeder Instanz der Vermittlung zwischen dem Individuum und seinem tatsächlichen Handeln, was zu der Behauptung führt, daß das Individuum allein durch den Widerstand gegen jede im Rahmen der Institutionen etablierte Macht frei sein und sich selbst entfalten kann. Der Libertarismus kritisiert also den Wohlfahrtsstaat aus einer Reihe von Gründen, unter anderem wegen seines Zentralismus, seiner bürokratischen Strukturen, seiner Weigerung, den Empfängern seiner Leistungen ausreichende Teilnahme an der Organisation und der Kontrolle seines Managements einzuräumen usw., aber er weist auch darauf hin, daß die Maschinerie die Neigung besitzt, Dissidenten in ihrem Räderwerk aufzureiben oder auch Andersartige, Außenseiter und Nonkonformisten von den Segnungen des Wohlstands auszuschließen. Für den Libertarismus besteht die Freiheit letztlich im Bruch mit den traditionellen Definitionen des sozialen Zwangs, um Raum zu schaffen für eine neue Auffassung von menschlichen Beziehungen, in denen Individualität, Spontaneität und Kreativität einen echten Beitrag für die Anerkennung von Bedürfnissen und deren Befriedigung leisten können. Angesichts der Tatsache, daß all dies weder in der englischen Gesellschaft der vergangenen zehn Jahre noch in irgendeiner anderen derzeit bekannten Gesellschaft möglich scheint, kann es nicht verwundern, daß solche Vorstellungen mit der damals herrschenden Wohlfahrtspolitik der Labour-Partei in Konflikt gerieten.

Die Unterscheidung Jordans zwischen *liberty* und *liberation* als zwei Arten, den Begriff Freiheit *(freedom)* zu verstehen, hat zweifellos etwas mit den berühmten zwei Begriffen von Freiheit zu tun, die in einem sehr bekannten Aufsatz dieses Titels von Isaiah Berlin analysiert werden.[29] In etwas freier Auslegung dieses Aufsatzes könnte man unterscheiden zwischen dem, was er "negative Freiheit" oder "Freiheit von" *(freedom from)* nennt - die mit der noch viel klassischeren Freiheit von Zwang zusammenhängt - und dem, was er "positive Freiheit" oder "Freiheit zu" *(freedom to)* nennt und die der noch klassischeren Wahlfreiheit entspricht.[30] So klar uns diese Unterschei-

---

[29] I. Berlin, Two Concepts of Liberty, in: Four Essays on Liberty, Oxford 1969, S. 118-172.

[30] In seinem Aufsatz bietet Berlin von einem liberalen Standpunkt aus eine ziemlich negative Darstellung der "positiven Freiheit" - die er mit der Philosophie der "objektiven Vernunft" gleichsetzt, wie sie etwa von dem englischen Hegelianer Thomas H. Green vertreten wird (wobei es sicher viel dunklere Beispiele gäbe als das des unschuldigen Green, der seinerseits ein Liberaler ist) -, die er für "eine Entschuldigung der Despotie im Namen einer umfassenderen Freiheit" hält. Es ist gut möglich, daß Berlin, dessen ehrlicher Liberalismus über jeden Zweifel erhaben ist, sich in diesem Punkt mitreißen läßt von dem hartnäckigen Vorurteil des doktrinären Liberalismus gegen jede

dung, die philosophisch gehaltvoller ist als die vorige, auch scheinen mag: die beiden Freiheitsbegriffe - oder, für unsere Zwecke, der Begriff der *Freiheit* (sozusagen der liberale Begriff) und der der *Befreiung* (sozusagen der libertäre Begriff)[31] - wurden doch häufig verwechselt und werden es auch noch in der allerneusten Literatur zu diesem Thema.

Das augenfälligste Beispiel dieser Verwechslung, das mir bekannt ist, bietet Robert Nozicks Werk "Anarchy, State, and Utopia", das die zweite der theoretischen Positionen vertritt, die ich bezüglich des Neokontraktualismus untersuchen wollte.[32] Um seinem renommierten Autor gerecht zu werden, muß ich hinzufügen, daß die Verwechslung, von der ich spreche, nicht ihn allein betrifft, sondern daß sie symptomatisch ist für eine ganze, typischerweise nordamerikanische Meinungsrichtung, der man vielleicht den Namen *libertarianism* geben könnte, wenn man damit nicht - indem man sie so als eine Art *tertium quid* zwischen Liberalismus und Libertarismus erscheinen ließe, was sie keineswegs ist - verschleiern würde, wie sie - ich wiederhole es - die beiden Begriffe verwechselt. Zudem ist auf die sprichwörtliche Mehrdeutigkeit des englischen

---

Definition von Freiheit, die über die - wie Bentham sagte - Abwesenheit von Einmischung hinausgeht. Wer aber dieses Vorurteil nicht teilt, der muß sich auch nicht die Abwertung der positiven Freiheit zu eigen machen, die nach Berlin sehr viel mehr mit dem Faschismus als mit dem Libertarismus zu tun hat. Für eine Kritik an der Position Berlins, die allerdings mit meinen eigenen Vorbehalten nicht ganz übereinstimmt, vgl. beispielsweise das Buch von Benjamin Gibbs, Freedom and Liberation, New York 1976, S. 23 ff.

[31] Da wir unsere Unterscheidung von "Freiheit" und "Befreiung" mit dem weiter oben zitierten Buch von Jordan in Verbindung gebracht haben, möchte ich klarstellen, daß ich diese Begriffe andererseits nicht mit den Modellen gleichsetzen möchte, die dieser anführt (ebd. S. 9-24), nämlich mit dem Essay On Liberty von Mill und mit dem Essay On Liberation von Marcuse, denn der erste geht weit über die übliche liberale Auffassung von Freiheit hinaus, während der zweite weit davon entfernt ist, alle Möglichkeiten einer libertären Auffassung von Befreiung auszuschöpfen.

[32] R. Nozick, Anarchy, State, and Utopia, New York 1974 (dt. Anarchie, Staat, Utopia, übers. von H. Vetter, München 1976).

Wortes *libertarian* hinzuweisen, das in dieser Sprache sowohl dazu dient, den Anhänger des freien Willens im Gegensatz zum Deterministen zu bezeichnen (und sogar den Verfechter der Lehre vom *liberum arbitrium* im Gegensatz zum Verfechter der Prädestination)[33], als auch dazu, die französische Bezeichnung *libertaire* zu übersetzen, die offenbar von Sebastian Faure Ende des vergangenen Jahrhunderts als Synonym für "Anarchist" vorgeschlagen wurde, wenngleich sie schon vorher in dieser Bedeutung von einem anderen Anarchisten, Joseph Déjacque, als Titel für die von ihm 1858 gegründete Zeitung "Le Libertaire" verwendet wurde.[34]

Die Verwechslung von Liberalismus und Libertarismus könnte jedoch noch tiefere Wurzeln besitzen, was entsprechend schlimmer wäre, denn wenn wir nicht in der Lage sind, zwischen den beiden zu unterscheiden, können wir uns noch nicht einmal fragen, was ihnen denn gemeinsam ist.

Was Nozick betrifft, so ist seine Position nicht anarchistisch (sein Buch zielt immerhin auf die Rechtfertigung eines ganz bestimmten Typs von Staat ab), aber indem er diesen Staat als "Minimalstaat" auffaßt, scheut er sich nicht, eine bestimmte Art von Anarchismus in Betracht zu ziehen (wobei selbstverständlich die Tradition des amerikanischen individualistischen Anarchismus von L. Spooner und B. Tucker und von so bizarren Vertretern des sogenannten "Anarchokapitalismus" wie David Friedman den Sieg davonträgt).[35] Und hinsichtlich der Rechtferti-

---

33 Vgl. Maurice Cranston, Freedom. A New Analysis, London/New York/ Toronto 1953, S. 115 ff.

34 Ich übernehme diese Angaben von George Woodcock, Anarchism. A History of Libertarian Ideas and Movements, New York 1970, S. 281.

35 Daß Nozick dem "Anarchismus" von David Friedman - der nicht umsonst Sohn von Milton und Rose ist - Diskussionswürdigkeit zugesteht, mag angehen; daß dasselbe jedoch auch in dem interessanten Buch von Henri Arvon, L'anarchisme au XXe siècle, Paris 1979, geschieht, läßt sich - abgesehen von

gung des "Minimalstaats" ist die Strategie Nozicks auch nicht neokontraktualistisch, obwohl auch er von jener Hypothese - der des Naturzustands (hier in seiner Lockeschen Version) - ausgeht, die in der Geschichte des modernen politischen Denkens mit der Hypothese des Vertrags ebenso treu einherging wie das Wappen mit der Zahl einer Münze. Indem er sich vom Neokontraktualismus abwendet, verzichtet Nozick auf jeden Anspruch, die rationale Führung unserer praktischen Angelegenheiten und ganz besonders unseres politischen Lebens dialogisch zu verstehen, was ihn bedauerlicherweise auf eine prärawlssche Phase der analytischen Philosophie zurückwirft.[36] Noch bedauerlicher ist aber, daß sogar die Hypothese vom Naturzustand als Grundlage der zivilen und politischen Gesellschaft in seinen Händen einer groben Behandlung unterzogen wird, die den Vergleich mit den Feinheiten des "Gedankenexperiments" nicht aushält, auf dem Rawls seine Hypothese vom Vertrag begründet. Denn was Nozick anstelle der Entwicklung eines mehr oder weniger heuristischen Modells, ausgehend von jener Hypothese, unternimmt, ist so etwas wie die Hempelsche Explikation eines realen Faktums: tatsächlich zielt diese Explikation (die Nozick als "Erklärung mittels der unsichtbaren Hand" bezeichnet) darauf ab, Realitäten, die ein Produkt menschlicher Intention zu sein scheinen, wie etwa zivile oder politische Zusammenschlüsse, auf eine Weise darzustellen,

---

dem möglichen entomologischen Interesse des Autors - nur mit dem übermäßigen Drang erklären, die Anhängerschaft des zeitgenössischen Anarchismus unnötigerweise aufgebläht erscheinen zu lassen.

[36] Selbstverständlich kann jeder, dem ein derartiger Rückschritt nichts bedeutet, weiterhin das Urteil vertreten, dieses Buch sei "the best piece of sustained analytical argument in political philosophy to have appeared in a very long time" (die Lobrede, die der Rezension von Hillel Steiner, Anarchy, State, and Utopia: Book Review, in: Mind 86 [1977] entstammt, wird von Jeffrey Paul in seiner Einleitung zu ders. (Hrsg.), Reading Nozick. Essay on 'Anarchy, State, and Utopia', Totowa 1981, S. 1-26, hier 2, zitiert).

die den Rückgriff auf Intentionen nicht erforderlich macht (und Nozick zieht diese Art von Explikationen derjenigen vor, die er "Erklärung mittels der verborgenen Hand" nennt und die das, was nicht Produkt menschlicher Intentionen ist, zu erklären versucht, als sei es absichtlich herbeigeführt worden).[37]

Mit Hilfe eines solchen explikativen Tricks geht Nozick dann daran, uns zu erklären, wie man - ausgehend vom *Naturzustand* - zur Verfassung einer Gesellschaft (und letztlich eines Staates)[38] gelangen kann, die moralisch zu rechtfertigen ist, die also keine individuellen Rechte verletzt (die, um es mit der ehrwürdigen Formel zu sagen, die er sich zu eigen macht, "die moralische Unverletzlichkeit des Einzelnen" achtet).[39] Der Prozeß umfaßt, in einer gerafften Darstellung, die folgenden Schritte: 1) Naturzustand; 2) Gruppen von Individuen, die sich zusammentun, um sich gegenseitig zu verteidigen und auf diese Weise ihre Rechte zu schützen; 3) eine dieser Verteidigungs- und Schutzgemeinschaften erlangt innerhalb eines abgegrenzten Territoriums die Vorherrschaft und bietet ihre Dienste denen an, die sich ihr anschließen wollen; 4) die besagte Gemeinschaft erlangt innerhalb des Territoriums das Monopol der Gewaltanwendung, so daß allein ihre Mitglieder wirksam verteidigt und in ihren Rechten geschützt werden (damit hätte man schon einen embryonalen Staat oder, wie

---

[37] Anarchy, State, and Utopia, S. 6-9, 18-22, 118 f. (dt.: 21-24, 31-35, 115 f.)

[38] Nozick widmet der Frage den ganzen ersten Teil seines Buches, der den Titel trägt "Theorie des Naturzustands, oder wie man in einen Zustand zurückfindet, ohne es eigentlich zu wollen".

[39] Anders als Rawls, dessen Rückgriffe auf Kant eine wirkliche Anhängerschaft zeigen und vom Rest seiner Theorie auf konsistente Weise gestützt werden, stehen Verweise wie dieser bei Nozick - a. a. O. S. 30-33 (dt.: 41-44) - etwas außerhalb der Ordnung da und erinnern an das, was angeblich Rossini einmal einem jungen Komponisten sagte: "Ihr Konzert erweckt in mir die Vorstellung von einem Sonntagmorgen-Spaziergang über einen öffentlichen Platz". Auf die Frage "Und wieso, Maestro?" soll er geantwortet haben: "Weil man dabei eine ganze Menge von Bekannten trifft."

Nozick sagt, einen "Ultraminimalstaat"); 5) der Ultraminimalstaat garantiert allen Bewohnern des Territoriums, auch denen, die gar nicht zur Klientel der herrschenden Gemeinschaft gehören wollen und die auch nicht bereit sind, diese für ihre Dienste zu bezahlen, die Verteidigung und den Schutz ihrer Rechte, wodurch er zum Minimalstaat, also zur minimalen Ausprägung eines Staates wird.[40] Einen sechsten Schritt gibt es nicht, weil jeder Staat, der die Aufgaben des Minimalstaates - den Nozick ohne weiteres mit dem traditionellen "Nachtwächterstaat" identifiziert, den er aber erstaunlicherweise als ein "System für die Utopie" ansieht - überschreitet, schon moralisch nicht mehr zu rechtfertigen wäre, da er gegen die individuellen Rechte verstoßen würde, die der Staat schützen und verteidigen muß (um nur ein Beispiel zu geben:[41] Verteidigung und Schutz des Privateigentums wäre eine legitime Aktivität des Staates, nicht aber eine Besteuerung, die auf die Umverteilung der Gewinne aus Privateigentum abzielt, um so die eine oder andere sich aus des-

---

[40] Vergleicht man sie mit der Besessenheit, mit der Rawls im Detail darstellt, was wir unter einer "wohlgeordneten Gesellschaft" zu verstehen haben, auf die sich die Moralität der Vereinigungen und letztlich auch der politischen Institutionen des Staates stützen läßt, dann hat die Zwanglosigkeit, mit der Nozick vorgeht, einen unbestreitbaren Vorteil, nämlich den, uns an die Verachtung zu erinnern, mit der der soziologische Realismus Max Webers (R. Stammlers 'Überwindung' der materialistischen Geschichtsauffassung, in: Gesammelte Aufsätze zur Wissenschaftslehre, hrsg. von J. Winckelmann, 2. Aufl. Tübingen 1951, S. 291-359 und 360-383, bes. 377) die juristische Scholastik behandelte, die die Entwicklung des gesellschaftlichen Lebens ausgehend von der Vertragstheorie des Staates zu verstehen versuchte; der Unterschied liegt jedoch darin, daß Rawls nie behauptet, Soziologie zu betreiben, während Nozick - der sich explizit zur Weberschen Tradition bekennt - vor dem Gedanken zurückschreckt, den Staat einfach auf der Grundlage des "Gewaltmonopols" zu charakterisieren, und dem Ultraminimalstaat das Anhängsel einer "moralischen Anforderung" verpaßt, diejenigen, denen das Recht auf Selbstverteidigung genommen wird, dadurch zu entschädigen, daß er sie unter seinen Schutz nimmt.

[41] Das Beispiel ist natürlich nicht von mir, sondern von Nozick selbst. Seine Diskussion nimmt, unter dem Titel "Beyond the Minimal State?", praktisch den gesamten zweiten Teil seines Buches ein.

sen Existenz ergebende unerwünschte Folge abzumildern, da dies die unangreifbaren moralischen Rechte der Eigentümer verletzen und daher einen deutlichen Widerspruch zu den vorher dem Staat zugewiesenen Zwecken darstellen würde).

Bevor ich ganz kurz auf den letzten Punkt eingehe, möchte ich nur noch darauf hinweisen, wie weit dies - dem entsprechend, was schon weiter oben über den Rückschritt gesagt wurde, den das Werk Nozicks vom Standpunkt der dialogischen Auffassung der praktischen Rationalität darstellt - von jedem kontraktualistischen bzw. neokontraktualistischen Versammlungsgedanken entfernt ist. Wie ein Autor schrieb:

"Nach der Konstruktion Nozicks versammelt der Philosoph der minimalistischen Polis die Bürgerschaft ein einziges Mal in einem öffentlichem Forum, um ihr Nozicks Buch vorzulesen und ihr vor Augen zu führen, daß es für dieses Forum nichts wichtiges zu diskutieren gibt, da im Grunde schon alles im voraus entschieden ist ... Und mehr noch: er macht den Anwesenden klar, daß, wenn sie keine theoretische Konstruktion finden, die den Gebrauch rechtfertigt, welchen sie von dem Boden machen, auf dem die Versammlung stattfindet, diese Versammlung illegitim ist, denn der Boden 'gehört jemandem', dem wahrscheinlich keine Bezahlung oder Entschädigung angeboten wurde. Im Falle von Verfahrensfragen bezüglich der Durchsetzung der Gerechtigkeit und der Auslegung von Rechten seien die (privaten) Verordnungen der dominanten Schutzorganisation zu konsultieren, in denen alles erklärt ist. Sollte jemand nicht einverstanden sein, dann habe er sich genau zu überlegen, ob er stark genug ist, sich dieser Organisation zu widersetzen und deren Monopol zu brechen. Es mag sein, daß ein paar Philosophen unbedingt in dem, was vor den Erläuterungen Nozicks fälschlicherweise 'öffentliches Forum' genannt wurde, dessen Vorstellungen weiter diskutieren wollen. Diese müßten sich dann aber mit den privaten Eigentümern einigen ... Falls keine Einigung über den Gebrauch des Bodens zustandekommt, könnten die Philosophen selbstverständlich emigrieren, denn das Recht auf Emigration liegt offenbar innerhalb des Bereichs, der durch die Trennlinie der moralischen Unantastbarkeit definiert ist."[42]

Über den zukünftigen Gebrauch, dem diese Philosophen als legitime Eigentümer ihres jeweiligen Exemplars - oder wird es noch öffentliche Bibliotheken geben, die ihnen die unnötige Ausgabe ersparen könnten? - die Blätter von Nozicks Buch zuführen können, hüllt sich der Autor der zitierten Passage in barmherziges Schweigen.
Was die Kritik betrifft, die Nozick am "Distributionismus" (oder genauer "Redistributionismus") übt und die ihn am deutlichsten als Gegner von Rawls ausweist, so scheinen sowohl Kritiker als auch Anhänger seines Buches übereinstimmend darin den Hauptgrund für dessen unbestreitbaren Erfolg zu sehen. Den Theorien der Verteilungsgerechtigkeit stellt Nozick das entgegen, was er eine "Anspruchstheorie" *(entitlement theory)* nennt. Demnach entstehen ökonomische Güter als solche erst in dem Augenblick, in dem jemand einen gerechten Titel auf ihr Eigentum vorweist, also einen Titel, der ihm entweder übertragen wurde - durch Tausch, Erbschaft, Schenkung - oder der ihm einfach aufgrund einer ursprünglichen Erwerbs- oder Aneignungshandlung zukommt - wie es immer dann der Fall ist, wenn man in der Kette von Übertragungen bis auf den Anfang zurückgeht. Genau aus diesem Grund sei jeder Umverteilungsversuch solcher Güter *per definitionem* eine Verletzung eines vorgängigen Rechts. Um es in der dithyrambischen Diktion eines Kollegen von Nozick auszudrücken:

---

[42] Das Zitat enstammt der Arbeit von Manuel Jiménez Redondo, Antiutopía y utopía neolibertarias, die meines Wissens noch unveröffentlicht ist. Diese Arbeit ist, wie ich finde, eine unübertreffliche Zusammenfassung des dritten und letzten Teils, "Utopia", des Buches von Nozick.

"In his *Structure of Scientific Revolutions*, Kuhn suggested that current scientific knowledge may not represent the accumulated wisdom of the past but seems to embody the elucidation of a wholly new conceptual paradigm, one whose principal features are utterly incommensurable with its predecessors. If the development of moral knowledge is analogously structured, then the very incommensurability of Nozick's theory with its competitors, accounts, in part, for its impact on social philosophy and science ... Nozick's book struck at the conceptual underpinnings of both contemporary western society and its totalitarian adversaries in the East."[43]

Angesichts dieses Urteils kann ich der Versuchung nicht widerstehen, ihm ein anderes gegenüberzustellen, das ebenfalls von einem Kollegen unseres Autors stammt:

"... the intellectual texture is of a sort of cuteness that would be wearing in a graduate student and seems to me quite indecent in someone who, from the lofty heights of a professorial chair, is proposing to starve or humiliate ten percent or so of his fellow citizens (if he recognizes the word) by eliminating all transfer payments through the state, leaving the sick, the old, the disabled, the mothers with young children and no breadwinner, and so on, to the tender mercies of private charity, given at the whim and pleasure of the donors and on any terms they choose to impose."[44]

Obwohl ich diese Meinung ganz und gar teile - wie es wohl jeder tut, den das doppelt unwürdige Schauspiel der Armut in einem so reichen Land wie die Vereinigten Staaten nicht unberührt läßt -, weiß ich doch nicht, ob die Berufung auf Alte und Kranke, auf Witwen und Waisen das wirksamste Argument liefert, um zur Beendigung dessen

---

[43] Jeffrey Paul, Einleitung zu ders. (Hrsg.), Reading Nozick, zit. Anm. 36, S. 2.

[44] Brian Barry, Review of 'Anarchy, State, and Utopia', in: Political Theory 3 (1975) S. 331 f.

zu führen, was man so pompös eine akademische Diskussion zu nennen pflegt. Und wenn man schon Nozicks Buch auf einen Schlag abservieren will, dann würde ich einen dianoetischen einem ethischen Schlag vorziehen. Ich würde folglich einfach sagen, daß ich nichts Paradigmatisches erkennen kann in einer Theorie wie die der Berechtigung, deren größte Originalität darin zu bestehen scheint, daß sie die Schutzklauseln abschwächt, mit denen die Lockesche Theorie des natürlichen Rechts auf Eigentum der räuberischen Habgier Einhalt zu bieten versuchte *(Lockean proviso)*, und deren Konsistenz man an der Antwort Nozicks auf die Frage ermessen könnte, ob er folglich dazu bereit ist, seine Regierung aufzufordern, den amerikanischen Indianern das Land ihrer Vorfahren zurückzugeben, da keine Einklagung irgendwelcher Rechte sich auf gerechtere Titel berufen könnte als die sogenannten *indian claims*. Der wahre Grund dafür, daß die Bücher von Rawls und Nozick "inkommensurabel" sind, ist schließlich, daß das erste ohne Zweifel ein großes Werk der politischen und Moralphilosophie darstellt - unabhängig davon, daß es seinen Lesern anfechtbar und zudem streckenweise sterbenslangweilig erscheinen mag -, während das zweite im besten Fall nicht mehr ist als ein zweitrangiges Stück philosophischer Literatur, streckenweise banal, streckenweise pedantisch, gelegentlich sogar beides zugleich, und außerdem fast durchgehend ungehobelt provinziell. Es ist dies die gleiche Inkommensurabilität, die - um hier gleich alles loszuwerden - auch ihre jeweiligen klassischen Vorläufer trennt: Kant (für Rawls) und nicht etwa Locke, sondern Ayn Rand (für Nozick).

Um aber nun zu dem zurückzukommen, was uns hier eigentlich interessiert, so wäre es naiv, wollte man die Lektüre von Nozicks Buch zusammenfassen, indem man sagt, man hätte dank seiner der Geburt - oder besser gesagt der

Wiedergeburt - des *liberalen Staates* beigewohnt. Die Leichtigkeit - sieht man einmal von überflüssigen Spitzfindigkeiten ab, die vielleicht jemanden täuschen könnten, der noch naiver ist als man selbst -, mit der Nozick von der Ursprungshypothese des Naturzustands zur faktischen Rechtfertigung der politischen Wirklichkeit fortschreitet,[45] hat mich jedenfalls an die Bemerkung erinnert, die Georg Lukács einmal zu Max Scheler über die Möglichkeiten der phänomenologischen Methode gemacht haben soll: Scheler hatte ihm von den Vorzügen dieser Methode vorgeschwärmt, die dadurch, daß sie die Existenz ausklammere, sogar in der Lage sei, das Nichtexistente zu beschreiben - beispielsweise "Phänomenologie des Teufels" zu betreiben. Darauf antwortete Lukács einsilbig: "Das ist ja alles ganz schön; das Schlimme ist nur, daß Sie dann die Klammer wegnehmen und der Teufel frei auf der Straße herumläuft." Die Hempelsche Theorie der wissenschaftlichen Explikation hat, wie jeder weiß, die professionellen Historiker nie ganz befriedigt. Carl Hempel selbst aber wäre am allermeisten überrascht darüber, sich als Pate eines historischen Erklärungsmodells wiederzufinden, das am ehesten noch dem Verfahren ähnelt, mit dem ein Zauberer Kaninchen aus dem Zylinder zieht.[46] Eines der Motive für seine

---

[45] Liberale wie Harvey C. Mansfield, Jr., The Spirit of Liberalism, Cambridge, Mass. 1978, S. 89 ff., zögern jedenfalls nicht, Nozick als einen der ihren anzusehen, wenn sie seinen Liberalismus auch für "cucumber liberalism" bzw. verglichen mit dem Mills erstaunlicherweise für fad halten.

[46] Nachdem er seine explanatorischen Absichten in Hempel verankert hat, verzichtet Nozick - a. a. O. S. 20 (dt.: 33) - darauf, uns eine angemessene Erklärung der "Erklärung mittels der unsichtbaren Hand" zu geben und begnügt sich damit, eine Liste unterschiedlicher Illustrationen dessen aufzuzählen, was man in den Sozialwissenschaften darunter verstehen kann. Darum geht es jedoch gar nicht, denn - abgesehen davon, daß solche Erklärungen den "Erklärungen mittels der verborgenen Hand" der "Verschwörungstheorien der Geschichte" vorzuziehen sind (ein Großteil der Beispiele Nozicks ist überflüssigerweise darauf gerichtet, uns eben davon zu überzeugen) - Erklärungen mit Hilfe der unsichtbaren Hand erfreuen sich (von der ursprünglichen Erklärung der "unsichtbaren Hand" von Adam Smith über die marxistische des "Sie wis-

Überraschung, und zwar nicht das geringste, entspränge der Feststellung, daß der soeben geborene oder "erklärte" liberale Staat nicht bloß eine Tatsache ist, sondern offenbar zum Gegenstand eines normativen Vorschlags gemacht wird, denn er wird, wie man sich erinnern wird, mit den Attributen des "moralisch Rechtfertigungsfähigen" versehen geboren bzw. wiedergeboren. Aber davon einmal abgesehen: Warum sollte man diesen Vorschlag einen "libertären" und nicht einfach einen "liberalen" nennen? Würde man sich nicht lieber hinter seiner Naivität verschanzen, dann könnte man sich sogar zu der noch mißtrauischeren Frage hinreißen lassen, ob wir es hier nicht mit einem Fall von bösem Willen oder doch wenigstens mit einem opportunistischen Gebrauch von Wörtern zu tun haben, die wie das Adjektiv "libertär" - um vom Adjektiv "utopisch" gar nicht zu sprechen - noch immer eine, wenn auch abgenutzte Aura von schwärmerischen Konnotationen auf einem Kontinent besitzen, der einmal als das "Paradies des Möglichen" charakterisiert werden konnte.[47] Schließt man aber jedes Mißtrauen aus - und vergißt sogar

sen nicht, was sie tun" bis zur neueren sogenannten "kybernetischen Verursachung der Teleologie" des systemtheoretischen Ansatzes) einer hinreichenden Reputation im Bereich der Methodologie dieser Wissenschaften. Wie locker man aber diese Methodologie auch auffassen mag - und wenn man den Hempelschen Erklärungsmustern etwas nicht vorwerfen kann, dann ist es Lässigkeit -, man muß von ihr erwarten, daß sie uns *Kriterien* liefert, um unterscheiden zu können zwischen dem, was nach ihrem Urteil als *richtige* und was als *falsche* Erklärung anzusehen ist. Und noch warten wir darauf, daß irgendeine Sorte von methodologischen Kriterien den Auslassungen Nozicks das Gütesiegel der "Erklärung" verleiht.

47 Wie Carmen Iglesias, América o el paraíso de lo posible en el siglo XVIII, in: Sistema 49 (1982), uns in Erinnerung ruft, vermischten sich im Nordamerika des 19. Jahrhunderts "der Prophetismus der Quäker, die gefestigten Richtungen des deutschen Kommunitarismus und die der amerikanischen Libertären selbst; und dazu stießen Anhänger von Owen, Saint-Simon, Fourier und Cabet, mit der Absicht, vollkommene kommunitäre Zellen zu schaffen, die durch ihr Beispiel die ganze Menschheit reformieren sollten". Ist es nicht traurig, daß uns als Niederschlag aus dieser ganzen Aufwallung heute nur noch Produkte von der Art der "Utopie" Nozicks geblieben sind?

die aufgezeigte allgemeine terminologische Verwirrung, die den sorglosen Gebrauch der Wörter, zumindest unter Sprachphilosophen, nicht weniger verwerflich macht -, dann kann ich mir nur noch vorstellen, daß Nozick sich aus dem einfachen Grund weigert, sich selbst als "liberal" zu bezeichnen, weil dieser Terminus, wie Ronald Dworkin in Erinnerung ruft, bei seinen Landsleuten dazu gedient hat, die mehr oder weniger keynesianische Wirtschaftspolitik von Roosevelts *New Deal* zu bezeichnen,[48] die den Weg für den Wohlfahrtsstaat bereitete und daher der bitteren Kritik von Seiten der ganz klassisch liberalen Wirtschaftswissenschaftler wie von Mises und Hayek unterzogen wurde - um nicht von Milton Friedman zu sprechen oder von dem Neoliberalen Murray N. Rothbard, der ja Nachfolger von ihnen allen ist -, die gerade Nozicks Schulmeister sind, und im übrigen auch die von Präsident Reagan gewesen zu sein scheinen.

Wie dem auch sei: Man könnte sich immer noch fragen, ob sich nicht mehr genuin philosophische Wurzeln für diesen so hartnäckigen Irrtum finden lassen, der die einfach liberalen dazu führt, sich als libertär darzustellen und der die Gefahr birgt, daß wir uns in rein verbale Auslassungen über die eine oder die andere Bezeichnung verlieren. Aus meiner Sicht ist die tiefste dieser Wurzeln in der scheinbaren Übereinstimmung von Liberalismus und Libertarismus in der Apologie des *Individualismus* zu suchen; oder anders ausgedrückt: die Mehrdeutigkeit dieses letzten Begriffs ist verantwortlich für das Durcheinander, das uns beschäftigt. Demnach müssen wir uns, wenn auch nur für

[48] Für eine Bestätigung seiner Diagnose (vgl. R. Dworkin, Liberalism, in Stuart Hampshire [Hrsg.], Public and Private Morality, Cambridge 1978, S. 113-143), braucht man nur an die Arbeiten von von Mises, Hayek, Friedman und Rothbard in dem Sammelband von T. R. Machan (Hrsg.), The Libertarian Reader, Totowa 1982, zu denken.

einen Augenblick, auf die Frage des Individualismus konzentrieren.
Zunächst sind Individualismen wie der von Nozick von der gleichen Art wie der, den Crawford Macpherson - in Anlehnung an Locke, aber auch an Hobbes, der diesbezüglich für ihn der entscheidende Vordenker war - *Besitzindividualismus* genannt hat.[49] Nach Auffassung von Macpherson lassen sich die Annahmen des Besitzindividualismus folgendermaßen zusammenfassen: Die Gesellschaft, die vor allem aus einer Reihe von Handelsbeziehungen besteht, ist eine menschliche Erfindung zum Schutz des Eigentumsrechts, das das Individuum über sein Leben und über seine Güter hat, und folglich zur Aufrechterhaltung von wohlgeordneten Tauschbeziehungen zwischen Individuen, die als Eigentümer aufgefaßt werden. Wie Macpherson aufzeigt, ist die Gesellschaft, von der hier die Rede ist, sowohl *zivile Gesellschaft* als auch *politische Gesellschaft*, denn die Zivilisation, die den Menschen aus dem Naturzustand herausholt, ist dieselbe, die ihn auch - zumindest formal - zum Bürger und zum Untertanen eines Staates macht; und die formale Absegnung dieses Prinzips wäre dann eben die Einführung des allgemeinen Wahlrechts. Immerhin, so weiter Macpherson, geriet der Besitzindividualismus - der bis ins letzte Jahrhundert hinreichend oder doch wenigstens unverzichtbar schien, um den gesamten Korpus der liberalen politischen Theorie zu begründen - in eine Krise durch das Auftreten einer Kraft in der politischen Gesellschaft, die bislang nur in der zivilen Gesellschaft existiert hatte, nämlich der organisierten Arbeiterbewegung, in der sich diejenigen zusammentaten, die kein anderes Eigentum besaßen als ihre Arbeitskraft, was wie-

[49] Vgl. C. B. Macpherson, The Political Theory of Possessive Individualism. Hobbes to Locke, Oxford 1962 (dt. Die politische Theorie des Besitzindividualismus, Frankfurt a. M. 1967).

derum die gesellschaftlich herrschenden Klassen dazu zwang, ihre eigene politische Klasse zu organisieren und dieser notfalls sogar den Staatsapparat selbst unterzuordnen (der Ausbruch des Faschismus auf der europäischen Bühne unseres Jahrhunderts wäre demnach - entgegen den vielen Interpretationen - nichts anderes als eine extreme Form dieser letzten Tendenz gewesen). Vom theoretischen Standpunkt aus ist jedoch zu sagen, daß der so verstandene Individualismus schon vom Augenblick seiner Entstehung an unzulänglich war, denn daß, wie Marx richtig gezeigt hat, die abstrakte liberale Auffassung vom Individuum - die es erlaubt, von natürlicherweise unabhängigen, Robinsonschen Individuen zu sprechen, die gegebenenfalls miteinander Verträge schließen - der Wirklichkeit nicht entspricht, wird deutlich, wenn man bedenkt, daß - mit seinen eigenen Worten - "das Individuum, der Mensch, *nicht möglich* ist ohne die Gesellschaft". Nun ist aber, entgegen dem, was gewisse Marxisten kollektivistischer Ausrichtung voreilig daraus folgern möchten, dieser Satz von Marx weit davon entfernt, die Frage des Individualismus aus dem Weg zu räumen. Denn die jetzt nicht mehr einfach liberale, sondern libertäre Antwort darauf könnte sein, daß das Individuum - das gewiß ohne die Gesellschaft nicht möglich ist - *auch nicht möglich* ist in der Gesellschaft oder zumindest in den Gesellschaften, die wir kennen. Individualismen gibt es nun aber viele, wie zum Beispiel den von Godwin, der selbst die zeitgenössische Vertragstheorie - in ihrer spezifisch Rousseauschen Version - wegen des Verzichts auf Individualität kritisierte, den der Eintritt des Menschen in die Gesellschaft unter solchen Vorzeichen mit sich brachte, die, so wie er sie verstand, nichts anderes bedeuteten als seine Unterwerfung unter den Staat. Diese Lesart Rousseaus ist vielleicht nicht ganz unbegründet, aber sie ist wohl auch nicht die einzig mögliche. Denn bei Rousseau steht auch die Aufforderung, daß die Individuen den Abstand zwischen Mensch und Bürger so gering wie möglich halten sollten, eine Aufforderung, die so weit geht, daß die repräsentative Regierung abgelehnt und die Souveränität einer *Versammlung von Individuen* übertragen wird, in der sich diese ohne Mittelsmänner Gehör verschaffen können. Gerade aus diesem Grund ist es überhaupt nicht verwunderlich, daß - trotz einer Abneigung gegen Rousseau, die nicht geringer war als die von Godwin, und die vielleicht sogar auf dem gleichen Vorurteil bzw. der gleichen unzureichenden Interpretation seines Denkens basierte[50] - sogar Proudhon letztlich in der anarchistischen Tradition der Vertragstheorie eine Nische gewährte.

Darüber hinaus kann man ohne Zweifel etwas davon auch bei Marx lesen, und zwar ganz besonders in dem, was Kolakowski den "Mythos der menschlichen Selbstidentität" *(the myth of human self-identity)* genannt hat,[51] worunter er eben gerade den Mythos von der künftigen *Gleichsetzung von Mensch als Individuum und Mensch als Bürger* in einer Gesellschaft - oder einer Gemeinschaft - versteht, in der die Hindernisse aus dem Weg geräumt sind, die die Aufhebung dieser Dichotomie verhindern. Bekanntlich bestehen diese Hindernisse in der Existenz eines Staates, für den die Individuen bloße Stützen gesellschaftlicher Produktionsbeziehungen sind, eines Staates,

---

[50] William Godwin, Enquiry Concerning Political Justice, hrsg. von F. E. L. Priestley, 3 Bde., Toronto 1971, Bd. I, S. 188 ff.; Bd. II, S. 124 ff., und Pierre-Joseph Proudhon, Idée générale de la Révolution au XIXe siècle, hrsg. von A. Berthod, in: Oeuvres Complètes de P.-J. Proudhon, hrsg. von C. Bouglé und H. Moysset, 8 Bde., Paris 1924, Bd. II, S. 155 ff.

[51] Leszek Kolakowski, The Myth of Human Self-Identity: Unity of Civil and Political Society in Socialist Thought, in: ders. und Stuart Hampshire (Hrsg.), The Socialist Idea: A Reappraisal, New York 1974, S. 18-35; vgl. auch die Replik von Stuart Hampshire, Unity of Civil and Political Society: Reply to Leszek Kolakowski, ebd. S. 36-44.

der zwischen diese Individuen und die Produktionsmittel das Faktum des Eigentums und seiner gesellschaftlichen Folgen stellt, eines Staates, der letztlich die Aufteilung der Gesellschaft in Klassen fördert, usw. Was mir in der Lehre bzw. dem *Mythos von der Selbstidentität* bedauerlich erscheint - und was keineswegs mit dem übereinstimmen muß, was Kolakowski beklagt -, sind gewisse unerwünschte hegelianische Einsprengsel, die aus dieser Lehre einen *eschatologischen Mythos* machen, also eine Prophezeiung über das Ende der Geschichte oder, was das gleiche ist, über ihren eigentlichen Anfang.[52] Würde man diese jedoch entfernen, dann wäre die betreffende Lehre eher ein Erbe des libertären Kommunismus als des eigentlichen Marxismus.

Im übrigen sind die erwähnten hegelianischen Einsprengsel zwar unerwünscht, aber sie sind doch im Kontext der soeben behandelten Version des Mythos bzw. der Lehre vollkommen erklärlich. Es ist derselbe Kontext - die "Kritik der Hegelschen Rechtsphilosophie" -, in dem Marx auch die Theorie des Gesellschaftsvertrags kritisiert, wobei diese Kritik - und zwar diesmal zu ihrem Vorteil - Hegel selbst sehr viel verdankt.[53] Denn vor Marx hatte schon Hegel die Weitsicht besessen, die voreilige Gleichsetzung des alten Kontraktualismus von ziviler Gesellschaft und

---

[52] Jedenfalls hat Kolakowski selbst auf diesen Punkt hingewiesen, auf den er in Main Currents of Marxism, 3 Bde., Oxford 1978 (dt. Die Hauptströmungen des Marxismus, 3 Bde., 2. Aufl. München 1981), Bd. I, ausführlich eingeht.

[53] Zur Kritik der Hegelschen Rechtsphilosophie. Einleitung, MEW, Berlin 1958 ff., Bd. I, S. 378-391; auch wenn seine Gegenüberstellung dessen, was er "das naturrechtliche Modell" und was er "das hegelianisch-marxistische Modell" von Staat und Gesellschaft nennt, in mehr als einer Hinsicht angreifbar ist, hat doch Norberto Bobbio (vgl. N. Bobbio, Da Hobbes a Marx. Saggi di storia della filosofia, Neapel 1965, und N. Bobbio und M. Bovero, Società e stato nella filosofia politica moderna, Mailand 1979) mit Recht darauf bestanden, die doppelte Antithese zwischen *status naturae - societas civilis* und *bürgerliche Gesellschaft - politischer Staat* zu unterscheiden, auf die ich mich im folgenden beziehe.

politischer Gesellschaft oder ganz einfach Staat als unrealistisch anzuprangern. Für Hegel war dabei die relevante Antithese nicht die Natur-Zivilisation-Antithese der Vertragstheorie, sondern eben gerade die Antithese zwischen der zivilen Gesellschaft (in der der Konflikt zwischen entgegengesetzten Interessen, der sich in ihr entwickelt, dem furchtbarsten Krieg aller gegen alle im Naturzustand in nichts nachstehe) und der im eigentlichen Sinne politischen Gesellschaft (in der es der Staat übernehme, den Konflikt zu regeln und die Interessen auszugleichen). Nachdem dies einmal klargestellt war, blieb für Marx - oder zumindest für den anarchistischen bzw. kommunistischen Marx, der ohne Zweifel neben dem nach manchen zeitgenössischen Interpreten sozialdemokratischen Marx existierte - nichts anderes zu tun, als den trügerischen Charakter eines solchen, vermeintlich über den Klasseninteressen stehenden Staates aufzudecken und seine Abschaffung für die Zukunft vorauszuahnen. Ich wollte hier aber nicht so sehr auf die marxistische bzw. Marxsche These von der Abschaffung des Staates hinaus, die mit dem Mythos bzw. der Lehre von der Selbstidentität eng zusammenhängt, sondern auf die Möglichkeit einer *individualistischen Lesart* von Marx, die ebenfalls mit dieser Lehre bzw. diesem Mythos verbunden ist. Wenn eine solche Lesart möglich wäre, dann wäre auch klar, daß dieser Individualismus sehr viel mehr mit dem libertären als mit dem liberalen Individualismus zu tun hat.[54] In diesem Fall

[54] Ich will damit sagen, es wäre in dem Maße klar, wie auch die Konsistenz eines begrifflichen *phylum* klar ist, das von Rousseau über Marx (das heißt über dessen Werk und an seinen stürmischen Beziehungen zu Bakunin vorbei) zum Anarchismus führt, was wiederum - neben anderen Umdeutungen, wie etwa einer des Rousseauschen Contrat Social - auch eine Umdeutung der Kolakowskischen Lesart vom Mythos der Selbstidentität voraussetzen würde (vgl. die von mir in der schon zitierten Arbeit Más allá del contrato social versuchte Deutung).

müßte man sich dann fragen, was den Individualismus ausmacht, von dem hier die Rede ist.

Selbstverständlich würde es sich nicht um den sogenannten *methodologischen Individualismus* der Popperschen Theoretiker der Sozialwissenschaften à la Watkins oder Jarvie handeln. Nach diesem methodologischen Individualismus - zumindest nach den Varianten, die am meisten zur Karikierung herausfordern - müßte die Gesellschaftstheorie auf jegliche Kategorisierung verzichten - sowohl im Falle von Kollektiven (wie dem Staat) als auch im Falle von Aggregaten oder Gruppen (wie den gesellschaftlichen Klassen) und Institutionen (wie der Ehe) -, die sich nicht auf Individuen oder rein interindividuelle Beziehungen reduzieren ließe. Damit setzt er sich dem starken Einwand aus, daß es unter diesen Bedingungen keine Möglichkeit für die Erklärung einer ganzen Reihe sozialer - also eben nicht individueller oder interindividueller - Phänomene wie die Krise der bürgerlichen Ehe, der Klassenkampf oder die Realität der Macht gibt. Diese Einschränkungen haben zweifellos den eher mäßigen Erfolg des methodologischen Individualismus im heutigen Spektrum der Theorie der Sozialwissenschaften bedingt.[55] Für un-

[55] Infolge der Entwicklung Poppers selbst, im Sinne einer zunehmenden Anerkennung der Autonomie der von ihm sogenannten "dritten Welt", also der Welt der idealen Objektivität (aber auch gelegentlich der sozialen Objektivität), scheinen die Interpretationen des "methodologischen Individualismus" seitens seiner Schüler ebenfalls an Komplexität gewonnen zu haben (man vergleiche beispielsweise die groben Versionen eines J. W. N. Watkins, The Alleged Inadequacy of Methodological Individualism, in: L. I. Krimerman [Hrsg.], The Nature and Scope of Social Science, New York 1969, S. 603-624, mit The Methodological Individualism Debate, im Anhang zu C. I. Jarvie, Concepts and Society, London/Boston 1972, S. 173 ff.), ohne daß sie aber deswegen bei den Sozialwissenschaftlern Enthusiasmus hervorgerufen hätten (andererseits muß man auf das Interesse hinweisen, das der methodologische Individualismus in jüngster Zeit ausgerechnet beim Marxismus geweckt hat, wie man bei Jon Elster, Marxism, Functionalism, and Game Theory: The Case for Methodological Individualism, in: Theory and Society 11 [1982] S. 435-483, feststellen kann).

sere Zwecke wäre jedoch der Haupteinwand, den man ihm entgegensetzen müßte, die Feststellung, daß es - was immer mit diesen supraindividuellen Entitäten in der *Gesellschaftstheorie* auch geschehen mag - gerade darum geht herauszufinden, was mit ihnen in der *Gesellschaft* passiert, d. h., ob sie darin neben den Individuen und sogar trotz der Individuen überhaupt existieren. Eine - wie ich fürchte, naive - negative Antwort auf diese Frage wäre die einer Richtung, die man, um sich verständigen zu können, *ontologischen Individualismus* nennen kann. In seiner Verteidigung des Anarchismus hat Robert P. Wolff eine solche Position vertreten, indem er argumentierte, daß aufgrund der Tatsache, daß nur Individuen wirklich existieren, jene vermeintlichen supraindividuellen Entitäten nichts weiter sein könnten als *flatus vocis* oder Verbalisierungen ohne jedes reale Gegenstück. Meines Erachtens hat es jedoch gerade die Realität selbst übernommen, diesen seltsamen politischen Nominalismus zu widerlegen, auf den der ontologische Individualismus hinausläuft,[56] denn - ob es einem nun gefällt oder nicht - den Staat, die Klassen und die Ehe gibt es nun einmal. Und der beste Beweis für ihre Existenz, der mir einfällt, ist gerade, daß sie sich ihrer Auslöschung widersetzen. Gäbe es die Ehe nicht, dann müßte man sich auch nicht scheiden lassen. Und genauso gilt, daß, wenn es keine Klassen gäbe, noch nicht einmal die Vorstellung von dem möglich gewesen wäre, was eine

---

[56] Diese etwas karikatureske Version des "ontologischen Individualismus" stammt eigentlich von Jeffrey H. Reiman, Anarchism and Nominalism: Wolff's Latest Obituary for Political Philosophy, in: Ethics 89 (1978) S. 95-110, aber sie stützt sich auf die zweifellos übertriebene - und man muß auch sagen: unnötige, da sie den Kern seiner These (entgegen der Meinung Reimans) nicht betrifft - Radikalisierung der Positionen, die Wolff in In Defense of Anarchism, New York 1970, vertreten hat, im Laufe der Polemik zwischen den beiden (vgl. J. H. Reiman, In Defense of Political Philosophy: A Reply to Robert Paul Wolff's 'In Defense of Anarchism', New York 1972, und R. P. Wolff, In Defense of Anarchism, with a Reply to Jeffrey H. Reiman's 'In Defense of Political Philosophy', New York 1976).

klassenlose Gesellschaft sein könnte. Und was den Staat angeht, so ist die vernichtendste Widerlegung des politischen Nominalismus, die mir zur Verfügung steht, das nicht übermäßig subtile Argument vom Lastwagen, mit dem Georges Politzer den berkeleyanischen Idealismus zu widerlegen pflegte: "Stellen Sie sich vor den Lastwagen, und dann sagen Sie mir, ob sein Sein in seinem wahrgenommenen Sein besteht."[57] Was man allerdings wohl sagen könnte, ist, daß zwar alle diese supraindividuellen Entitäten existieren, daß es aber vielleicht gut wäre, wenn sie nicht existierten. Es wäre gut, wenn Liebesbeziehungen zwischen den Menschen niemals institutionalisiert würden, wie es auch gut wäre, wenn es keine Geschlechter bzw. männliche und weibliche Rollen gäbe, sondern nur Personen, die auf sehr vielfältige Weise miteinander in Beziehung stehen. Ebenso wäre es gut, wenn es keine Klassenunterschiede gäbe und auch keine sozialen Schichten oder irgendeinen anderen Ersatz für Klassenunterschiede. Und selbstverständlich wäre es gut, wenn so etwas wie der Staat nicht existieren würde, mit dem wir nur in einer Herr-Knecht-Beziehung stehen können. Aber mit all diesem wäre nicht mehr gesagt, als daß das, was existiert - oder genauer ein Teil dessen, was existiert, nämlich alles, was die Individualität der Individuen verletzt -, nicht existieren sollte. Diese Art von Individualismus, die sich vom ontologischen stark unterscheidet, könnte man nun *ethischen Individualismus* nennen.

Die These, die ich im folgenden vertreten werde, ist, daß dieser ethische Individualismus nicht nur derjenige ist, der

[57] Ich berichte diese Widerlegung, die ich aus dem Gedächtnis zitiere (ich habe zum Beispiel Zweifel, ob es um einen Lastwagen oder eine Straßenbahn ging), mit vollem Respekt für die Figur Politzers - der eine ganze Generation von Spaniern in den Marxismus einführte - und für seine Fundamentos de Filosofía, die diesbezüglich nur die Kritik Lenins am Empiriokritizismus wiedergaben.

den *libertären Individualismus* charakterisiert, sondern auch derjenige, der es uns erlauben wird, dessen enge Verbindung zu den besten Aspekten des *liberalen Individualismus* zu erkennen und letztlich sogar die *Kontinuität zwischen den beiden*.

Letzterer ist nämlich keineswegs auf die verachtenswerte Schäbigkeit zu reduzieren, auf die der politische Liberalismus - ganz zu schweigen vom ökonomischen Liberalismus - ihn zu beschränken versucht hat. Das größte Unrecht, das man der liberalen Behandlung der Probleme von Freiheit oder Gleichheit zufügen könnte, wäre die Reduzierung dieser Probleme auf das Problem der Bewahrung des Privateigentums oder gar der Umverteilung der Gewinne. Für einen Vertreter des besten Liberalismus wie Kant gründete sich der letzte Sinn von Freiheit und Gleichheit - d. h. der Forderung, daß die Menschen *frei* und *gleich* sein sollen - auf nicht mehr und nicht weniger als unsere Eigenschaft, *rationale Wesen* zu sein.[58] Gerade wegen dieser Forderung haben die Probleme der Freiheit und der Gleichheit ethische Bedeutung. Damit stehen wir, wie man sieht, wieder vor der Frage der Rationalität, die schon am Anfang dieser Arbeit aufgetaucht war.

Zumindest wird dies der Weg sein, den ich wähle, um an die Untersuchung einer dritten und letzten Annäherung an die Problematik des Neokontraktualismus heranzugehen. Die beiden bisher untersuchten Theorien, die von Rawls und die von Nozick, konnten beide als analytisch in einer mehr (Rawls) oder weniger (Nozick) unscharfen Bedeu-

[58] Kant vernachlässigte keineswegs die politische Bedeutung der Begriffe "Freiheit" und "Gleichheit" - wie es zum Beispiel seine Behandlung dieser Begriffe in Über den Gemeinspruch: Das mag in der Theorie richtig sein, taugt aber nicht für die Praxis, Werke, Akademie-Ausgabe, Bd. VIII, S. 290 ff., zeigt -, aber er weist ihnen ihren vollen ethischen Gehalt in der Konzeption eines "Reichs der Zwecke" zu (Grundlegung zur Metaphysik der Sitten, zit. Anm. 25, S. 433 ff.), wo rationale, freie und gleiche Wesen sich vermittels der gemeinschaftlichen Gesetze regieren, denen sie zugestimmt haben.

tung des Ausdrucks bezeichnet werden. Ich hoffe, daß mich dies berechtigt, die Annäherung an die nun zu betrachtende Theorie mit einem weiteren analytischen Exkurs einzuleiten, der es ermöglichen soll, sie mit den beiden ersten in Beziehung zu setzen.

Der analytische Umweg, von dem ich spreche, soll sich auf seine Weise mit der Frage befassen, warum uns die Vernunft - nach dem Willen Kants - frei und gleich machen sollte und warum dieser Umstand fraglos vom ethischen Standpunkt aus relevant ist. Dies soll dadurch geschehen, daß einige der Nachteile ausgeräumt werden, die früher der üblichen Praxis der philosophischen Sprachanalyse zugeschrieben wurden,[59] wie wenn beispielsweise gesagt wurde, daß diese Analyse dazu neigt, die Sprache vom gesellschaftlichen Leben zu trennen. Oder, was das gleiche ist, von der Geschichte.

Um ein angemessenes Beispiel zu wählen, denke man an den Fall des Wortes "gut", da es wohl kein anderes Wort gibt, das während der ganzen Geschichte des moralischen Vokabulars so ausdauernd in Gebrauch war, vom griechischen *agathós* bis zu Georg Edward Moores *good* in unserem Jahrhundert. Natürlich ist, wie ich an anderem Ort schon betont habe, die Bedeutung eines Wortes wie dieses nicht im Laufe der Zeit unveränderlich geblieben. Um gut zu sein im Sinne Homers war der rohe Mut, die Schlauheit und die Geschicklichkeit der Helden seiner Epen erforderlich; dagegen würde dafür im Sinne Moores vielleicht schon die dekadente Raffinesse seiner Bewunderer aus der Bloomsbury-Gruppe ausreichen. Und zwischen diesen beiden Bedeutungen wäre die christlich-jüdische Tradition

[59] Die folgenden Abschnitte geben teilweise meinen Aufsatz La ética en la cruz del presente, in: Enrahonar 1 (1981) S. 7-16, wieder und verdanken einiges dem weiter oben (Anm. 6) schon gelobten MacIntyre der Short History of Ethics.

einzufügen, für die etwas gut ist, wenn Gott es will, woraus sich das schwierige Problem ergab, ob etwas gut ist, weil Gott es will, oder ob nicht vielmehr Gott etwas will, weil es gut ist. Aber wie dem auch sei, es wird allgemein anerkannt, daß es Aufgabe der Ethik ist, uns Kriterien für das Gutsein zu liefern, und daß daher das Gute ihr eigentlicher Gegenstand ist. Im übrigen scheint klar, daß nicht alle Kriterien für das Gutsein unbedingt moralisch relevant sein oder aus diesem Grund die Aufmerksamkeit der Ethik erregen müssen. Schließlich ist es nicht das gleiche, von jemandem zu sagen, er sei ein "guter Lehrer" in dem Sinne, daß er fachlich kompetent ist, wie von ihm zu sagen, er sei ein "guter Lehrer" in dem Sinne, daß er ein guter Mensch ist, unabhängig davon, wie kompetent er als Lehrer ist. Der Unterschied zwischen der einen und der anderen Bedeutung - der moralischen und der extramoralischen - des Adjektivs "gut" ist allerdings nicht immer leicht festzustellen und scheint auch zunächst historisch gesprochen nicht immer gemacht worden zu sein. Es ist sehr wahrscheinlich, daß man ursprünglich in keinem anderen Sinne von "gut" sprechen konnte als zur Bezeichnung eines "guten Kriegers" oder eines "guten Redners". Auch die Bedeutung von "gut" im Sinne einer "guten Person" war wohl zunächst darauf beschränkt, etwa ein "guter Vater" oder bestenfalls noch ein "guter Staatsbürger" zu sein. Wenn Aristoteles von "guten Menschen" sprach - solchen, die gut als Menschen, nicht als Krieger oder Redner, sind -, dann ist keineswegs gesagt, daß er von etwas anderem sprach als von denen, die er für beispielhafte Bürger hielt. Und es ist wiederum wahrscheinlich, daß der Schritt von der griechisch-antiken Struktur der *pólis* zur hellenistischen *kosmopolitéia* und zur späteren römischen Welt erforderlich war, damit der Begriff "gut als Mensch" alle seine möglichen Bedeutungen entfalten konnte, Bedeutungen, die dann das Christentum dadurch auszuzeichnen glaubte, daß es jeden Menschen als Kind Gottes ansah. Jedenfalls war dieser *Universalitätsanspruch*, wenn auch nur rudimentär, schon angelegt in dem, was Sokrates selbst hinterließ, und wurde später dann von Kant aufgenommen. Es scheint noch nicht einmal übertrieben, das Bewußtsein davon, nachdem es sich verstärkt hatte und zu einer historischen Errungenschaft geworden war, der Ethik als Bedingung dafür, daß sie überhaupt möglich ist, zuzuschreiben. Denn da das Wort "gut" nur dann moralisch gebraucht wird, wenn es sich auf alle Menschen "als Menschen" bezieht, gelten die Gesetze der Ethik entweder *für alle Menschen*, oder es gibt keine mögliche Ethik.

An diesem Punkt angelangt, ist jedoch eine Unterbrechung angesagt, denn ich möchte vermeiden, daß die Geschichte, die ich hier abstrakt zu rekonstruieren versuche, durch die Rekonstruktion allzu sehr geschönt wird. Die Existenz der Ethik selbst - und folglich auch ihr Universalitätsanspruch - wurde von den Meistern der "Philosophie des Argwohns", Marx, Nietzsche und Freud, mit Argwohn betrachtet. Um zuerst auf den letzten von ihnen einzugehen: Ich habe soeben gesagt, daß die Natur der Ethik den Begriff der menschlichen Gattung voraussetzt, aber offenbar als soziale Gemeinschaft und nicht als bloße natürliche Gattung. Wie die Menschheit in einem angenommenen ursprünglichen Naturzustand gewesen ist, werden wir nie genau wissen können; und, wie wir gesehen haben, kann man auch nicht allzu viel von den Erklärungen der Theoretiker des Naturzustands erwarten. Wir werden also weiter im Zweifel darüber bleiben, ob dieser Zustand ein Zustand paradiesischer Brutalität war oder ob er sich vielmehr durch die Grausamkeit eines ständigen Krieges zwischen den Menschen auszeichnete. Um jedoch annehmen zu können, daß die Ethik eine gute Erfindung war, genügt es jedenfalls nicht, von derjenigen der beiden Hypothesen auszugehen, die wir für die schlimmere halten, denn es könnte immer jemand sagen, daß der elendigste Naturzustand des Menschen der fortgeschrittensten seiner Zivilisationen vorzuziehen ist. Die Moralität beinhaltet wie jede Kulturform als wesentlichen Teil die Unterdrückung der natürlichen Neigungen des Menschen; und man muß sich fragen, ob der Preis in Form von Repression - und letztlich Geistesstörungen -, der mit ihrer Durchsetzung einhergeht, nicht zu hoch ist, so groß auch die Vorteile sein mögen, die sie mit sich bringt. Wäre es folglich nicht vernünftig, das Adjektiv "gut" - und vor allem sein Gegenteil, das Adjektiv "schlecht" - zu vergessen und so zu versuchen, die verlorene Unschuld wiederherzustellen? Mag sein, daß dies zur Wiederherstellung einer brutalen, grausamen Welt führen würde; aber auch unsere Welt enthält ein gerüttelt Maß von beidem; und vielleicht wären unschuldige Brutalität und Grausamkeit erträglicher als ihre andere Version. Vielleicht, aber das Problem ist, daß - wie der alte Freud besser als irgendein anderer wußte - Akkulturation eine Reise ohne Wiederkehr ist. Der Gedanke an die Wiederherstellung der Unschuld ist ebenso müßig wie der an die Wiederherstellung der Jungfräulichkeit. Wenn uns aber der Argwohn gegenüber der Ethik schon nicht von ihr befreit, was läßt sich dann über den Argwohn gegenüber ihrem Universalitätsanspruch sagen? Der Argwohn von Nietzsche und Marx scheint in diese Richtung zu gehen, wenn etwa der erste darauf hinweist, daß die Moralität letztlich nichts anderes sein könne als ein Mittel der Ohnmächtigen, um mit ihrer Hilfe zu verhindern, daß sie von den Mächtigen unterjocht werden, oder wenn der zweite sie als Betrug darstellt, indem er zeigt, daß selbst dann, wenn man von universalen moralischen Prinzipien sprechen könnte, ihre Umsetzung in einer konkreten Gesellschaft unausweichlich immer damit enden würde, daß sie verfälscht und in den Dienst der Strategie der herrschenden Klasse gestellt werden, die auf die Erhaltung der Herrschaft ausgerichtet ist, und daß dies um so betrügerischer sei, je mehr die angebliche Universalität dieser Prinzipien betont werde. Keiner dieser Einwände ist auf die leichte Schulter zu nehmen, und man kann sie daher auch nicht in ein paar Sätzen abfertigen. Ich für meinen Teil neige jedoch zu dem Argwohn - schließlich hat man selbst, in aller Bescheidenheit, auch ein Recht auf Argwohn -, daß beide Einwände nicht so sehr darauf abzielen, den Universalitätsanspruch selbst abzuschmettern, als vielmehr darauf, deutlich zu machen, daß der Universalitätsanspruch nicht identisch ist mit angewandter Universalität. Schließlich gehört sowohl der "Übermensch" Nietzsches als auch der marxistische "Gattungsmensch" zur Familie des "Menschen als Mensch". Marx und Nietzsche sagen nicht mehr, als daß die Bedingungen für die Durchsetzung ihres jeweiligen Menschen zur Zeit ihres Schreibens nicht gegeben sind, was im übrigen die Geschichte der Ethik selbst schon damals hinlänglich gezeigt hatte.

Angesichts dieser Tatsache wäre dies vielleicht der Moment, die im letzten Abschnitt aufgemachte Klammer zu schließen und den Faden dieser *Story* an dem Punkt wieder aufzunehmen, wo wir sie vorher verlassen hatten, also mehr oder weniger bei der christlichen Welt des Mittelalters. Niemand wird bestreiten, daß seitdem für die Geschichte der Ethik wichtige Dinge geschehen sind, wie etwa die Reformation und die Aufklärung (um nicht von der Renaissance, der industriellen Revolution oder der Einrichtung des Kapitalismus zu sprechen). Ich will kurz darauf eingehen, warum all dies aus ethischer Sicht wichtig ist. Wie schon gesagt läßt sich der Universalitätsanspruch, der eine historische Errungenschaft des ethischen

Standpunktes darstellt, konkret in jenem Gebrauch des Adjektivs "gut" zusammenfassen, der es auf jeden Menschen als Mensch bezieht. Wer aber *bestimmt* in diesem Fall, wann ein Mensch gut ist als Mensch? In relativ eng verwobenen Gesellschaften, wie es die mittelalterliche vielleicht war, konnte über diesen Punkt allgemeine Übereinstimmung herrschen: der geltende Moralkodex (beispielsweise die Gebote Gottes) oder die mit seiner Durchsetzung beauftragte Institution (etwa die Kirche oder die von ihr sanktionierten zivilen Mächte) bestimmte den Gehalt des Wortes "gut"; und der hohe Grad der Integration des Individuums in diese Gesellschaft besorgte den Rest. Diese Situation konnte aber nicht andauern, nachdem die Gesellschaft von dem zerfressen wurde, was man die "Säuren des Individualismus" genannt hat. Dieser Individualismus umfaßte sehr unterschiedliche Aspekte negativer wie positiver Natur, von der freien Analyse der heiligen Schriften bis zum gewinnsüchtigen Egoismus des *homo oeconomicus* aus der "Bienenfabel" Mandevilles. Das Entscheidende war jedoch, daß jegliche Bestimmung des *moralisch Guten* dem individuellen Gewissen übertragen wurde. Kant - dessen Ethik, wie gesagt, schon die Forderung des Universalitätsanspruchs aufgegriffen hatte - wußte diese neue Forderung besser als jeder andere umzusetzen. Das, was in einem extramoralischen Sinn gut ist (um damit das zu umschreiben, was Kant mit dem deutschen Wort "Wohl" bezeichnet), kann durch Kriterien bestimmt sein, die uns von außen auferlegt werden, wie wenn wir uns an einen Finanzexperten wenden, der unsere wirtschaftlichen Investitionen lenkt und so unser privates und öffentliches Wohl gewährleistet. Um aber zu bestimmen, was das Gute in einem streng moralischen Sinn ist (hier benutzt Kant das Wort "das Gute" und fügt sofort hinzu, daß das einzige wirklich Gute in dieser Welt der gute Wille sei), muß sich jeder von uns "selbstbestimmen". Keine Autorität - weder eine menschliche noch eine göttliche - könne uns diese Aufgabe abnehmen, indem sie uns etwa vorschreibt, was "gut" zu nennen ist und was nicht. Denn dazu müßten wir diese Gebote ja tatsächlich befolgen, und die Befolgung selbst wäre schon das Ergebnis unserer Selbstbestimmung. Für Kant - und seither, so denke ich, für den modernen Menschen überhaupt - wird folglich diese *Forderung nach Selbstbestimmung* zur neuen Voraussetzung dafür, daß Ethik möglich ist. Da nämlich der moralische Gebrauch des Wortes "gut", wie wir gesehen haben, für uns unausweichliche Folgen hat, müssen wir entweder akzeptieren, uns selbst zu bestimmen - so daß *jeder Mensch ein Gesetzgeber* ist - oder jede ethische Gesetzgebung würde, wie schon vorher, unmöglich.

Rekapituliert man nun das bisher Gesagte, dann hat uns unsere Analyse der Sprache der Moral - eine gemessen an den vorherrschenden analytischen Standards zugegebenermaßen ziemlich heterodoxe Analyse[60] - zur Anerkennung von zwei Bedingungen geführt, die gleichermaßen notwendig scheinen, damit Ethik möglich ist: Universalitätsanspruch und Forderung nach Selbstbestimmung, die ihrerseits ethischer Ausdruck der Begriffe der Freiheit und Gleichheit sind, mit denen wir uns weiter oben befaßt haben. Damit Ethik möglich ist, muß sie für "jeden" Menschen die Gesetze machen, und *zugleich* muß "jeder" Mensch Gesetzgeber sein. Sind diese beiden Bedingungen also vielleicht antithetisch? Das heißt: Wie läßt sich ein

---

[60] Diese Heterodoxie - für die ich mich im übrigen nicht entschuldigen werde - beruht, wie ich glaube, besonders (abgesehen von anderen Fehlern wie etwa der analytischen Nachlässigkeit) auf der Absicht, sich der Analyse der Sprache der Moral zu bedienen, um mit ihrer Hilfe die "Möglichkeitsbedingungen" für unseren Gebrauch ihrer Worte zu suchen; es würde mich freuen, wenn man sie - ebenfalls ganz heterodox (selbstverständlich), sofern die fragliche Suche eine historische und keine "transzendentale" ist - als Hommage an Kant auffaßte.

Maximum an Universalität und ein Maximum an Selbstbestimmung miteinander vereinen? Kant glaubte dies zu erreichen, indem er die spezifische Autonomie der realen Subjekte als rationale Gesetzgeber mit der generischen Rationalität seines hypothetischen Subjekts gleichsetzte, dessen Gesetzgebung jedes vernunftbegabte Wesen überzeugen würde - *per definitionem* überzeugen müßte -, denn nichts anderes beinhaltet die Kantische Gleichsetzung von (rationalem) Willen und (praktischer) Vernunft.[61] Wie wir aber wissen, bedeutet diese Lösung, daß wir den Konflikt aufheben, bevor er sich stellt, denn es wird vorausgesetzt, daß die Rationalität ein für allemal gegeben ist, anstatt daß sie etwas wäre, das wir selbst zu schaffen hätten, wobei "wir" hier gerade heißt: alle und jeder. Ist aber das Kantische hypothetische Subjekt erst einmal durch eine Gemeinschaft von Subjekten ersetzt,[62] dann tritt der Konflikt in seiner ganzen Schärfe wieder auf, oder besser gesagt, dann stellen wir fest, daß er weiterhin besteht.

Die analytische Philosophie - in deren Umkreis wir uns bislang mehr oder weniger geschickt bewegt haben - besitzt selbst keine Antwort auf unsere Fragen,[63] womit sie

---

[61] Wie Kant unumwunden zugibt, setzt die Ethik des "Reichs der Zwecke" - das man vielleicht für unsere Zwecke *eine Welt von Subjekten* nennen könnte - für ihn eine Metaphysik voraus, die "Metaphysik der Sitten", die jenes Reich schließlich mit dem Reich des Noumenon gleichsetzt, dem einzigen, in dem seiner Meinung nach die moralische Subjektivität dem kausalen Determinismus entgehen kann.

[62] Nach unserer Interpretation der "dialogischen Rationalität" käme eine solche Ersetzung damit gleich, die Kantische Dualität einer phänomenischen und einer noumenischen Welt - im metaphysischen Sinn dieser Dualität, von der in der letzten Anmerkung die Rede war - zurückzuweisen, was leider nur die Virulenz des Problems des kausalen Determinismus erhöht, da man der Ordnung der natürlichen Kausalität, die Kant beschäftigte, nun - zumindest, sofern man von sozialen "Gesetzen" in der gleichen Weise sprechen will, wie man von Naturgesetzen spricht - noch die der sozialen Kausalität hinzufügen muß, von deren bemerkenswertesten Manifestationen sich einige beispielsweise unter den marxistischen Begriff der "Entfremdung" fassen lassen (vgl. meine Arbeit A vueltas con la razón, zit. Anm. 2).

[63] Vgl. dazu La razón sin esperanza, zit. Anm. 24, Kap. VII.

aber - dies sei zu Ehren einer akademischen Philosophie wie dieser gesagt, die scheinbar den Nöten der Welt um sie herum entzogen ist - nur die Situation widerspiegelt, in der sich die Mehrheit unserer heutigen Gesellschaften befindet, die zerrissen werden zwischen dem spaltenden Kampf partikularer Interessen (die zivile Gesellschaft hat diesbezüglich seit Hegel keine großen Fortschritte gemacht) und ihrer von seiten des Staates vorgenommenen, erzwungenen Integration (der seinerseits sehr wohl seitdem seine Zwangsmöglichkeiten ausgeweitet hat). Jemand könnte sagen, daß dieses Problem vor allem ein *politisches* ist. Ich für meinen Teil sehe aber nicht, wie man seinen ethischen Implikationen entkommen könnte. Und ob sie nun diese Meinung teilen oder nicht, eine ganze Reihe zeitgenössischer Philosophen befaßt sich mit dem Problem. Von ihnen möchte ich hier besonders Jürgen Habermas hervorheben, der sich damit sowohl in seinen mehr gesellschaftstheoretischen Werken - wie in "Legitimationsprobleme im Spätkapitalismus" - beschäftigt hat als auch in seinen sprachphilosophischen Arbeiten über "kommunikative Kompetenz" und über die Möglichkeit, eine "Universalpragmatik" zu erarbeiten.[64] Besonders die letzten schließen sich der "linguistischen Wende" an, die

[64] J. Habermas, Legitimationsprobleme im Spätkapitalismus, Frankfurt a. M. 1973. Von den sprachphilosophischen Arbeiten von Habermas, die sehr eng verbunden sind mit der Entwicklung der Auffassung von einer "Kommunikationsgemeinschaft" durch den Hermeneutiker Karl-Otto Apel, könnte man nennen: Vorbereitende Bemerkungen zu einer Theorie der Kommunikativen Kompetenz, in: J. Habermas und N. Luhmann, Theorie der Gesellschaft oder Sozialtechnologie, Frankurt a. M. 1971, S. 101-141; Wahrheitstheorien, in: H. Fahrenbach (Hrsg.), Wirklichkeit und Reflexion. Festschrift für Walter Schulz, Pfullingen 1973, S. 211-265; und Was heißt Universalpragmatik?, in: K.-O. Apel (Hrsg.), Sprachpragmatik und Philosophie, Frankfurt a. M. 1976, S. 174-272. In jüngerer Zeit haben sich die Habermasschen Interessen für die Gesellschaftstheorie und die Sprachphilosophie - die immer zusammenhängen - erneut getroffen in seinem *opus magnum*, der Theorie des kommunikativen Handelns, Frankfurt a. M. 1981, das mir erst im Augenblick der Redaktion dieser Anmerkungen in die Hände kam.

dem philosophischen Denken durch die analytische Philosophie verliehen wurde, sie versuchen aber, einen oder gar mehrere Schritte über diese hinauszugehen.
Der grundlegendste dieser Schritte beruht, um es in wenigen Worten zu sagen, auf der ebenso elementaren wie seltenen Beobachtung, daß *Sprache* nichts anderes ist als das, was die Griechen *lógos* nannten, wobei dies wiederum das gleiche Wort ist, dessen sich die Griechen bedienten, um das auszudrücken, was wir heute unter *Vernunft* verstehen. Hegel konnte einmal denken, daß die Vernunft die Welt regiert; aber die Situation der Welt erlaubt uns gewiß nicht, ihm recht zu geben. Daher ist die Frage, die Habermas beschäftigt, eine ganz andere: Was können wir, da die Vernunft die Welt nun einmal nicht regiert, tun, damit die Welt eines Tages einmal von der Vernunft regiert werden wird? Die Welt, von der Habermas spricht, ist keine andere als die Welt, die wir vorher hin- und hergerissen zwischen der bürgerlichen Atomisierung der Gesellschaft und ihrer totalitären Uniformierung sahen. Wie man sich leicht vorstellen kann, können weder der liberale Individualismus noch der etatistische Totalitarismus auf seine Frage eine zufriedenstellende Antwort liefern. Es ist aber interessant festzustellen, daß sie es nach Habermas deswegen *nicht* können, *weil* beide mit einem *unannehmbar beschränkten Vernunftbegriff* arbeiten.[65] Sowohl für das

---

[65] Die gesamte Entwicklung des philosophischen Denkens von Habermas wird durchzogen von seiner Polemik gegen eine solche restriktive Auffassung von Rationalität, die er mit Recht dem Positivismus zuschreibt (vgl. für eine frühe Phase dieser Entwicklung meine Arbeit Teoría crítica y razón práctica, a propósito de Jürgen Habermas, in: La razón sin esperanza, zit. Anm. 24, S. 141-174). Wenn man daher die Meinung von Robert Nozick - in Philosophical Explanations, Cambridge, Mass. 1981, S. 435 - liest, der nebenbei bemerkt Habermas nicht aus erster Hand zu kennen scheint, sondern ihn nach einem so ausgewiesenen Interpreten wie Thomas McCarthy zitiert, wonach "Untersuchungen über die Diskurs-'Ethik', wie sie kürzlich von Jürgen Habermas vorgenommen wurden, bestenfalls nützlich sind für dialektische Absichten interpersonaler Überzeugung", dann kann man nicht umhin, Peinlichkeit zu ver-

Individuum als auch für den autoritären Staat - und man muß sich fragen, welcher Staat dies nicht ist - ist Rationalität immer monologisch, das heißt, der *lógos*, die Vernunft, reduziert sich auf einen *Monolog*. So verstanden sind aber Individuum und Staat unmenschliche Abstraktionen, denn weder existieren die Menschen in Isolation, sondern vielmehr in gemeinschaftlicher Interaktion miteinander, noch ist menschliche Gemeinschaft notwendigerweise mit Staat gleichzusetzen. Für Habermas ist diese Gemeinschaft vor allem eine *Kommunikationsgemeinschaft*, denn das Hauptmittel der Interaktion des Menschen mit seinesgleichen ist die Interaktion durch die Sprache, die sprachliche Kommunikation. In einem solchen Kontext könnte Rationalität dialogisch sein, das heißt, der *lógos*, die Vernunft, könnte ein *Dialog* sein.

Darüber hinaus könnte man nur in einem solchen dialogischen Kontext von der Geltung ethischer Prinzipien sprechen; beispielsweise von der *Geltung* der Gütekriterien, nach denen wir etwas "gut" nennen (ebenso wie nach Habermas nur in einem solchen Kontext von der Geltung epistemischer Prinzipien gesprochen werden kann; beispielsweise von der Geltung der Wahrheitskriterien, nach denen wir etwas "wahr" nennen). Nur in einem solchen Kontext nämlich könnten wir unsere moralischen wie unsere wissenschaftlichen Überzeugungen dem Test einer "diskursiven Entscheidung" unterziehen, die auf rationale Weise die vorliegenden individuellen Meinungsverschiedenheiten auflöst, das heißt durch die "Kraft des besseren Arguments", so daß das universal Gute wie die universale Wahrheit nicht im voraus gegeben wäre, sondern als Er-

---

spüren angesichts eines solchen philosophischen Armutszeugnisses. Denn welche Vorbehalte man auch gegen die kommunikative Ethik von Habermas haben mag: Es kann keinen Zweifel daran geben, daß man es mit dem Versuch zu tun hat, eine *Theorie der Rationalität* aufzustellen, die mit Eristik bzw. Rhetorik nicht das geringste zu tun hat.

gebnis einer Übereinkunft, zu der die Mitglieder der Kommunikations- oder Dialoggemeinschaft durch eine rationale Diskussion gelangen. Habermas übersieht selbstverständlich nicht, daß sich hinter der Verschiedenheit der vorliegenden individuellen Meinungen eigentlich der etwas schärfere Gegensatz der *Interessen* dieser Individuen verbirgt, weswegen die beschriebene Dialogsituation der mutmaßlichen Einführung anderer als der rein argumentativen Zwänge im Laufe der Diskussion vorbeugen muß. Letztlich lassen sich die erforderlichen Vorkehrungen in der Voraussetzung zusammenfassen, daß den Teilnehmern am "Diskurs" eine symmetrische Verteilung der Gelegenheiten zum Eingreifen gewährleistet werden muß. Das hier Dargestellte ist wohl eine angemessene Zusammenfassung der *kommunikativen Ethik*, die Habermas als einzige Garantie dafür vorschlägt, daß Rationalität die Welt der menschlichen Praxis regiert. Man kann sie, wie dies schon geschehen ist, als eine "Ethik der Brüderlichkeit" auffassen, da die erläuterte Dialogsituation auf gegenseitiger Anerkennung und auf einer Wechselbeziehung der Dialogpartner beruhen muß, die durch die Vernunft letztlich frei und gleich werden. Ich für meinen Teil hätte nichts dagegen einzuwenden, sie als "Vertragsethik" zu bezeichnen. Wie in der Rousseauschen Lehre vom Gesellschaftsvertrag wird die Vernunft - die praktische Vernunft - nun zur *volonté générale*, also zu jenem Willen, in dem der *Wille aller* und der *jedes einzelnen* zumindest tendenziell übereinstimmen müssen, da die einzigen *Partikularinteressen*, die im Dialog zum Tragen kommen, die "verallgemeinerungsfähigen Interessen" sind, das heißt die Interessen, die zu *Gemeinschaftsinteressen* werden können. So schreibt Habermas:[66]

[66] Legitimationsprobleme im Spätkapitalismus, zit. Anm. 64, S. 148 f.

"Der Diskurs läßt sich als diejenige erfahrungsfreie und handlungsentlastete Form der Kommunikation verstehen, deren Struktur sicherstellt, daß ausschließlich virtualisierte Geltungsansprüche von Behauptungen bzw. Empfehlungen oder Warnungen Gegenstand der Diskussion sind; daß Teilnehmer, Themen und Beiträge nicht, es sei denn im Hinblick auf das Ziel der Prüfung problematisierter Geltungsansprüche, beschränkt werden; daß kein Zwang außer dem des besseren Argumentes ausgeübt wird: daß infolgedessen alle Motive außer dem der kooperativen Wahrheitssuche ausgeschlossen sind. Wenn unter diesen Bedingungen über die Empfehlung, eine Norm anzunehmen, argumentativ, d. h. aufgrund von hypothetisch vorgeschlagenen alternativenreichen Rechtfertigungen, ein Konsensus zustande kommt, dann drückt dieser Konsensus einen 'vernünftigen Willen' aus. Da prinzipiell alle Betroffenen an der praktischen Beratung teilzunehmen mindestens die Chance haben, besteht die 'Vernünftigkeit' des diskursiv gebildeten Willens darin, daß die zur Norm erhobenen reziproken Verhaltenserwartungen ein *täuschungsfrei* festgestelltes *gemeinsames* Interesse zur Geltung bringen: gemeinsam, weil der zwanglose Konsensus nur das zuläßt, was *alle* wollen können; und täuschungsfrei, weil auch die Bedürfnisinterpretationen, in denen *jeder Einzelne* das, was er wollen kann, muß wiedererkennen können, zum Gegenstand der diskursiven Willensbildung werden. 'Vernünftig' darf der diskursiv gebildete Wille heißen, weil die formalen Eigenschaften des Diskurses und der Beratungssituation hinreichend garantieren, daß ein Konsensus nur über angemessen interpretierte *verallgemeinerungsfähige* Interessen, darunter verstehe ich: Bedürfnisse, die *kommunikativ geteilt* werden, zustande kommen kann."

Nun ist klar, daß eine solche Dialogsituation nur eine *Fiktion* darstellt, wie seinerzeit die Hypothese vom Gesellschaftsvertrag auch. Die Hypothese von einem ursprünglichen Vertrag, durch den die Menschen sich als Gesellschaft zu organisieren beschlossen, ist dabei nichts anderes als eine im Nachhinein aufgestellte Vermutung oder Fiktion, die, wenn man sie wörtlich nähme, letztlich bis ins Goldene Zeitalter zurückführen müßte. Die Hypothese der Habermasschen Dialogsituation dagegen ist eine mehr oder weniger *utopische* ("Wie eine in der Zukunft zu verwirklichende Lebensform?", fragt sich Habermas), im Voraus aufgestellte Vermutung oder Fiktion, die, nähme man sie wörtlich, quasi auf die Verwirklichung des Reiches Gottes auf Erden oder - wie ich an anderem Ort einmal gesagt habe - der Gemeinschaft der Heiligen ausgerichtet wäre.

Um Habermas gerecht zu werden, muß man dazusagen, daß er der erste ist, der sich dessen bewußt zeigt. Er spricht daher nur von einer "*idealen* Sprechsituation", ohne daß er auch nur im entferntesten den Anspruch erhebt, daß diese Situation irgend etwas mit den historisch bekannten realen Sprechsituationen oder gar mit jenen Situationen - an die wir alle leider nur allzusehr gewöhnt sind - zu tun hätte, in denen es weder einen Dialog noch auch die Möglichkeit für einen solchen gibt. Denn wie könnte man glauben, daß eine solche ideale Situation - die im Idealfall mit einem *consensus hominum*, einer allgemeinen Übereinkunft zwischen den zu einer wahren universalen Kommunikationsgemeinschaft gewordenen Menschen endet - in unseren konfliktgeprägten Gesellschaften entstehen könnte, die durch unüberwindbare Antagonismen gespalten und schon in ihren Möglichkeiten der Kommunikation blockiert sind durch alle möglichen ideologischen und andere, noch weniger überwindbare Barrieren, in Gesellschaften, in denen es völlig normal ist, daß der Dialog - falls es ihn überhaupt gibt - keineswegs von der gemeinsamen Suche nach Rationalität beherrscht ist, sondern nur einen trügerischen, auf Rationalisierung gegründeten Konsens verfolgt, wenn er nicht sogar der einfachen Durchsetzung eines Konsenses durch Gewalt weicht, so daß sich Interessengegensätze nicht anders Ausdruck verschaffen können als durch blutige Zusammenstöße? Und trotzdem muß man sagen, daß sich die Ethik nicht mit weniger zufriedengeben kann als gerade mit jener Situation, also nicht mit weniger als mit einer Situation, in der ihre Gesetzgebung alle erreicht und in der jeder ein Gesetzgeber ist, in der der Universalitätsanspruch und die Forderung nach Selbstbestimmung der moralischen Subjekte gleichermaßen erfüllt sind, in der - kurz gesagt - *die Vernunft die Welt regiert*. Aus diesem Grund erscheint uns in der Aktualität die Ethik - die man vielleicht eher durch ihre strikte *Inaktualität* charakterisieren könnte - als eine hoffnungslose Instanz, vielleicht sogar eine unmögliche, in jedem Fall aber eine inoperative, von der man mit größter Nachsicht bestenfalls sagen könnte, daß tatsächlich "ihr Reich nicht von dieser Welt ist".

Ich möchte diese Arbeit jedoch nicht beenden, ohne die Frage zu stellen, ob man angesichts einer solchen Schlußfolgerung nun sagen muß "Pech für die Ethik" oder "Pech für die Welt". Ich möchte also nicht, daß mir jemand vorwirft, ich hätte zunächst zuviel von der Ethik verlangt und mich dann am Ende mit zu wenig begnügt. Unser Handeln innerhalb der menschlichen Gemeinschaft berechtigt uns nicht dazu, uns als "ideale Kommunikationsgemeinschaft" zu betrachten; aber ich bin nicht sicher, ob wir uns ohne die Spannung, die uns zugleich daran hindert, uns als eine solche zu betrachten und sie ganz aus unserem Horizont zu verbannen, überhaupt weiterhin als "menschliche Gemeinschaft" bezeichnen könnten. Es ist leicht zu sehen, daß diese Haltung wenig zu tun hat mit der fadenscheinigen Abwertung der Ethik als etwas rein Ideelles, also als bloße Angelegenheit von "Ideen". Wenn man die Ethik und ganz allgemein die Philosophie auf diese Weise abgewertet hört, dann kommt einem immer der Vorwurf in den Sinn, den ein Geschäftsmann an Carlyle richtete, nachdem er ihn hatte reden hören: "Ideen, Mr. Carlyle, nichts als Ideen!", worauf Carlyle mit schwermütigem Spott antwortete: "Es gab einmal ein paar Herren, die französischen Enzyklopädisten, die schrieben ein Werk in fünfunddreißig Bänden, das enthielt nichts als Ideen, aber seine zweite Auflage war in die Haut derer gebunden, die über die erste gelacht hatten." Ich für meinen Teil muß nicht betonen, daß ich es bedaure, daß die Leute - Geschäftsleute genauso wie Intellektuelle, die sich selbst für radikal halten - ungestraft über die Ethik lachen können, ohne dabei ihre Haut zu verlieren. Was immer aber aus der Buchbinderei werden wird: Ich gebe schon jetzt gerne zu, daß die Habermassche Idee von der idealen Sprechsituation wohl nicht zum Anlaß für eine zweite Französische Revolution zu werden scheint.

Sieht man genau hin, dann kann man jedoch nicht ohne weiteres den Gedanken verwerfen, daß diese Theorie - bzw. derartige Theorien - etwas mit revolutionären Ereignissen zu tun haben, die in unserem noch bis gestern aktuellen politischen Leben stattgefunden haben. Beispielsweise sprechen sowohl konservative Soziologen wie Daniel Bell als auch progressive wie Trent Schroyer heutzutage gern von der "Revolution der Partizipation",[67] einer Revolution, die dadurch motiviert sei, daß die Leute mit jedem Tag mehr die unbedingte Notwendigkeit spüren, in die Entscheidungen einzugreifen, die ihr Leben kontrollieren. Und Fabrik-, Stadtteil- oder Universitätsversammlun-

[67] Vgl. D. Bell, The Coming of the Post-Industrial Society, New York 1973, S. 391 ff., und T. Schroyer, The Critique of Domination, New York 1973, S. 250 ff., sowie die Bemerkungen von Habermas selbst über die "Produktivkraft Partizipation" in Legitimationsprobleme im Spätkapitalismus, zit. Anm. 64, Kap. 6; über diese ganze Problematik, bezüglich derer man sich fragen kann, inwieweit sie durch die wirtschaftliche Rezession und die Krise der Überflußgesellschaft der letzten Jahre betroffen ist, läßt sich in spanischer Sprache mit Gewinn das Buch von José Enrique Rodríguez Ibáñez, Teoría crítica y sociología, Madrid 1978, lesen.

gen sind vielleicht nichts anderes als "Kommunikationsgemeinschaften", deren Vorbild noch der allgemeinen Durchsetzung harrt, die nicht unbedingt so weit gehen wird, daß sie sich auf die gesamte Menschheit ausdehnt, wohl aber zumindest so weit, daß sie immer komplexere gesellschaftliche Organisationen erfaßt. Nichts und niemand kann uns jedoch garantieren, daß sich eine solche Tendenz in der mehr oder weniger nahen Zukunft verstärken wird. Tatsächlich scheint das Versammlungswesen, das noch vor wenigen Jahren einer unaufhaltsamen Flutwelle glich, heutzutage nicht mehr so hoch im Kurs zu stehen, nachdem es durch die kombinierte Wirkung zweier Faktoren einen Großteil seiner weltweiten Schubkraft eingebüßt hat. Es handelt sich dabei einerseits um das strategische Geschick der etablierten politischen Systeme, die vor ihrer Auflösung durch Integration oder Repression stehen - was für sie den allerschrecklichsten Alptraum überhaupt bedeutet -, und andererseits um die Fehler, die aus dem Kleinmut der Vorkämpfer des Versammlungswesens selbst resultierten, die sich nicht immer in der Lage zeigten zu verstehen, daß eine tiefgreifende Revolution wie diese, die uns - anders als die vorübergehenden, konjunkturellen Revolutionen, die einer politischen Organisation oder Bewegung zugeschrieben werden können - alle betrifft, sowohl des Aufruhrs der spontanen Revolte bedarf als auch der geduldigen Einrichtung in das, was die Historiker die "Langzeitperspektive" nennen, vor allem aber der moralischen Haltung, die unverzichtbar ist, wenn man für das kämpfen will, was man für gerecht hält, ohne zwangsläufig in der Gegenwart oder in der Zukunft eine Entschädigung zu erwarten. Angesichts der Tatsache, daß dieses Gebinde schöner Eigenschaften ziemlich schwer zusammenzustellen ist, während die Gegner des Versammlungsgeistes sich jede erdenkliche Mühe geben, die Wirksamkeit und Überzeugungskraft der eigenen Vorzüge zu erhöhen, fürchte ich, daß eine Prognose über die Ausbreitung jenes Geistes für keine der heute bekannten Gesellschaften günstig ausfallen kann. Das heißt, ich fürchte, daß die Kontinuität zwischen Liberalismus und Libertarismus - die ich keineswegs bestreiten wollte - es nicht erlaubt, an irgendeinen Übergang unserer liberalen westlichen Gesellschaften zu libertären Gesellschaften zu denken ohne eine wirksame Veränderung der Gesellschaftsstrukturen, auf denen jene beruhen. Und auch dort, wo diese Veränderung angeblich stattgefunden hat - wie in den selbsternannten sozialistischen Gesellschaften - zeichnet sich eine tatsächliche Möglichkeit für das Erstehen libertärer Gesellschaften nicht ab. Überdies beziehen sich die weiter oben angesprochenen Überlegungen von Schroyer und Bell auf wohlhabende Gesellschaften, um die es heute gar nicht mehr geht und - wie zu befürchten ist - auch morgen nicht gehen wird, in einer Welt wie dieser, in der man sogar von der Notwendigkeit eines "Kommunismus ohne Wirtschaftswachstum" zu sprechen beginnt, mit dem unheilvollen Orwellschen Akzent, mit dem dies beispielsweise Wolfgang Harich tut.[68] Die einer idealen Sprechsituation, wie sie von der kommunikativen Ethik angestrebt wird, am nächsten kommende praktische Umsetzung wäre wohl das, was man gewöhnlich *direkte Demokratie* nennt. Aber das mindeste, was man dazu sagen kann, ist, daß wir von der "direkten Demokratie" fast ebenso weit entfernt sind wie von der Gemeinschaft der Heiligen. Sicher ist, daß wir uns in der Zwischenzeit mit einer dieser Ersatzformen begnügen können, denen man gewöhnlich die Bezeichnung "indirekte" oder "repräsentative Demokratie" gibt und zu denen wohl auch die parlamentarische Demokratie gehört.

[68] Vgl. W. Harich, Kommunismus ohne Wachstum?, Hamburg 1975.

Und ich will hier keineswegs derjenige sein, der behaupten würde, damit sei wenig gewonnen. Selbstverständlich ist damit eine ganze Menge gewonnen. Aber dieses demokratische System ist nun einmal nicht die ideale Dialogsituation und könnte es auch gar nicht sein, denn keins der bislang bekannten Parlamente könnte sich anmaßen, die *volonté générale* zu bilden oder die "Vernunft" zu verkörpern. Davon, daß es unmöglich ist, die heutige Menschheit als die perfekte Kommunikationsgemeinschaft der Philosophie der Moral und der Politik aufzufassen, will ich gar nicht erst sprechen. Eine solche perfekte Kommunikationsgemeinschaft gibt es nicht, weder in diesem noch in bescheidenerem Umfang, sondern bestenfalls eine Vielzahl unvollkommener Kommunikationsgemeinschaften, zwischen denen Kommunikation vollkommen inexistent ist, und häufig ist sie sogar inexistent innerhalb ein und derselben Gemeinschaft.
Damit ist jedoch noch nichts gegen die Ethik gesagt. Denn die praktische Vernunft ist, wie einmal gesagt wurde, jene, welche - anders als die theoretische Vernunft - immer behaupten kann "Pech für die Fakten!", da nichts sie zwingt, sich mit dem Gegebenen abzufinden. Angesichts einer solchen Behauptung öffnen sich uns zwei Wege für die Ethik: entweder der mehr oder weniger hoffnungsvolle Entwurf einer besseren Welt, mit dem anschließenden kühnen Versuch, ihr zur Wirklichkeit zu verhelfen, wie dies die einzige Form des Marxismus tut, die weiterhin Respekt verdient, oder aber der verzweifelte, doch nicht weniger mutige Widerstand gegen die Welt, wie wir sie kennen und gegen deren Anerkennung als "beste aller Welten" wir uns tapfer wehren. Der Vorteil derer, die sich für den zweiten Weg entscheiden, ist, so denke ich, daß sie - selbst wenn die ersten glauben, gesiegt zu haben - noch immer für eine ganze Weile Beschäftigung haben werden.

## II. Habermas im Reich der Zwecke (Variationen über ein Kantisches Thema)

Die Kantische Idee vom Reich der Zwecke stellt im Gesamtwerk der Philosophie Kants eines der am schwierigsten zu interpretierenden Kapitel dar. Vielleicht ist dies sogar der Grund dafür, daß sie im allgemeinen größere Beachtung von Seiten der Philosophiehistoriker gefunden hat als von den Philosophen selbst.[1] Keinem, der sich näher damit befaßt, wird die enge Verwandtschaft dieser Lehre mit dem Denken Rousseaus entgehen, wenngleich man - wie dies etwa Lewis W. Beck getan hat - daran erinnern sollte, daß Kant durchaus die entsprechenden Gedanken, die er von Rousseau entlehnt hat, einer tiefgreifenden Überarbeitung unterzogen hat:

[1] In der deutschsprachigen Philosophie ist seit Kant bis heute die Idee vom "Reich der Zwecke" immer irgendwie präsent, wie es der Fall Habermas zeigt, auf den - soweit mir bekannt ist - als erster Richard Bernstein, The Restructuring of Social and Political Thought, Oxford 1976, S. 224, hingewiesen hat. In anderen philosophischen Kontexten, wie etwa im angelsächsischen, interessiert man sich erst seit kurzer Zeit dafür (vgl. z. B. Thomas E. Hill, The Kingdom of Ends, in: L. W. Beck (Hrsg.), Proceedings of the Third International Kant Congress, Dordrecht 1972, S. 307-315, der dort "the similarity between Kant's kingdom of ends principle and the contractual model of justice recently developed by John Rawls" und die geringe Aufmerksamkeit unterstrich, die es in der traditionellen Moralphilosophie analytischer Ausprägung erhalten hat). Die vielleicht weiteste Annäherung an unser Thema in der zeitgenössischen philosophischen Szene verdanken wir Jean-Paul Sartre: die Kantischen Wurzeln seiner Ethik lassen sich in seinem ganzen Werk verfolgen - man denke z. B. an L'Existencialisme est un humanisme oder Cahiers pour une morale - und führen in diesen letzten, posthumen Schriften zu einer interessanten Behandlung - auf die Celia Amorós in ihrem Buch über Sartre, an dem sie gerade arbeitet, näher eingeht - der dialektischen Beziehung zwischen der als regulative Idee aufgefaßten "Stadt der Zwecke" und den konkreten Zielen der politischen Emanzipation.

"The central point of the Kantian philosophy was anticipated only by Rousseau. It is so essential in the philosophy of Kant that I propose to call it, by analogy to the 'Copernican Revolution', the 'Rousseauistic Revolution' in moral philosophy. Rousseau said simply: We are not obligated to obey any law in whose establishment we have not participated. Obligation to any other law is slavery ... but obedience to a law one gives oneself is freedom ... While Rousseau established the essential connection between law and freedom primarily in the political sphere, where his doctrine was adopted with little change by Kant, the doctrine of autonomous government by free citizens of a republic is deepened by Kant into a moral, metaphysical, and even religious conception."[2]

Was uns hier interessiert, ist nicht die Rousseausche Theorie selbst, sondern vielmehr die Vertiefung, die sie durch Kant erfuhr. Wir wollen daher für einen Moment ihre politikphilosophischen Implikationen beiseite lassen und uns auf den ethischen Kern der Lehre vom Reich der Zwecke konzentrieren.

Eine berühmte Stelle aus der "Grundlegung zur Metaphysik der Sitten" definiert dieses Reich der Zwecke als "die systematische Verbindung verschiedener vernünftiger Wesen durch gemeinschaftliche Gesetze".[3] Die vernünftigen Wesen gehören der Verbindung als *Glieder* an, wenn sie zugleich Mitgesetzgeber der gemeinschaftlichen Gesetze, die diese regieren, und selbst diesen Gesetzen unterworfen sind, wodurch sie nicht nur frei, sondern auch untereinander gleich werden. Kant bestreitet nicht, daß diese Glieder in dem Maße, in dem sie eine Reihe "persönlicher Unterschiede" aufweisen, auch "Privatzwecke" verfolgen können. Will man sie aber als vernünftige Wesen betrach-

2 L. W. Beck, Studies in the Philosophy of Kant, New York 1965, S. 223 f.

3 Kant, Grundlegung zur Metaphysik der Sitten, in: Werke, Akademie-Ausgabe, Bd. IV, S. 433.

ten, so muß man von ersteren abstrahieren und letztere unberücksichtigt lassen.[4] Denn die Zwecke, die ihre Eigenschaft bestimmen, Glieder der Verbindung zu sein, sind nicht die "relativen" Zwecke, die jedem je nach seiner Laune vorschweben mögen und die eigentlich nur Mittel für die Befriedigung dieser Launen sind, sondern jene "Zwecke an sich selbst", die als solche eben nicht als bloße Mittel für irgendeinen anderen Zweck dienen können. Gerade dies ist es, was die *Sachen* von den *Personen* bzw. vernünftigen Wesen unterscheidet, und deswegen behauptet Kant, daß "vernünftige Wesen ... alle unter dem *Gesetz* [stehen], daß jedes derselben sich selbst und alle anderen *niemals bloß als Mittel*, sondern jederzeit *zugleich als Zweck an sich selbst* behandeln solle".[5] Hieraus ergibt

[4] Ebd. Dies ist in der Tat der Hauptgrund dafür, daß die Lehre vom "Reich der Zwecke" nicht mit einer "Staatslehre" zu verwechseln ist, wie Felipe González Vicen in seiner Arbeit Filosofía del Estado en Kant, La Laguna, Teneriffa 1952, S. 35 ff. (die Arbeit ist kürzlich neu aufgelegt worden in De Kant a Marx. Estudios de Historia de las Ideas, Valencia 1984) klar gesehen hat: "Da sein Begriff das Ergebnis der gedanklichen Ausschaltung jeder empirischen Bedingtheit des Menschen im Zusammenleben ist, ist das Reich der Zwecke nichts, was sich in der Realität ergeben würde ... Der Mangel an 'Realität' des Reichs der Zwecke beruht nicht auf der Unmöglichkeit seiner 'Realisierung', sondern ist ein konstitutives Element seiner begrifflichen Struktur ... Daher ist, auch wenn - wie schon Schleiermacher bemerkte - der Begriff des Reichs der Zwecke aufgrund seiner Struktur auf den Begriff des Staates hinweist, seine Bedeutung eine rein negative: nicht eine Antwort auf das Problem der Freiheit im wirklichen Zusammenleben der Menschen, sondern eine notwendige Vorbedingung für die Problemstellung." Für Andrew Levine, The Politics of Autonomy. A Kantian Reading of Rousseau's Social Contract, Amherst 1976, S. 199 f., der sich ausführlich damit auseinandersetzt, handelt es sich eher um den Ersatz der Rousseauschen "Staatslehre" durch die Lehre vom "Reich der Zwecke", aufgefaßt als universale Gemeinschaft autonomer Individuen: "The Kantian equivalent of Rousseau's *de jure* state, the 'kingdom of ends', is not a state at all but an *internally coordinated association* of 'harmonious', rational wills ... Within [this] conceptual framework ..., the idea of the state, of *external coordination*, can only be a concession to unreason, to human recalcitrance, to private interest. Where (practical) reason is in control, as Kant realized, the state disappears as unnecessary." In der einen wie in der anderen Fassung ist folglich das Reich der Zwecke - entweder *ex ante* oder *ex post* - vom Staat zu unterscheiden, mit dem es *niemals* gleichzusetzen ist.

[5] Kant, a. a. O.

sich, daß das Reich der Zwecke - über dem der Kantische *kategorische Imperativ* in einer Version, auf die ich gleich noch einmal zurückkommen werde, herrscht - vor allem Ausdruck dessen ist, was für Kant die Ordnung der Moralität ausmacht.

Darüber hinaus enthält die Lehre vom Reich der Zwecke, wie Beck betont, viele weitere Elemente, die man nicht als rein ethische bezeichnen kann und deren bloße Aufzählung schon dazu zwingt, die Grenzen zur Metaphysik und sogar zur Religion zu überschreiten. Kant, der in der "Grundlegung" schließlich die Welt der vernünftigen Wesen als *mundus intelligibilis*[6] darstellt, war sich dessen zweifellos sehr wohl bewußt. Schon zu Beginn seiner Abhandlung hatte er angekündigt, daß man, "so sehr man sich auch sträubt, einen Schritt hinaus tun [muß], nämlich zur Metaphysik, obgleich in ein Gebiet derselben, welches von dem der spekulativen Philosophie unterschieden ist, nämlich in die Metaphysik der Sitten".[7] Im Grunde jedoch muß man dabei sogar ziemlich weit gehen, denn Kant zählt zu den Bewohnern des Reichs der Zwecke - das der "moralischen Welt" entspricht, wie er sie vorher, in der "Kritik der reinen Vernunft", als "corpus mysticum der vernünftigen Wesen"[8] beschrieben hatte - nicht nur die

---

[6] Ebd. S. 438.

[7] Ebd. S. 426.

[8] Kritik der reinen Vernunft, A 808-809 / B 836-837: "Ich nenne die Welt, so fern sie allen sittlichen Gesetzen gemäß wäre, (wie sie es denn, nach der *Freiheit* der vernünftigen Wesen, sein *kann*, und, nach den notwendigen Gesetzen der *Sittlichkeit*, sein *soll*), eine *moralische Welt*. Diese wird so fern bloß als intelligibele Welt gedacht, weil darin von allen Bedingungen (Zwecken) und selbst von allen Hindernissen der Moralität in derselben (Schwäche oder Unlauterkeit der menschlichen Natur) abstrahiert wird. So fern ist sie also eine bloße, aber doch praktische Idee, die ... objektive Realität [hat], nicht als wenn sie auf einen Gegenstand einer intelligibelen Anschauung ginge ..., sondern auf die Sinnenwelt, aber als einen Gegenstand der reinen Vernunft in ihrem praktischen Gebrauche, und ein *corpus mysticum* der vernünftigen Wesen in ihr, so fern deren freie Willkür unter moralischen Gesetzen sowohl mit sich

Untertanen oder "Glieder", sondern auch einen Souverän bzw. ein "Oberhaupt", das vermutlich mit Gott gleichzusetzen ist, also einen heiligen Willen, der sich aufgrund seiner Stellung keiner moralischen Gesetzgebung unterwerfen muß.[9] Was hingegen die Glieder betrifft, so läßt der Zusammenhang der Darstellung der Lehre keinen Zweifel daran, daß Kant hier an die menschliche Gattung denkt, wie es etwa die Anwendung der Idee vom "Zweck an sich selbst" in der feierlichen Versicherung zeigt, daß "der Mensch und überhaupt jedes vernünftige Wesen ... als Zweck an sich selbst [existiert], *nicht bloß als Mittel* zum beliebigen Gebrauche für diesen oder jenen Willen".[10] Und selbst in der späteren "Kritik der praktischen Vernunft", wo Kant offenbar die Lehre vom Reich der Zwecke aufgibt, wird "der Mensch ([und] mit ihm jedes vernünftige Wesen)" erneut als jemand aufgefaßt, der "niemals bloß als Mittel von jemandem (selbst nicht von Gott) ohne zugleich hierbei selbst Zweck zu sein, könne gebraucht werden".[11] Und wenn schließlich die Metaphysik der Sitten und die der Natur sich in der "Kritik der Urteilskraft" kantianisch die Hand reichen und wir so etwas wie der Subsumierung - oder vielleicht der Verallgemeinerung - der Lehre vom Reich der Zwecke in eine Universalteleologie beiwohnen, treffen wir doch wieder auf den Menschen, der als moralisches Subjekt einen Zweck darstellt, nämlich den "Endzweck" - im Gegensatz zum "letzten Zweck" - der Schöpfung,[12] da der teleologische Stand-

selbst, als mit jedes anderen Freiheit durchgängige systematische Einheit an sich hat."

9 Grundlegung, S. 433-444.

10 Ebd. S. 428.

11 Kritik der praktischen Vernunft, in: Werke, AA V, S. 132.

12 Kritik der Urteilskraft, in: Werke, AA V, S. 435-443: "Nun haben wir eine einzige Art Wesen in der Welt, deren Kausalität teleologisch, d. i. auf Zwecke gerichtet und doch zugleich so beschaffen ist, daß das Gesetz, nach welchem sie sich Zwecke zu bestimmen haben, von ihnen selbst als unbedingt und von

punkt für Kant nicht die Besonderheit des moralischen Standpunkts aufhebt, wie er in der klugen Bemerkung in der "Grundlegung" erläutert, in der es heißt: "Teleologie erwägt die Natur als ein Reich der Zwecke, die Moral ein mögliches Reich der Zwecke als ein Reich der Natur. Dort ist das Reich der Zwecke eine theoretische Idee zur Erklärung dessen, was da ist. Hier ist es eine praktische Idee, um das, was nicht da ist, aber durch unser Tun und Lassen wirklich werden kann, und zwar eben dieser Idee gemäß zustande zu bringen."[13] Wir sehen also, daß die metaphysischen - anthropologischen oder theologischen - oder gar religiösen - und eventuell politischen - Implikationen der Kantischen Texte uns dazu führen, die Menschen als die Staatsbürger des Reichs der Zwecke zu identifizieren - wobei wir für unsere Ziele Gott aus dem Spiel lassen wollen, obwohl dies, da es um Kant geht, keineswegs leicht sein mag.

Die weiter oben erwähnte Version des kategorischen Imperativs bestätigt im Grunde diese Identifizierung, wobei man der Tatsache keine große Bedeutung zumessen sollte, daß in der oben zitierten Textstelle von Kant nur von "vernünftigen Wesen" und nicht von Menschen die Rede ist. Kant muß die Menschen nicht extra nennen, denn er hat schon einige Seiten zuvor - wiederum in der "Grundlegung zur Metaphysik der Sitten" - die hier angesprochene Version des Imperativs formuliert und sie in diesem Fall eindeutig auf den Menschen bezogen: "Handle so, daß du die Menschheit sowohl in deiner Person, als in der Person eines jeden andern jederzeit zugleich als Zweck, niemals

---

Naturbedingungen unabhängig, an sich aber als notwendig, vorgestellt wird. Das Wesen dieser Art ist der Mensch ..., [der] nicht als Naturglied, sondern in der Freiheit seines Begehrungsvermögens, handelt; d. h. ein guter Wille, ist dasjenige, wodurch sein Dasein allein einen absoluten Wert und in Beziehung auf welches das Dasein der Welt einen *Endzweck* haben kann."

13 Grundlegung, S. 436 Anm.

bloß als Mittel brauchest."[14] Diese Klarstellung ist keine überflüssige Spitzfindigkeit, sondern es geht hier darum zu zeigen, daß die Lehre vom Reich der Zwecke - wie die Kantische Ethik generell - die Menschen zwar ausschließlich unter dem Aspekt ihrer "Vernünftigkeit" betrachtet, daß sie aber doch von Menschen handelt und nicht von Ektoplasmen.

Darüber hinaus aber gibt Kant ganz offen zu, daß das mögliche Reich der Zwecke, von dem er spricht, "freilich nur ein Ideal" ist,[15] und das gilt zweifellos auch für die Betrachtung des Menschen unter dem ausschließlichen Aspekt seiner Rationalität. Dies nimmt der Kantischen Lehre jedoch nichts von ihrer Bedeutung. Soviel müßten wir inzwischen vom sogenannten "kontrafaktischen Denken" gelernt haben, denn auch eine wissenschaftliche Hypothese enthält immer eine gewisse "Idealisierung" der Wirklichkeit und muß daher zwangsläufig den Tatsachen zuwiderlaufen, auch wenn sie anschließend genötigt ist, sich irgendwie den angefochtenen Tatsachen wieder anzubiedern.[16] Was die Bedeutung dieser Lehre betrifft, so wurde ganz richtig bemerkt, daß sie zum großen Teil darin liegt, daß sie Kant den Übergang *vom Ich zum Wir* gestat-

---

[14] Ebd. S. 429. Vielleicht ist hier der Zeitpunkt gekommen darauf hinzuweisen, daß es - so sehr Kant auch betont, daß "der kategorische Imperativ nur ein einziger" ist in dem Sinne, daß er einen einzigen *Kanon* für die Beurteilung der Moralität liefert - nicht angemessen ist, von "*dem* Kantischen kategorischen Imperativ" zu sprechen, da es keinen "einzigen" Kantischen kategorischen Imperativ gibt (entgegen der Behauptung von B. E. Rollin, There is only one Categorical Imperative, in: Kant-Studien [1976] S. 60-72), sondern mehrere: gegenüber den üblicherweise anerkannten drei Formulierungen wollte H. J. Paton (The Categorical Imperative, London 1974, S. 129) von fünf sprechen, und J. R. Silber (Procedural Formalism in Kant's Ethics, in: Review of Metaphysics 28 [1974] S. 197-236, bes. 205 ff.) spricht sogar von sieben oder acht, die sich alle in Kants eigenen Werken nachweisen lassen, wobei er hinzufügt, daß es für jede von ihnen unzählige Möglichkeiten der Umformulierung gibt.

[15] Grundlegung, S. 433.

[16] Vgl. dazu meine Arbeit Contrafacticidad y ciencias sociales, in: A ciencia incierta, Madrid, im Druck.

tet, also vom solipsistischen "transzendentalen Ich" zu dem gemeinschaftlichen "Wir", von dem das Reich der Zwecke bevölkert wird.[17]

Ohne Kant das Verdienst absprechen zu wollen, das dieses Unternehmen bedeutet, sollte man an dieser Stelle jedoch dessen Grenzen nicht vergessen. Das "Wir" des Reichs der Zwecke ist immer noch ein verdünntes "Wir", sozusagen ein *transzendentales Wir*, das bestenfalls die Aufmerksamkeit des sprachlichen Transzendentalismus wecken und auf diese Weise eine Interpretation der Kantischen Gemeinschaft als Kommunikationsgemeinschaft fördern könnte, in der der Dialog dafür sorgt, daß die von moralischen Gesetzen zu fordernde Objektivität in Intersubjektivität aufgelöst wird.[18] Eigentlich ist es aber noch nicht einmal sicher, ob der Dialog tatsächlich erforderlich ist, um die Glieder einer derart idealisierten Gemeinschaft in Übereinstimmung zu bringen, die zwar eine menschliche Gemeinschaft ist, die aber von Kant als eine Verbindung *vernünftiger Wesen* gedacht war, zwischen denen - abstrahiert man von ihren Unterschieden und läßt man ihre partikularen Interessen und Zwecke außer acht - nichts existiert, das einem harmonischen Konsens ihrer Willen entgegenstünde. Außerdem könnte, in entgegengesetzter Richtung zu dem soeben Gesagten, die angesprochene transzendentalistische Verdünnung der Kantischen Gemeinschaft - bzw., was dasselbe ist, deren *sozialgeschichtliche Indefiniertheit* - zu nachteiligen Vergleichen mit dem hegelianisch-marxistischen Übergang "vom Ich zum Wir"

[17] So deutet es der anregende Aufsatz von José Gómez Caffarena, Del 'Yo trascendental' al Nosotros del 'Reino de los Fines', in: Convivium 21 (1966) S. 183-198, schon in seinem Titel an.

[18] Jedenfalls hätten sich Versuche wie der Apels einer "linguistischen Transformation der klassischen Transzendentalphilosophie" mindestens die Hälfte der Mühe sparen können, wenn sie nicht vom "Ich" der "reinen Anschauung" der Kritik der reinen Vernunft, sondern vom "Wir" der Grundlegung der Metaphysik der Sitten ausgegangen wären.

Anlaß geben, dem gewöhnlich die endgültige Verankerung des gemeinschaftlichen "Wir" in Geschichte und Gesellschaft zugeschrieben wird.[19] Diese Zuschreibung ist durchaus gerechtfertigt, obwohl sich, wie wir im folgenden sehen werden, auch bei Kant Spuren eines Übergangs dieser Art finden lassen.

Was die Transzendentalität des Reichs der Zwecke betrifft - die selbstverständlich ebensowenig geleugnet werden kann wie die Tatsache, daß es sich um einen Teil der Kantischen Lehre handelt, die uns hier aber nicht beschäftigen soll -, so ist diese nicht zu verwechseln mit seiner *Kontrafaktizität*, deren eingehende Behandlung ganz und gar nicht überflüssig ist.[20] Der Unterschied läßt sich in wenigen Worten ausdrücken: Das transzendentale Denken löst sich bekanntlich von den Fakten, um die Bedingungen ihrer Möglichkeit zu erforschen, während das kontrafaktische Denken sich auch für die "Bedingungen der Unmöglichkeit" bestimmter Fakten interessieren kann und damit nicht nur für das, was ist - wie es in der Wissenschaft der Fall ist -, sondern wie im Fall der Ethik auch für "das, was

---

[19] Was Hegel betrifft, so denke man an den Titel des Werks von Ramón Valls Plana: Del yo al nosotros. Lectura de la Fenomenología del Espíritu de Hegel, Barcelona 1971. Und obwohl dort die bekannte Formel "vom Ich zum Wir" nicht vorkommt, hätte doch mehr als eine der Habermasschen Rekonstruktionen der Manifestationen des transzendentalen Ich in der Sozialgeschichte diesen Titel tragen können. Man denke etwa, um hier nur ein Beispiel zu nennen, an den geschichtsphilosophischen Gewaltritt durch "Hegels Kantkritik" und "Marxens Metakritik an Hegel", mit der "Erkenntnis und Interesse" beginnt. Vgl. dazu Garbis Kortian, Metacritique: The Philosophical Argument of Jürgen Habermas, Cambridge 1980.

[20] Ganz allgemein ist es keineswegs überflüssig, auf der Unterscheidung von "kontrafaktischem Denken" und "transzendentalem Denken" zu bestehen, denn - selbst nach seiner "rekonstruktivistischen Überwindung des Transzendentalismus" - erweckt ein Autor wie Habermas den Eindruck, sie jedesmal zu verwechseln, wenn er sich dem Problem der "rationalen Bedingungen für" (Kommunikation, Interpretation oder was auch immer) nähert, wie man beispielsweise in Interpretative Social Science *versus* Hermeneuticism, in: N. Haan, R. B. Bellah, P. Rabinow und W. M. Sullivan (Hrsg.), Social Science as Moral Inquiry, New York 1983, S. 251-270, hier 258 ff., sehen kann.

nicht ist", von dem wir aber glauben, daß es sein sollte.[21] Man könnte nämlich mit Kant behaupten, daß - im Unterschied zu einer "theoretischen Idee" bzw. einer wissenschaftlichen Hypothese - eine moralische Hypothese bzw. eine "praktische Idee" doppelt kontrafaktisch ist und daß ihre Kontrafaktizität sie, da sie sich mit dem beschäftigt, "was nicht da ist, aber wirklich werden kann",[22] der Verpflichtung enthebt, sich den Fakten anzubiedern, die sie im Gegenteil ganz stur weiter anfechten wird, solange diese nicht ihren Forderungen nachkommen.

Es wäre jedoch ein Irrtum, wollte man aus dem Gesagten schließen, daß die Ethik Kants es diesem verbietet, sich von der Perspektive der idealen Gemeinschaft des Reichs der Zwecke zu lösen und den Blick auf die tatsächlich bestehende Gemeinschaft zu richten. Ganz im Gegenteil ist gerade dies die Absicht seiner politischen Philosophie, die Entwürfe für eine Philosophie der Gesellschaft und eine Philosophie der Geschichte enthält und die - wie weiter oben schon angedeutet - in mehr als einem Punkt Hegel und sogar Marx vorwegnimmt.[23] Kant zeigt dort jedenfalls

---

21 Über die Beziehung zwischen kontrafaktischem und ethischem Denken vgl. meine Arbeit Peor para los hechos, in: De lo divino y lo humano, Madrid, im Druck.

22 Grundlegung, S. 436.

23 Vgl. Georges Vlachos, La pensée politique de Kant, Paris 1962; Hans Saner, Kants Weg vom Krieg zum Frieden. I. Widerstreit und Einheit: Wege zu Kants politischem Denken, München 1967; Eduard Gerresheim (Hrsg.), Immanuel Kant 1724-1974. Kant als politischer Denker, Bonn-Bad Godesberg 1974; Gerhard Luf, Freiheit und Gleichheit. Die Aktualität im politischen Denken Kants, Wien 1978; Yirmiahu Yovel, Kant and the Philosophy of History, Princeton 1978; Howard Williams, Kant's Political Philosophy, Oxford 1983; sowie in Spanien Francisco J. Herrero, Religión e historia de Kant, Madrid 1979; Enrique M. Ureña, La crítica kantiana de la sociedad y la religión, Madrid 1979; die Dissertation von Isaac Alvarez Domínguez, La filosofía kantiana de la historia, Universidad Complutense de Madrid 1984; und die Aufsätze von Roberto Rodríguez Aramayo, La filosofía kantiana de la historia. ¿Otra versión de la teología moral?, in: Revista de Filosofía 8 (1985) S. 21-40, und La filosofía kantiana del Derecho a la luz de sus relaciones con el formalismo ético y la filosofía crítica de la historia, in: Revista de Filosofía 9 (1986) S. 15-36.

einen handfesten Sinn für Realität, die man von seiner Moralphilosophie oder irgendeiner anderen Philosophie kaum verlangen kann.

Eine Moralphilosophie braucht nicht realistisch zu sein, vor allem nicht, wenn sie sich, wie die von Kant, weigert, das Sollen aus dem Sein herzuleiten. Dagegen muß eine politische Philosophie sehr wohl realistisch sein, wenn sie nach der möglichen Verwirklichung des Sollens im Sein fragen will. Die Kantische ist, wie gesagt, überaus realistisch, was auch erklärt, daß sie häufig zwischen den entgegengesetzten Polen von Optimismus und Pessimismus oszilliert und sich manchmal gar zerreißt. Tatsächlich gab es in der gesellschaftlichen und historischen Wirklichkeit, in der sie erdacht werden mußte, sowohl solche Dinge, die das aufgeklärte Vertrauen in einen Fortschritt zum Besseren für die Menschen schürten, wie Dinge, die die religiöse Befürchtung bestärkten, daß das Böse in den Beziehungen zwischen den Menschen unausrottbar sei.[24] Ersteres - das Vertrauen - führte Kant zu der Vorstellung von einer politischen Organisation der Menschheit in einer universalen Gemeinschaft von Nationen, die den ewigen Frieden auf der Erde sichern würde, was zweifellos ein riesiger Fortschritt im Sinne der erträumten Annäherung der Vereinigung der Menschen unter "Rechtsgesetzen" an ihre Vereinigung unter "Tugendgesetzen" bzw. unter zwangsfreien ethischen Gesetzen darstellen würde; letztere - die Befürchtung - führt ihn dazu, nachdem er zunächst feststellt, daß der Interessenantagonismus in der zivilisierten Gesellschaft nichts anderes ist als die Fortführung des Krieges aller gegen alle wie im brutalsten Natur-

[24] Vgl. z. B. die kleinen Schriften Mutmaßlicher Anfang der Menschengeschichte und Vom radikalen Bösen (das zunächst von der Zensur verboten, später jedoch in Die Religion innerhalb der Grenzen der bloßen Vernunft aufgenommen wurde), in: Werke, AA VIII, S. 107-124, bzw. AA VI, S. 17-54.

zustand, sich mit dem Wunsch zu begnügen, daß die "ungesellige Geselligkeit" des Menschen es diesem erlauben möge, aus der Not eine Tugend zu machen, und daß sie ihn zum Einsatz seiner natürlichen Neigungen zum Nutzen der Gattung ansporne.[25] Demnach wäre die Behauptung, daß Kant "in der Politik im Grunde ratlos scheint: seine Haltung ist eklektisch, schwankend, manchmal nur schwer gegen den Vorwurf der Inkohärenz zu verteidigen",[26] eine zutreffende Zusammenfassung seiner Position. Nun ist allerdings die Ratlosigkeit - zu der sicherlich auch das Schwanken gehört, und die gelegentlich sogar den Eindruck von Eklektizismus oder gar Inkohärenz hervorrufen kann - hier nur das Ergebnis des Versuchs, die Forderungen der Ethik zur Geltung zu bringen, ohne vor sich selbst und vor anderen die Schwierigkeiten zu verbergen, mit denen die Anwendung ihrer Prinzipien fertigwerden muß. Wollte man diese Prinzipien zugunsten ihrer leichteren Anwendung abschwächen, so würde dies nur zu ihrer Entwertung führen; wollte man aber versuchen, sie auf Kosten einer Entstellung der Wirklichkeit anwendbar zu machen, so käme dies einer Art Selbstbetrug aus Naivität bzw. aus eigenem Verschulden gleich. Kant lehnte ehrenwerterweise diese falschen Lösungen beide ab, womit er das Risiko einging, sich möglicherweise den Vorwurf einzuhandeln, daß er gar keine Lösung anbieten könne.
All dies rechtfertigt in jedem Fall die nicht weniger ehrenwerten Bemühungen derer, die - wie etwa Habermas - heutzutage weiter daran arbeiten, eine Lösung zu finden. Betrachten wir beispielsweise den Vergleich, den Thomas McCarthy zwischen dem Habermasschen Ansatz und der Kantischen Lehre vom Reich der Zwecke anstellt, wobei

[25] Vgl. wiederum Idee zu einer allgemeinen Geschichte in weltbürgerlicher Absicht und Zum ewigen Frieden, in: Werke, AA III, S. 15-32 bzw. 341-386.
[26] José Gómez Caffarena, El teísmo moral en Kant, Madrid 1984, S. 219.

er das ethische Problem von *Form und Inhalt*, also Materie bzw. Zweck moralischer Maximen, in den Vordergrund stellt:

"Kant betont, daß moralische Maximen nicht nur eine Form (Allgemeinheit), sondern auch einen Gegenstand oder Zweck haben. Da jedoch alle partikularen Zwecke als Bestimmungsgründe des Handelns ausgeschlossen werden müssen, nimmt der kategorische Imperativ, wenn er mit Bezug auf Zwecke bestimmt wird, die Form einer Einschränkung auf die zulässigen Inhalte des Wollens an."[27]

Die Unterscheidung von "Form" und "Inhalt", auf die sich McCarthy bezieht, entspricht bei Kant *zwei* verschiedenen Formulierungen seines kategorischen Imperativs, die man zur Erleichterung der Verständigung die "Allgemeinheits"-Formulierung und die "Zwecke"-Formulierung nennen könnte. In der ersten - in der uns der Imperativ vorschreibt, so zu handeln, daß wir wollen können, daß die Maximen unseres Verhaltens zu allgemeinen Gesetzen werden - beschränkt sich Kant tatsächlich auf die Betonung der "Allgemeinheit" der Maximen und sieht von einer Erwähnung ihres Inhalts völlig ab, so daß der Imperativ "formal" scheint. In der zweiten Formulierung dagegen nennt Kant das, was wir tun - oder, besser gesagt, nicht tun - sollen, nämlich so handeln, daß wir weder uns selbst noch irgendeinen anderen jemals als bloßes Mittel behandeln, sondern immer zugleich auch als Zweck. Dieser Imperativ ist offenbar viel weniger "formal" als der zuerst genannte. Im zweiten Fall fügt Kant außerdem hinzu, daß "das vernünftige Wesen als Zweck seiner Natur nach, mit-

---

[27] Thomas McCarthy, The Critical Theory of Jürgen Habermas, 2. Aufl. Cambridge, Mass. und London 1981, S. 329 ff., hier 329 [hier zitiert nach der deutschen Ausgabe: Kritik der Verständigungsverhältnisse: zur Theorie von Jürgen Habermas, übers. von Max Looser, Frankfurt a. M. 1989, S. 374].

hin als Zweck an sich selbst jeder Maxime zur einschränkenden Bedingung aller bloß relativen und willkürlichen Zwecke dienen müsse" und daß, da "von allem zu *bewirkenden* Zwecke abstrahiert werden muß ... der Zweck hier nicht als ein zu bewirkender, sondern *selbständiger Zweck*, mithin nur negativ gedacht werden [müsse], d. i. dem niemals zuwider gehandelt ... werden muß".[28] Das heißt, daß alle "zu bewirkenden", partikularen Zwecke ohne Ausnahme "bloß relative Zwecke" sind. Deswegen können sie nach Kant nicht zu "praktischen Gesetzen" führen, sondern bestenfalls als Grundlage für "hypothetische Imperative" dienen. Dagegen ist der einzige spezifisch moralische, "selbständige" Zweck - nämlich der Zweck, der in der Formulierung des kategorischen Imperativs, die hier als Zwecke-Formulierung bezeichnet wurde, ausgeführt ist - kein "zu bewirkender Zweck" im vorstehenden Sinne und enthält keinen partikularen oder positiven Inhalt des Wollens, sondern nur eine einschränkende Bedingung bzw. - anders ausgedrückt - einen negativen Inhalt. Wie wir sofort sehen werden, hält McCarthy einen solchen Inhalt nicht für ausreichend, um den Zwecke-Imperativ nicht mehr als "formalistisch" zu bezeichnen - im Unterschied zu dem, was man seiner Ansicht nach dem Habermasschen "Diskursmodell" zugestehen kann. Wir wollen aber hier nicht vorgreifen, sondern seine Argumentation Schritt für Schritt nachvollziehen:

"Diese Konstruktion liegt Kants Konzeption von Politik und Recht zugrunde. Beides bezieht sich primär auf die Sicherung der negativen Freiheit des Menschen (d. h. auf seine Freiheit von äußerem Zwang), die eine notwendige Bedingung für seine positive Freiheit (d. h. für Autonomie und Moralität) ist. Genauer gesagt: während die Moralität eine Frage der inneren

---

[28] Grundlegung, S. 437.

Motive ist (des guten Willens), geht es bei der Legalität ausschließlich um äußere Handlungen. Das Problem einer guten Organisation des Staates liegt darin, die auf 'selbstsüchtigen Neigungen' beruhenden 'Kräfte so gegeneinander zu richten, daß eine die anderen in ihrer zerstörenden Wirkung aufhält oder diese aufhebt' ..."[29]

Für Kant, der die Frage aus der Sicht eines liberalen Politiktheoretikers angeht, wäre das Ergebnis einer solchen Ordnung das gleiche, als wenn keine der besagten Neigungen existierte, so daß die Menschen - und sogar "ein Volk von Teufeln (wenn sie nur Verstand haben)" - sich selbst dann, wenn sie keine "guten Menschen" wären, gezwungen sähen, "gute Bürger" zu sein. Für ihn ist nämlich die Frage, wie der Staat zu organisieren sei, keine andere als die:

"Eine Menge von vernünftigen Wesen, die insgesamt allgemeine Gesetze für ihre Erhaltung verlangen, deren jedes aber in Geheim sich davon auszunehmen geneigt ist, so zu ordnen und ihre Verfassung einzurichten, daß, obgleich sie in ihren Privatgesinnungen einander entgegen streben, diese einander doch so aufhalten, daß in ihrem öffentlichen Verhalten der Erfolg eben

---

[29] McCarthy, a. a. O. Wenn man sich auf die klassischen Kantischen Definitionen des Rechts als "die Beschränkung der Freiheit eines jeden auf die Bedingung ihrer Übereinstimmung mit der Freiheit aller" bzw. als "der Inbegriff der Bedingungen, unter denen die Willkür des einen mit der Willkür des andern nach einem allgemeinen Gesetze der Freiheit zusammen vereinigt werden kann" (Metaphysik der Sitten. I. Metaphysische Anfangsgründe der Rechtslehre, in: Werke, AA VI, S. 230) bezieht, dann ist es wichtig, nicht nur daran zu denken, *daß*, sondern auch *warum* für Kant die "negative Freiheit" dazu berufen ist, die "positive Freiheit" oder Autonomie zu ermöglichen: "Basis des Kantischen Rechtsdenkens ist die grundlegende Idee, daß das Postulat der Autonomie ein an den Menschen in seinem individuellen Sein gerichtetes Postulat ist und daß daher nur er, in seiner Individualität, erfüllen muß; dagegen ist die Aufgabe des Rechts allein die Herstellung derjenigen Bedingungen, die die Erfüllung des Imperativs in der Welt der sozialen Beziehungen ermöglichen und gewährleisten." (Vgl. Felipe González Vicen, La filosofía del Estado en Kant, zit. Anm. 4, S. 41-50)

derselbe ist, als ob sie keine solche böse Gesinnungen hätten".[30]

Der Staat, der Kant vorschwebt, entspricht letztlich einem Rechtsstaat bzw. einer "bürgerlichen Gesellschaft unter einer republikanischen Verfassung", und Kant achtet sorgfältig darauf, ihn von einer "wahrhaft moralischen Gemeinschaft" zu unterscheiden, denn die Moralität verlangt - im Unterschied zur Legalität -, daß den Gesetzen aus Pflichtbewußtsein gehorcht wird, was Freiheit voraussetzt und den Zwang einer externen Gesetzgebung ausschließt. McCarthy sieht sich nun in der Lage, Kant und Habermas zu vergleichen, was seiner Meinung nach einem Vergleich von *formalistischer und diskursiver* Ethik entspricht:

"Da nach dem Diskursmodell gefordert wird, daß die 'zu bewirkenden' Zwecke selbst rationalisiert werden (oder kommunikativ verallgemeinert, sofern dies möglich ist), und daß die geltenden sozialen Normen diese verallgemeinerbaren Interessen verkörpern, wird die Kluft zwischen Legalität und Moralität verkleinert. Das Kriterium des vernünftigen Konsensus unter Symmetriebedingungen wahrt die Einschränkung, die in Kants Formulierung des Zwecks an sich bestimmt wird: die Menschheit ist stets als Zweck und niemals nur als ein Mittel zu behandeln; sie soll 'als einschränkende Bedingung aller bloß relativen und willkürlichen Zwecke' dienen. Dieses Kriterium geht jedoch über die Bestimmung eines 'unabhängigen Zwecks an sich' hinaus; es bestimmt auch die 'zu bewirkenden Zwecke', soweit diese im rationalen Dialog kommunikativ geteilt werden können. Deshalb sind Normen, die auf diese Weise als rechtlich bindende Normen festgelegt werden, nicht bloß formal; sie grenzen nicht nur kompatible Handlungsbereiche ab, innerhalb derer jeder Einzelne seinen 'selbstsüchtigen Neigungen' in der Weise nachgehen kann, daß 'die eine die anderen in ihrer zerstörenden Wirkung aufhält'. Diese Normen schreiben vielmehr

[30] Zum ewigen Frieden, S. 366.

bestimmte positive Zwecke als solche des gemeinsamen Interesses vor."[31]

An dieser Stelle kann man sich jedoch fragen, ob McCarthy hier nicht das Problem von "Form und Inhalt" mit einem anderen ethischen Problem verwechselt, das man das Problem von "Einheit und Vielheit" nennen könnte. Die hier angesprochene Frage ist keine andere als das Webersche Problem vom "Monotheismus" und "Polytheismus" der Werte, um das sich das Denken von Habermas so oft gedreht hat.[32] Um aber seinen tieferen ethischen Sinn zu verstehen, ist es angebracht, die Fragestellung wieder auf Kant zurückzuführen: Worin besteht das ethische Problem von "Einheit und Vielheit", ausgedrückt in Kantischen Begriffen? Wie jeder weiß, bestand für Kant der Anspruch der Ethik darin, "eine" zu sein, d. h. Gesetze für die ganze Welt zu machen, wenn sie auch deshalb nicht darauf verzichtete zu fordern, daß jeder von uns ein Gesetzgeber sein, daß es also eine "Vielheit" von Gesetzgebern geben solle. Die Versöhnung jenes Anspruchs mit dieser Forderung ist, um das mindeste zu sagen, nicht leicht zu erreichen. Und man kann bezweifeln, ob Kant sie mit seiner *Allgemeinheits*-Formulierung des kategorischen Imperativs erreicht hat, die uns aufträgt, so zu handeln, daß wir wollen können, daß die Maxime unseres Handelns allgemeines Gesetz wird. Denn verschiedene Gesetzgeber könnten ja sehr wohl ebenso verschiedene und sogar einander entgegengesetzte Handlungsmaximen verallgemeinern wollen und so miteinander unvereinbare Gesetzgebungen erstellen. Um dieser Schwierigkeit zu begegnen,

---

[31] McCarthy, a. a. O. S. 330 [dt.: 375 f.].

[32] Vgl. dazu meine Arbeit ¿Politeísmo o irracionalismo? Un dilema positivista (En torno a la lectura habermasiana de Max Weber), in: Theoria (San Sebastián), im Druck.

also der Schwierigkeit, auf rationale Weise einen verschiedenen Subjekten gemeinsamen Willen zu artikulieren, ohne die Autonomie dieser Subjekte zu beeinträchtigen, hat Habermas versucht, den genannten Kantischen Imperativ "diskursiv" - und zwar gerade mit Hilfe von McCarthy - umzuformulieren.

Da, wo es bei Kant hieß, "handle nur nach derjenigen Maxime, durch die du zugleich wollen kannst, daß sie ein allgemeines Gesetz werde", heißt es nun bei Habermas: "Statt allen anderen eine Maxime, von der ich will, daß sie ein allgemeines Gesetz sei, als gültig vorzuschreiben, muß ich meine Maxime zum Zweck der diskursiven Prüfung ihres Universalitätsanspruchs allen anderen vorlegen."[33] Worauf die Habermassche Umformulierung abzielt, ist im Grunde, einen Prozeß *diskursiver Bildung eines vernünftigen Willens* in Gang zu setzen, durch den *alle und jeder* der Teilnehmer - sofern eine symmetrische Verteilung der Chancen zum Eingreifen in die Diskussion vorlag - mit ein wenig Glück dahin gelangt, daß eine Übereinkunft bzw. ein *Konsensus* hinsichtlich derjenigen Interessen erzielt wird, die verallgemeinerungsfähig sind, d. h. die sich zu einem *gemeinsamen Interesse* formen lassen, und nebenbei auch hinsichtlich derjenigen moralischen Vorschläge, die den entscheidenden Rang einer ethischen Gesetzgebung einnehmen können. Der Gedanke ließe sich vielleicht noch klarer ausdrücken, wenn wir uns bewußt machen, daß jener Prozeß der "diskursiven" Bildung eines vernünftigen Willens für Habermas im Grunde dasselbe bedeutet wie der Prozeß der "demokratischen" Willensbil-

---

[33] Habermas, Diskursethik. Notizen zu einem Begründungsprogramm, in: ders., Moralbewußtsein und kommunikatives Handeln, Frankfurt a. M. 1983, S. 53-124, hier 77, gibt an, sich hier auf eine Version seines eigenen Denkens zu beziehen, die McCarthy, a. a. O. S. 326 [dt.: 371], zu verdanken ist.

dung.[34] Wie schon öfter bemerkt wurde, enthält die Habermassche diskursive bzw. *kommunikative Ethik* eine partizipatorische Auffassung von Demokratie, die man gerade in unserer Zeit begrüßen muß, in der die gängige politische Theorie Demokratie und Partizipation unerbittlich auseinanderzubringen versucht. Für Habermas wäre die Demokratie bar jeder ethischen Substanz ohne die wirksame Teilnahme der Betroffenen am politischen Dialog, denn nichts anderes steckt hinter dem erwähnten diskursiven Prozeß der vernünftigen Willensbildung, und selbstverständlich kann seiner Meinung nach ein solcher "Wille" nur vermittels dieses Dialogs zwischen den Teilnehmern das Attribut "vernünftig" für sich beanspruchen. Bezüglich dieses Habermasschen vernünftigen Willens wurde ebenfalls schon öfters betont, daß hier eine Verwandtschaft mit der *volonté générale* Rousseaus besteht. Auf diese Verwandtschaft werde ich gleich noch einmal zurückkommen. Zunächst aber ist noch etwas über die letzte Wurzel des Unterschieds zwischen dem ethischen Problem von Einheit und Vielheit und dem weiter oben betrachteten von Form und Inhalt zu sagen, wobei jedes dieser beiden Probleme seinerseits mit einer der beiden verschiedenen Formulierungen des kategorischen Imperativs in Beziehung steht, von denen hier schon ständig die Rede war.

Wie wir gesehen haben, nahm das Habermassche Diskursmodell das Problem von Einheit und Vielheit auf der Grundlage einer Umformulierung des Kantischen Imperativs der Allgemeinheit in Angriff, womit er zu erklären versuchte, wie eine Vielheit von Willen auf vernünftige Weise - im Rahmen dessen, was für Kant eine "bürgerliche Gesellschaft" wäre - Übereinstimmung erzielen kann

[34] McCarthy, ebd. S. 358 ff. [dt.: 407 ff.] Vgl. außerdem meine Arbeit Zwischen Liberalismus und Libertarismus, in diesem Band S. 11 ff.

über die positiven Inhalte irgendwelcher Normen, also über solche mit ihren Handlungen zu verfolgende bzw. "zu bewirkende" Zwecke, die dem gemeinsamen Interesse entsprechen.[35] Im Diskursmodell gibt es dagegen keinerlei Hinweis - und wohl auch nicht die Notwendigkeit dafür - auf eine analoge Umformulierung des Kantischen Imperativs der Zwecke, der in dem Modell einfach übernommen wird, soweit er sich auf dessen "selbständigen Zweck" bzw. dessen Inhalt - denn ein Inhalt, wenn auch nur ein "negativer", ist vorhanden - bezieht, nämlich auf die Auffassung der Menschen als Zweck und nicht nur als Mittel, wie sie von Kant als Grundpfeiler der "moralischen Gemeinschaft" errichtet wurde.

Es ist daher nicht so sicher, ob Habermas - dem McCarthy das Wort erteilt - annehmen kann, daß in seinem Modell "der Gegensatz zwischen moralisch und rechtlich geregelten Bereichen relativiert und die Geltung *aller* Normen an die diskursive Willensbildung der potentiell Betroffenen gebunden wird". Zwar "schließt [das] die Notwendigkeit zwingender Normen nicht aus, denn niemand kann (heute) wissen, in welchem Maße Aggressivität eingeschränkt und die freiwillige Anerkennung des diskursiven Rechtfertigungsprinzips erreicht werden kann". Aber: "Erst auf dieser, zunächst nur konstruierten Stufe würde die Moral streng universal, womit sie zugleich aufhörte, im Sinne der Differenzierung von Recht und Moral 'bloß' moralisch zu sein."[36] Man könnte im Gegenteil sogar daran zweifeln, ob dieses Gemisch von Moralität auf der einen und Politik und Recht auf der anderen Seite überhaupt eine Überwin-

[35] Vgl. außer meiner in der vorstehenden Anmerkung genannten Arbeit auch Etica y comunicación (Una discusión del pensamiento ético-político de Jürgen Habermas), in: Boletín Informativo de la Fundación Juan March 149 (1985) S. 26-33.

[36] Habermas, Legitimationsprobleme im Spätkapitalismus, Frankfurt a. M. 1973, S. 122.

dung des Kantischen "Formalismus" darstellt, den doch schon Kant selbst in der zweiten der oben erläuterten Versionen seines kategorischen Imperativs überwunden hat. Denn weder ist derjenige Imperativ, der vorschreibt, daß man die Menschen als Zweck an sich selbst auffassen soll - bzw. der verbietet, sie nur als Mittel aufzufassen - so "formal", wie es McCarthy und Habermas erscheinen lassen, noch kann das Diskursmodell des letzteren für sich allein den "Inhalt" irgendeiner Norm bestimmen, da diese Bestimmung letztlich vom diskursiv gebildeten Willen der Betroffenen abhängt. In gewissem Sinne könnte man sogar sagen, daß das Diskursmodell noch "formalistischer" ist als die Kantische Ethik, denn Kant hätte es mit Verwunderung aufgenommen, daß sich die menschliche Würde - und genau um diese geht es im Grunde bei diesem Imperativ - einem *Referendum* zu unterziehen habe, während es im Diskursmodell für selbstverständlich gehalten wird, daß wir die Entscheidung über unsere restlichen Zwecke - angefangen mit der Entscheidung darüber, welches partikulare und welches Zwecke sind, die dem gemeinsamen Interesse entsprechen - einem Volksentscheid überlassen. McCarthy schreibt diesbezüglich:

"Freilich sind nicht alle Interessen verallgemeinerbar. In jeder politischen Ordnung wird es ein Bedürfnis nach Kompromissen geben, und nach Handlungsbereichen, in denen die Einzelnen ihre partikularen Zwecke ungehindert verfolgen können. Aber ... der Kompromiß zwischen partikularen Interessen oder deren Verfolgung ist selber nur dann rational zu rechtfertigen, wenn die jeweiligen Interessen tatsächlich partikular (nicht verallgemeinerbar) sind. Und dies kann wiederum nur im Dialog rational entschieden werden."[37]

[37] McCarthy, a. a. O. S. 331 [dt.: 376].

Wir wollen aber nun diesen Aspekt der Dinge für einen Augenblick beiseite lassen und etwas näher auf die Substanz des Diskursmodells eingehen. Wie soeben schon angedeutet, sind die Schwierigkeiten, die den Habermasschen Begriff des "vernünftigen Willens" bedrängen, die gleichen, mit denen die Rousseausche *volonté générale* zu kämpfen hatte, die sich damit brüstete, die *volonté de chacun* der Bürger zu enthalten, die sich aber zugleich weigerte, sich auf die einfache, reine *volonté de tous* zu beziehen. Nach Meinung von Kritikern und Kommentatoren kann sich ein so aufgefaßter "Gemeinwille" sowohl in einer parlamentarischen Demokratie ausdrücken als auch in eine totalitäre Demokratie münden.[38] Diese *Mehrdeutigkeit* findet auch in der heutigen Diskussion über die entsprechende Habermassche Vorstellung einen gewissen Widerhall. Herbert Marcuse hat einmal zu Habermas gesagt, daß die Vernünftigkeit mitnichten Ergebnis, sondern vielmehr Voraussetzung der diskursiven Willensbildung sei, da die Erhellung des Willens keinesfalls auf dem Wege des Dialogs erreicht werden könne:

"Wir können einen allgemeinen Willen bilden nur auf der Grundlage der Vernunft und nie umgekehrt ... Die Vernünftigkeit kann nicht in einer Organisation als solcher bestehen, sondern nur in einer Organisation, die von Menschen geschaffen worden ist oder geschaffen wird, die dieser Vernünftigkeit folgen. Sie [Habermas] drehen die Sache um."[39]

---

[38] Vgl. im Zusammenhang mit dem klassischen Werk von Jacob L. Talmon, The Origins of Totalitarian Democracy, London 1952, die Bemerkungen von John Plamenatz, Ce qui ne signifie pas autre chose, sinon qu'on le forcera d'être libre, in: Annales de philosophie politique 5 (Rousseau et la philosophie politique) (1966) S. 137-152 (vgl. auch meine Arbeit: Rousseau, Kant, Marx, in: Homenaje a José Antonio Maravall, 2 Bde., Madrid 1986, Bd. II, S. 123-143).

[39] H. Marcuse in: ders., J. Habermas, H. Lubasz und T. Spengler, Theorie und Politik, in: J. Habermas u. a., Gespräche mit Herbert Marcuse, Frankfurt a. M. 1978, S. 9-62, hier 32-37.

Und er präzisierte dies anschließend:

"Bei Rousseau ist das Problem der allgemeinen Willens*bildung* eigentlich nicht artikuliert. Der *citoyen* ist ja schon der Mensch, der aufgrund seiner Vernunft, seiner Triebstruktur fähig ist, nicht nur zwischen Allgemeininteresse und unmittelbarem, privatem Interesse zu unterscheiden, sondern gegebenenfalls auch gegen das private Interesse zu handeln. Der *citoyen* ist ja nicht mehr jeder beliebige, *citoyens* sind die Menschen, die bereits anders geworden sind."[40]

Vermittels der "Triebstruktur", die Marcuse benutzt, um Rousseau mit Freud zu ergänzen, muß die Vernunft - die seiner Meinung nach für sich allein in der Lage ist zu bestimmen, was "ein besseres Leben in einer besseren Gesellschaft"[41] wäre - immer schon vor dem Diskurs gegeben sein, wenn sie zur Bildung eines Willens beitragen soll, der allein aufgrund dieses Beitrags vernünftig sein kann. Dies genügt, um zu zeigen, wie weit die Position Marcuses von der Habermasschen entfernt ist, wobei es nicht nötig ist, hier die - erklärtermaßen unabgeschlossene - Debatte zwischen den beiden weiter zu verfolgen.[42]

Um aber völlig verstehen zu können, welches die Position von Habermas ist, ist es vielleicht hilfreich, sie mit derjenigen zu vergleichen, die vor kurzem - ebenfalls in einer

---

[40] Ebd. S. 39, wo man nicht sagen kann, daß sich Marcuse auf die in "Eros und Zivilisation" vertretene Rationalitätsauffassung stützt.

[41] Ebd. S. 31. Ich selbst hatte Gelegenheit, Marcuse gegen die übliche liberale Kritik an seiner "Kritik der reinen Toleranz" und an anderen Aspekten seines Werkes zu verteidigen (vgl. La razón sin esperanza, Madrid 1977, S. 118 ff.), aber ich gestehe, daß mir sein Dogmatismus - der ihn im vorliegenden Fall dazu bringt, auf die Frage "Und wer bestimmt, was ein besseres Leben ist?" mit "Das ist schon bekannt" zu antworten - seit jeher unerträglich war.

[42] Ich persönlich halte diese Unabgeschlossenheit, die dem Dialog einen gewissen sokratischen Anstrich verleiht, keineswegs für einen Defekt (wo doch - wie im Text festgehalten ist - das Symposium aufgrund so respektabler Notwendigkeiten wie der Essenszeit unterbrochen und später in eine andere Richtung fortgeführt wurde).

Diskussion mit Habermas - von Ernst Tugendhat vertreten wurde, der sich der Position Marcuses sozusagen diametral entgegenstellt:

"Das also scheint der Grund zu sein, warum moralische Fragen und im besonderen Fragen der politischen Moral in einem Diskurs aller Betroffenen begründet werden müssen. Der Grund ist nicht, wie Habermas meint, daß der Prozeß der moralischen Begründung in sich wesensmäßig kommunikativ ist, sondern es ist umgekehrt: eine der Regeln, die sich aus dem moralischen Begründungsprozeß ergibt, der als solcher auch im einsamen Denken durchgeführt werden kann, schreibt vor, daß nur solche Rechtsnormen moralisch begründet sind, die auf Grund einer Übereinstimmung aller Betroffenen eingesetzt wurden. Es zeigt sich also auch hier, daß der irreduzibel kommunikative Aspekt kein kognitiver, sondern ein voluntativer ist. Was einen tatsächlichen Akt der Übereinstimmung, der kollektiven Zustimmung erfordert, ist der moralisch gebotene Respekt gegenüber der Autonomie des Willens jedes Betroffenen."[43]

Wie man sehen kann, ist der Ansatz von Tugendhat vom Kognitivismus Rousseaus, für den der Gemeinwille nicht irren kann und immer richtig ist, weit entfernt. Worum es mir hier aber geht, ist aufzuzeigen, daß auch bei Tugendhat der Habermassche Begriff des vernünftigen Willens nicht gut wegkommt, wenngleich er hier aus ganz anderen Gründen als bei Marcuse in Frage gestellt wird. Während für diesen die Vernunft dem Diskurs vorausging und das Gleichgewicht zwischen Willen und Vernunft auf Seiten der Vernunft gebrochen wurde, kommt für Tugendhat zu-

[43] Die Textstelle von Tugendhat stammt aus der dritten seiner Christian Gauss Lectures, Morality and Communication, gehalten an der Universität Princeton 1981 und später in deutscher Sprache veröffentlicht als Drei Vorlesungen über Probleme der Ethik (1981), in: E. Tugendhat, Probleme der Ethik, Stuttgart 1984, zusammen mit den Retraktationen (1983), die seine tatsächliche Position beträchtlich verdeutlichen. Das Zitat findet sich auf S. 123 der deutschen Fassung.

erst der individuelle Wille der Betroffenen - was Habermas an sich nicht bestreiten würde -, ohne daß aber die diskursive Übereinkunft eine andere Funktion zu haben scheint als die Bewahrung ihrer Autonomie. Hier wird also das Gleichgewicht auf Seiten des Willens gebrochen, und Habermas kann sagen, daß der Prozeß der diskursiven Bildung eines vernünftigen kollektiven Willens dabei überhaupt nicht stattfindet.[44] Tatsächlich hat die Übereinkunft, so wie Tugendhat sie auffaßt, sehr viel mehr mit einem Kompromiß, einer Konvention oder einem Vertrag zwischen den Verhandlungsparteien - also mit einer "faktischen Übereinkunft" - zu tun als mit einem Habermasschen Konsensus:

"Gewiß wollen wir, daß die Übereinstimmung eine rationale sei, eine Übereinstimmung, die in Argumenten und womöglich in moralischen Argumenten fundiert ist, und doch ist, was letztlich entscheidend ist, die faktische Übereinstimmung, und man hat kein Recht, sie mit der Begründung, daß sie nicht rational gewesen ist, zu übergehen ... [H]ier haben wir eine Handlung, die irreduzibel kommunikativ ist, und das, gerade weil es sich nicht um einen Akt der Vernunft, sondern um einen Akt des Willens handelt, um einen Akt kollektiver Entscheidung."[45]

Meines Erachtens enthüllt diese Textstelle bei Tugendhat weniger einen scheinbar unüberbrückbaren Unterschied zwischen seiner und der Habermasschen Interpretation, sondern vielmehr die Spannung zwischen Willen und Vernunft *innerhalb* des Habermasschen vernünftigen Willens. Anders als Marcuse tut Habermas das Faktum der Vielheit der individuellen Willen - das heißt den "Wertepluralis-

[44] Habermas, a. a. O. S. 84, spricht - auf etwas fragwürdige Weise - von einem "Begründungsdefizit", das zu einem ärgerlichen Problem führt, nämlich dem der "Grundlagen" der Diskursethik, das meines Erachtens viel weniger interessant ist als das ihrer "Grenzen".
[45] Tugendhat, a. a. O. S. 123.

mus" hinsichtlich dessen, was man unter einem "besseren Leben in einer besseren Gesellschaft" zu verstehen hat - nicht als irrelevant ab, denn diese Vielheit wird vom Diskurs selbst - ebenso wie die Privatinteressen bzw. die partikularen Zwecke, die diese Willen motivieren - schon vorausgesetzt.[46] Aber er weigert sich auch - diesmal im Unterschied zu Tugendhat -, hier stehenzubleiben, und er versucht, einen *Gleichgewichtspunkt* zwischen der unausweichlichen "Willensinstanz" und der nicht weniger unausweichlichen "Vernunftinstanz" zu finden. Seiner Meinung nach ist die Vernünftigkeit des diskursiv gebildeten Willens auf die Fähigkeit hin zu prüfen, ob sie ein gemeinsames Interesse aufzeigen, ob sie die Individuen zur Einigung über einen letzten Zweck oder Wert bringen, ob sie also letztlich eine ethische Gesetzgebung universaler Reichweite begründen kann.

So, wie ich die Dinge sehe, sollte man inzwischen wohl begriffen haben, daß der Prozeß der diskursiven Bildung eines vernünftigen Willens tatsächlich ein "Prozeß" ist, daß also das Gleichgewicht zwischen Willen und Vernunft im vernünftigen Willen kein statisches, sondern ein "dynamisches" Gleichgewicht ist und daß schließlich der vernünftige Wille nicht ein *érgon*, sondern im wesentlichen *energéia* ist. Um nur ein Beispiel anzuführen, denke man an den Fall kollektiver politischer Entscheidung, den die demokratische Entscheidung darstellt. Wenn diese nicht einstimmig erfolgt, dann wird eine solche Entscheidung in aller Regel als Mehrheitsvotum ausgedrückt. Bekanntlich

---

[46] Wie ich in ¿Politeismo o irracionalismo?, a. a. O., argumentiert habe, schließt die Habermassche Position - entgegen der Annahme von Steven Lukes, Of Gods and Demons: Habermas and Practical Reason, in: John B. Thompson und David Held (Hrsg.), Habermas. Critical Debates, Cambridge, Mass. 1982, S. 134-148 - einen "Wertepluralismus" nicht aus, ohne den der Gedanke an einen Prozeß der diskursiven Bildung eines vernünftigen Willens jeden Sinn verlieren würde.

war für Rousseau der Mehrheitsentscheid nicht nur Ausdruck des Gemeinwillens, sondern hatte auch die Aufgabe, die Minderheit aus ihrem "Irrtum" zu befreien und ihr begreiflich zu machen, daß sie den Gemeinwillen nicht "richtig" wiedergegeben habe.[47] Wollen wir unsere Situation nicht auf eine derart unverhohlen kognitivistische Weise beschreiben, so könnte man vielleicht etwas ganz ähnliches sagen, indem man versichert, daß "die Mehrheit Recht hat" und die Minderheit nicht. Was heißt hier aber Recht haben?[48] Die neue Beschreibung ist kaum besser als die erste, denn auch, wenn die Minderheit - vorausgesetzt, man hatte sich vorher dazu verpflichtet, das Abstimmungsergebnis zu akzeptieren - durch die Mehrheitsentscheidung demokratisch gebunden ist, könnte sie doch weiter glauben, daß sie sich im Recht befindet, und sich folglich weigern, der Mehrheit Recht zu geben. Und man könnte sogar noch weiter gehen, wenn man die ebenfalls wohlbekannte Gegenbehauptung zuläßt: "Wer Recht hat, hat schon einen mehr als die Hälfte."[49] Nun kann jedoch niemand die Vernunft besitzen oder auch nur gepachtet haben, denn man kann Vernunft ganz einfach nicht "haben", sondern nur "anwenden". Und ihre demokratische *Anwendung* besteht dort, wo sie möglich ist, in der vorläufigen, revidierbaren Herstellung faktischer Übereinkünfte zwischen den Mitgliedern der Gesellschaft, allerdings in dem Wissen - daher die Vorläufigkeit und die Möglichkeit

[47] Rousseau, Du contrat social, in: Oeuvres complètes, Bd. III. Ecrits politiques, Paris: Bibliothèque de la Pléiade 1964, S. 440 f.

[48] Der im spanischen Original hier benutzte Ausdruck "tener razón" ist auf eine ins Deutsche nicht übertragbare Weise doppeldeutig: Er bedeutet "Recht haben", aber auch etwa "die Vernunft auf seiner Seite haben"; Anm. d. Ü.

[49] Der Satz wird gewöhnlich Henry David Thoreau zugeschrieben, der in seiner Schrift Civil Disobedience, in: The Writings of H. D. Thoreau, Bd. IV, Boston 1906, S. 356-387, hier 369, eigentlich etwas nur entfernt ähnliches - bzw., genauer gesagt, etwas ganz anderes - gesagt hat: "Any man more right than his neighbors constitutes a majority of one already."

der Revision solcher Übereinkünfte -, daß jegliche Übereinkunft mitnichten als endgültig vernünftig angesehen werden kann, unter anderem, weil auch das *vernünftigste* Abkommen niemals ein "endgültig" vernünftiges Abkommen sein wird.

Meines Erachtens ist eine solche Auffassung von menschlichen Übereinkünften die einzige, die eine Äquidistanz erlaubt, wie sie Habermas zwischen der Position eines Neokontraktualisten wie John Rawls und der eines Fundamentalisten wie Karl-Otto Apel zu halten versucht hat, wobei man allerdings häufig den Eindruck hat, daß er letztere der ersten vorzieht. Ein Vertrag à la Rawls[50] ist, wie eine faktische Übereinkunft à la Tugendhat, eine Konvention, von der Apel sagen würde, daß sie ihre eigene Begründung nicht in sich selbst haben kann, denn sie kann durchaus in einem kontingenten, zufälligen Kompromiß verharren und damit von einem wirklichen vernünftigen Konsensus sehr weit entfernt sein. Aber gerade deswegen wäre es vollkommen sinnlos, einen solchen Vertrag mit Hilfe einer anderen Konvention zu begründen. Dies wäre jedoch im Grunde das äußerste, was der *Konventionalismus* erreichen könnte. Hieraus resultiert die Aufforderung Apels, über den Konventionalismus - und sozusagen *über den Gesellschaftsvertrag*[51] - hinauszugehen und in einem idealen vernünftigen Konsensus die kontrafaktische Grundlage für jede beliebige begründete politische Konvention zu suchen. Dieser *Konsensualismus*, für den Habermas schon immer eine deutliche Vorliebe gezeigt hat, schützt uns vor der Versuchung, aus der offenkundigen Relativität beliebiger politischer Konventionen vor-

50 Vgl. meinen Aufsatz Cara y cruz del contrato social, in: Saber leer (Madrid) 1 (1986) S. 6 f.

51 Vgl. meinen Aufsatz Más allá del contrato social (Venturas y desventuras de la ética comunicativa), in: Desde la perplejidad, Madrid: Fondo de Cultura Económica 1990.

eilige relativistische Schlüsse zu ziehen, denn der Relativismus würde eine Kritik an solchen Konventionen und damit auch an den auf ihnen errichteten Gesellschaften unmöglich machen. Dabei ist ganz klar, daß keine der bekannten Gesellschaften das geringste Recht besitzt zu glauben, sie sei mit den Attributen einer perfekten Gemeinschaft versehen. Da dies so ist und da eine perfekte Gemeinschaft wohl niemals existieren wird, kann man vom Konventionalismus aus jedoch umgekehrt argumentieren, daß auch eine absolutistische Interpretation irgendeiner Art von Konsensus nicht angebracht ist,[52] da der Absolutismus eines solchen absolut vernünftigen Konsenses strenggenommen nur möglich wäre in einer Gemeinschaft, die nichts Unvollkommenes mehr enthielte und von der man dann auch nicht so recht wüßte, was an ihr noch wirklich menschlich wäre.

Die Diskussion zwischen den beiden Positionen läßt sich zweifellos unendlich in die Länge ziehen. Es lohnt sich jedoch nicht, sie weiter zu verfolgen. Denn wenn faktische Übereinkünfte, die vermittels des Diskurses zwischen den Menschen erzielt werden, gelegentlich vernünftig sein können, während andererseits keine vernünftige Übereinkunft dies endgültig sein kann, dann verschwindet weitgehend der Unterschied zwischen Konsensualismus und Konventionalismus und verliert jede Relevanz für uns. Im folgenden soll daher von ihm abgesehen werden.

Was kann man nun aber über den Entwurf einer "vernünftigen Gemeinschaft" - wenn auch einer nur unvollkommen vernünftigen - sagen, die ja das letzte Ziel jeder "kommunikativen Ethik" zu sein scheint, ob sie nun von Habermas inspiriert ist oder nicht?

---

[52] Vgl. ebd. meinen Aufsatz De la intrascendentalidad de la razón.

Die einige Absätze weiter oben vorgeschlagene Interpretation diskursiver Übereinkünfte erweist sich hier als hilfreich. Damit entfernt man sich zwar vielleicht vom Habermasschen Diskursmodell, und ich bin sicher nicht kompetent, um zu entscheiden, ob dies ein Vorteil ist oder nicht. Es geht aber jedenfalls darum zu prüfen, ob dieses Modell die Möglichkeiten der kommunikativen bzw. diskursiven Ethik ausschöpft, was sicherlich von Bedeutung ist, wenn man deren Grenzen ausloten will.
Zunächst muß eine solche Interpretation sich die bekannte Habermassche Unterscheidung von "kommunikativem Handeln" und "strategischem Handeln" zu eigen machen oder, was das gleiche ist, von ausschließlich durch Einsatz der dialogischen Vernunft erzieltem Konsensus und demjenigen, der - wenn keine andere Möglichkeit besteht - durch Rückgriff auf persuasive Manipulation erzielt oder gar einfach gewaltsam durchgesetzt wird. Sie muß dagegen nicht die weitere Unterscheidung übernehmen, die Habermas selbst zwischen *Handlung* und *Diskurs* macht, wobei angenommen wird, daß sich auf der Ebene des letzteren - unter den idealisierten Bedingungen einer handlungsentlasteten "idealen Dialogsituation" - der vernünftige Konsensus einstellen wird.[53] Dagegen sind die "realen Situationen", in denen die Suche nach einem solchen Kon-

[53] Zum Unterschied zwischen "Handlung" (einschließlich des kommunikativen Handelns) und "Diskurs" vgl. Habermas, Theorie und Praxis, 4. Aufl. Frankfurt a. M., Einleitung. Der Unterschied, der eine gewisse Analogie zur Husserlschen Unterscheidung von "natürlicher Einstellung" und "reflexiver Einstellung" aufweist, läßt sich dadurch beschreiben, daß er voraussetzt, daß die Handlungsanforderungen "eingeklammert" werden (was seinerseits ganz naiv einen zugrundeliegenden unbestrittenen Konsensus verlangt), und daß "alle Motive außer dem einzigen einer kooperativen Verständigungsbereitschaft außer Kraft gesetzt ... werden". Seine Version der Unterscheidung von "strategischem Handeln" und "kommunikativem Handeln" hat Habermas in Aspects of the Rationality of Action, in: Theodore F. Geraets (Hrsg.), Rationality Today, Ottawa 1979, S. 185-212, und in der Theorie des kommunikativen Handelns, 2 Bde., Frankfurt a. M. 1981, Bd. I, S. 367 ff., aktualisiert.

sensus ihren Sinn erhält, von ganz anderer Art. Um ihnen näherzukommen, ist es vielleicht nützlich, auf den weiter oben nebenbei schon erwähnten Gedanken von der "ungeselligen Geselligkeit" zurückzukommen. Wenn ich mich darauf beziehe, so bin ich mir der Tatsache bewußt, daß dieser Kantische Ausdruck aufgefaßt worden ist als "einfacher philosophischer Reflex der Struktur der bürgerlichen Gesellschaft ... so wie diese von der politischen Ökonomie ihrer Zeit dargestellt wurde".[54] Diese Lesart ist höchstwahrscheinlich vom historischen Standpunkt aus angemessen, vom Standpunkt einer Diskursphilosophie aus möchte ich mir jedoch die Freiheit nehmen, den Kantischen Ausdruck als Metapher für jene *concordia discors* zu lesen, die oftmals anzeigt, wie weit man bestenfalls im Dialog zwischen Menschen kommen kann und was diese mindestens verlangen können.[55] Die "zwieträchtige Ein-

---

[54] Vgl. Walter Euchner, Kant als Philosoph des politischen Fortschritts, in: E. Gerresheim (Hrsg.), Kant als politischer Denker, a. a. O. S. 17-26, der darauf hinweist, daß Kant mit den Werken von Autoren wie Swift, Mandeville und Adam Smith vertraut war. Auf letzteren geht offenbar die berühmte Kantische Charakterisierung der "ungeselligen Geselligkeit" im vierten Satz seiner "allgemeinen Geschichte in weltbürgerlicher Absicht" zurück: "Das Mittel, dessen sich die Natur bedient, die Entwickelung aller ihrer Anlagen zu Stande zu bringen, ist der *Antagonism* derselben in der Gesellschaft, so fern dieser doch am Ende die Ursache einer gesetzmäßigen Ordnung derselben wird. Ich verstehe hier unter dem Antagonism die *ungesellige Geselligkeit* der Menschen, d. i. den Hang derselben in Gesellschaft zu treten, der doch mit einem durchgängigen Widerstande, welcher diese Gesellschaft beständig zu trennen droht, verbunden ist." (Idee zu einer allgemeinen Geschichte in weltbürgerlicher Absicht, S. 20)

[55] Die "zwieträchtige Eintracht" wurde von Stephen Taylor Holmes in seiner Kritik an Apels Transformation der Philosophie im International Philosophical Quarterly XVI (1976) S. 226, etwa in dem von mir hier beabsichtigten Sinne benutzt. Lukan, der den Ausdruck prägte, faßte die *concordia discors* als "dissonante Harmonie" auf (Pharsalia I, 98). Und Kant selbst spielt auf sie an, wenn er sagt: "Der Mensch will Eintracht; aber die Natur weiß besser, was für seine Gattung gut ist: sie will Zwietracht." (A. a. O.) Er gibt ihr damit einen - im natürlich-metaphysischen Sinne des Wortes - teleologischen Zug, den ich bei meinem Gebrauch des Ausdrucks nicht habe übernehmen wollen. (Vielleicht darf ich, wenn auch nur dieses eine Mal, auf die Frage von Dominick LaCapra "Who rules metaphor?" - in Rethinking Intellectual History: Texts, Contexts, Language, Ithaca 1983 - mit "Ich" antworten?)

tracht" - wie auch die "einträchtige Zwietracht", die nicht so sehr ihr Gegenteil, sondern vielmehr ihr Komplement wäre - wird sich nicht immer zu einem Konsensus formen lassen, mit dem man den begonnenen Dialog abschließen könnte, aber sie kann zumindest dazu dienen, jedweden Diskurs durch ihn zu kanalisieren. Dies würde nicht "den Schritt von der Handlung zum Diskurs" voraussetzen, sondern entspräche einer Auffassung vom Diskurs als Handlung, nämlich als das ununterbrochene kommunikative Handeln, das den Konflikt in sich aufnehmen und sich - selbst dann, wenn die Möglichkeit seiner diskursiven Auflösung vorläufig nicht absehbar ist - weigern müßte, ihn dem rein strategischen Handeln zu überlassen, von dem wir ja schon wissen, daß es die Möglichkeit nicht ausschließt, die Lösung der trügerischen ideologischen Überzeugung oder, wenn dies nicht funktioniert, ganz einfach der Stärke und im äußersten Fall der Gewalt zu übertragen.[56] Im Sinne eines Diskurses als Handlung bzw. eines "handelnden Diskurses" würde die zwieträchtige Eintracht letztlich mit dem Prozeß der diskursiven Bildung eines vernünftigen kollektiven Willens zusammenfallen, vorausgesetzt der Prozeß als solcher wird für wichtiger gehalten als sein Abschluß, und sie würde auch eine angemessene Bezeichnung für das abgeben, was wir, sofern wir den

---

[56] Um es mit den Worten zu sagen, mit denen Rüdiger Bubner, Modern German Philosophy, Cambridge u. a. 1981, S. 190, seinen Vergleich zwischen dem sokratisch-platonischen und dem Habermasschen Dialog anstellte: "The ideal form of the dialogue turns out in reality to be playful. Under ideal conditions there emerge absolutely no questions which demand serious intersubjective treatment. The ideal dialogue turns out to be superfluous ... Usually and originally, dialogues come about as a strategy for overcoming problems under the pressure of difficulties which are explained by the absence of ideal conditions in the social interaction. The topic of discourse results from the circumstances of theoretical unclarity and practical discord. If these circumstances, which are precisely what go to constitute the dialogue, are bracketed and the conditions for entering into dialogue are already defined in terms of its goal, namely, perfect rationality and achieved consensus, then the dialogical *process* loses its function."

Namen nicht unberechtigterweise ge- bzw. mißbrauchen, als "Demokratie" aufzufassen pflegen.
Aber wie der Dialog ganz allgemein - um von der wahren Demokratie gar nicht zu sprechen - scheint auch die zwieträchtige Eintracht leichter zu beschreiben als in die Praxis umzusetzen zu sein. Im Grunde kann man von ihr sogar sagen, daß sie eigentlich eine unsichere Insel der Vernünftigkeit in einem Meer von Gewalt ist. Habermas selbst hat gelegentlich vor der Gefahr gewarnt, daß man den "Spuren der Gewalt" nicht genügend Aufmerksamkeit schenkt, die im Laufe der Geschichte "den immer wieder angestrengten Dialog verzerrt, und aus den Bahnen zwangloser Kommunikation immer wieder herausgedrängt hat".[57] Trotzdem hat man auch ihn beschuldigen können, der Rolle der Gewalt nicht genügend Aufmerksamkeit zu schenken, allerdings nicht so sehr der Gewalt, die den Dialog verhindern, sondern gerade derjenigen, die ihn ermöglichen soll. Zumindest ist dies der Sinn des ihm gegenüber häufig gemachten Vorwurfs, den Klassenkampf durch die vernünftige Argumentation ersetzen zu wollen.
Wenn eine solche Beschuldigung von seiten des orthodoxen Marxismus erhoben wird, dann kann man darin kaum mehr sehen als ein Stereotyp - oder, wenn man so will, ein *Mantra* -, dessen einzige Aufgabe darin besteht, eine ernsthafte Diskussion der Angelegenheit zu verhindern. Denn der Vorwurf nimmt in solchen Fällen als selbstverständlich an, daß der diskursive Standpunkt gezwungenermaßen den Klassenkampf aus den Augen verliert. Dabei übersieht er ihn keineswegs, sondern beschränkt sich nur auf die Feststellung, daß der Klassenkampf in unseren heutigen entwickelten Gesellschaften zu einem "latenten" Phänomen geworden ist, was zweifellos

[57] Habermas, Erkenntnis und Interesse (1965), in: Technik und Wissenschaft als 'Ideologie', Frankfurt a. M. 1968, S. 164.

derzeit in ihnen die Möglichkeit verringert, die Emanzipation der Beherrschten auf dem Wege einer politischen Revolution zu betreiben, und was den Rückgriff auf andere emanzipatorische Mittel nahelegt, wie die allmähliche Öffnung und Erweiterung neuer "herrschaftsfreier Kommunikationsräume" im Rahmen des gesellschaftlichen Lebens.

So sieht es etwa Agnes Heller, deren Zugang zu unserem Thema daher nicht mit dem des orthodoxen Marxismus zu verwechseln ist.[58] Heller räumt ein, daß herrschaftsfreie Kommunikation in unserer Zeit das prioritäre emanzipatorische Ziel darstellt, da sie als notwendige Bedingung für jeden Versuch vorausgesetzt werden muß, die Bedürfnisse der Mitglieder einer sozialen Gruppe, der sozialen Gruppen innerhalb der ganzen Gesellschaft und, unter der bestmöglichen Annahme, der als ein Ganzes aufgefaßten Menschheit zu definieren. Solange nun aber Herrschaft existiert, teilt diese unweigerlich soziale Gruppen, Gesellschaften und die Menschheit als Ganzes in Herrscher und Beherrschte und macht so einen *gemeinsamen* Appell an die Vernunft unmöglich. Und da die Kommunikationsstörungen dem Herrschaftssystem zugeschrieben werden müssen, ist nicht zu verstehen, wie die Beherrschten ihr *gesteigertes* Interesse an der Emanzipation durch einen Dialog geltend machen können, der von Anfang an so asymmetrisch ist, daß er ihnen unausweichlich den *schlechteren* Teil bei der Verteilung der Teilnahmechancen vorbehält. Dies geschieht sogar in den pluralistischen Demokratien, die in den meisten unserer heutigen entwickelten Gesellschaften allen formal eine faire Verteilung solcher Chancen garantieren - ganz zu schweigen von den entwickelten Gesellschaften, die keine pluralistischen

---

[58] Vgl. A. Heller, Habermas and Marxism, in: Thompson und Held (Hrsg.), a. a. O. S. 21-41.

Demokratien sind, oder von den Gesellschaften, die man nicht einmal als entwickelte bezeichnen kann. Heller schließt, daß überall dort, wo das Gesellschaftssystem ein Herrschaftssystem ist, "the dominating party cannot be brought to listen to an argument or accept any kind of reciprocity unless it is forced to pay attention".[59] Dies ist der Grund dafür, daß Streiks gewöhnlich dem Zusammentreten der Schlichtungskommissionen vorausgehen, die damit beauftragt werden, einen Kompromiß zwischen den streitenden Parteien zustandezubringen. Und es ist auch der Grund dafür, daß sich die Massenbewegungen gegen Krieg, radioaktive Verseuchung, Arbeitslosigkeit oder Unterdrückung der Frau nicht ohne weiteres durch Argumente ersetzen lassen. Was hier für die nicht notwendigerweise gewaltsamen Formen des Klassenkampfes und anderer Arten von Volksbewegungen gesagt wurde, gilt offenbar um so mehr für den Fall des bewaffneten Aufstands gegen ein despotisches Regime oder für nationale Unabhängigkeitskriege.

Die unterschiedslose Einordnung all solchen *sozialen Handelns* unter den Sammelbegriff des "strategischen Handelns" stellt für Heller einen Schwachpunkt der diskursiven Handlungstheorie dar, zumal dabei die Reziprozität bzw. die gegenseitige Anerkennung der Gesprächsteilnehmer in den Rang einer unverzichtbaren Voraussetzung für das im Dialog verwirklichte kommunikative Handeln erhoben wird.[60]

Schon Hegel wies darauf hin, daß der "Kampf um Anerkennung" ein Kampf "auf Leben und Tod" sein kann, und sogar Kant scheint die Dinge nicht sehr anders gesehen zu haben. Die Einstellung Kants zum Widerstandsrecht ist zu einer *vexata quaestio* der Kantischen Rechtsphilosophie

---

[59] Ebd. S. 27.
[60] Ebd. S. 27 ff.

geworden,[61] denn seine eindeutige Verurteilung jeder Rebellion gegen die verfassungsmäßige Macht steht bei ihm neben der durch die revolutionären Ausbrüche der Epoche - beispielsweise den Aufstand in Irland, die Erhebung der nordamerikanischen Siedler und natürlich die Französische Revolution - hervorgerufenen offenen Begeisterung.[62] Die vernünftigste Einstellung demgegenüber scheint wohl zu sein, daß man die Frage als ein strikt rechtslogisches Problem auffaßt, denn vom Standpunkt des Rechtsgedankens - vor allem, wenn das Recht als positives Recht im Unterschied zum früheren Naturrecht verstanden wird - wäre es widersinnig, von einem "Recht auf Rebellion" zu sprechen, das ja die Grundlagen des geltenden Rechts unterminieren würde. Dies führte einen Anhänger Kants damals dazu zu schreiben:

"Das Volk hat kein Recht zur Insurrektion und der Regent hat kein Recht dagegen ... Bey der Insurrektion findet also wieder kein Rechtsstreit, sondern ein Kampf der Gewalt statt ... Bey aller Insurrektion und aller Unterdrückung ist nur von Gewalt die Rede."[63]

---

[61] Vgl. die Beiträge von Hella Mandt, Alexander Gurwitsch, Robert Spaemann, Dieter Henrich und Ernst Bloch, die unter der Überschrift "Die Problematik des Widerstandsrechts" in: Zwi Batscha (Hrsg.), Materialien zu Kants Rechtsphilosophie, Frankfurt a. M. 1976, S. 292-378, zusammengefaßt sind.

[62] Vgl. dazu das Standardwerk von Karl Vorländer, Immanuel Kant, der Mann und das Werk, 2 Bde., Leipzig 1924, bes. Bd. II, S. 213 ff., sowie Iring Fetscher, I. Kant und die Französische Revolution, in: E. Gerresheim (Hrsg.), a. a. O. S. 27-43, und Peter Burg, Kant und die Französische Revolution, Berlin 1974.

[63] Ich verdanke Felipe González Vicen, La filosofía del Estado en Kant, a. a. O. S. 96, den Hinweis auf diese interessante Textstelle aus Jakob Friedrich Fries, Philosophische Rechtslehre und Kritik aller positiven Gesetzgebung, Jena 1803 (hier zitiert nach dem Nachdruck Leipzig 1914), S. 95, die man - man denke an den Einfluß des Friesschen Kantianismus auf den Kritischen Rationalismus Poppers und seiner Schule - der allzu popperianischen, deswegen aber nicht weniger bewundernswerten Einleitung von Hans Reiss in seiner Ausgabe von Kant's Political Writings, Cambridge 1970, S. 1-40, gegenüberstellen sollte.

Sieht man einmal vom Unterschied zwischen Recht und Moral ab, so weist letzteres *im Prinzip* eine gewisse Analogie zum Problem der Gewalt auf, wenn wir es vom ethischen Standpunkt aus betrachten.
Hinsichtlich der kommunikativen Ethik kann man zweifellos unterscheiden zwischen einer Gewalt, die die Hindernisse beseitigen soll, die sich dem Dialog entgegenstellen, und einer Gewalt, die im Gegenteil diesen selbst verhindern soll. Diese Unterscheidung muß selbstverständlich nicht unbedingt immer mit derjenigen zwischen den Funktionen übereinstimmen, die gewöhnlich der sogenannten "revolutionären Gewalt" und der "institutionellen Gewalt" zugeschrieben werden. Für unsere Zwecke können wir jedoch hier von revolutionärer Gewalt in dem Sinne sprechen, daß sie auf die Beseitigung der Hindernisse für den Dialog abzielt und nicht etwa auf dessen Behinderung selbst. Was kann in diesem Fall die Ethik über die Gewalt sagen?
Wenn die kommunikative Ethik - wie wir ja wissen - sich den Imperativ zu eigen macht, daß niemand jemals bloß als Mittel, sondern immer zugleich auch als Zweck behandelt werden soll, dann kann die Ethik zunächst solche Gewalt nicht rechtfertigen, da die Gewalt - zu deren kalkulierten oder unkalkulierten Risiken immer die Möglichkeit des Verlustes von Menschenleben gehört - die Abwertung derjenigen, gegen die sie gerichtet ist, zu bloßen Mitteln für die Erreichung des jeweils verfolgten Zieles impliziert. Man kann Gewalt, wenn man dies wünscht, vielleicht vom Standpunkt der politischen Strategie rechtfertigen, nicht aber vom Standpunkt der Ethik. Jedoch kann die Ethik, die Gewalt nicht zu rechtfertigen vermag, diese auch nicht verurteilen, wenn denen, die sie ausüben, die Chance zum Dialog verweigert wurde, denn die Verweigerung dieser Chance ist nichts anderes, als ihnen die Eigenschaft abzu-

sprechen, Zwecke an sich selbst zu sein, und ohne diese Eigenschaft gibt es noch nicht einmal die Möglichkeit, ihre Handlungen einer ethischen Betrachtung zu unterziehen. Die Gewalt kann dann vielleicht genau wie oben aus strategischen Motiven verurteilt werden oder aus vielen anderen Motiven, von denen solche, die sich mehr auf unsere Gefühle als auf unsere Argumentationsfähigkeit beziehen, nicht die unwichtigsten sind, da der Abscheu, den wir empfinden, wenn wir Zeuge von Gewalt werden, vollkommen ausreichen kann, um diese zu verurteilen. Dies wäre aber trotz allem noch keine ethische Verurteilung. Das führt uns zu einem besonders dramatischen Paradox hinsichtlich der kommunikativen Ethik, die zwar ein Mittel gegen das Übel der Gewalt kennt - nämlich den vernünftigen Dialog -, die aber offenbar zum ohnmächtigen Schweigen verdammt ist, solange dieser Dialog nicht Wirklichkeit geworden ist, so daß das Urteil der Ethik erst gefällt werden könnte, wenn es schon nicht mehr nötig ist, und so durch seine *Inaktualität* gekennzeichnet wäre.[64] Es kann folglich nicht verwundern, daß ein Autor zu folgender Einschätzung kam:

"In einer geteilten Gesellschaft ist kommunikative Ethik ... mehr eine Forderung der Ethik als ihre Ausübung. Die ethische Melancholie ... ist ein Zeichen für das Bewußtsein ihrer Nutz-

---

[64] Ich fasse hier die Position zusammen, die ich früher schon in meinem Aufsatz La ética en la cruz del presente, in: Enrahonar 1 (1981) S. 7-16, vertreten habe. Wie ich dort angab, ging der Text aus einem Vortrag hervor - gehalten in San Sebastián in den schwierigen Zeiten des Beginns des politischen Übergangs zur Demokratie in Spanien -, mit dem ich nach bestem Wissen und Gewissen auf eine Umfrage der Zeitschrift "Herria 2.000 Eliza" über das Problem der Gewalt im Baskenland zu antworten versuchte. Nichts würde mich so sehr befriedigen wie die Feststellung, daß dieser Text nicht nur im ethischen Sinne sondern auch in dem grundlegenderen Sinne "veraltet" wäre, daß er von der Entwicklung der Ereignisse überholt würde, und daß eine wirksame Einigung aller betroffenen Parteien zur Erreichung eines gerechten Friedens in Euzkadi erzielt würde.

losigkeit, denn ihre Eigenschaft ist es, entweder zu früh zu kommen oder sich zu spät zu melden ... Die Ethik gehört zu der Klasse von Aktivitäten, deren Stunde nie gerade gekommen ist."[65]

Ohne hier bestreiten zu wollen, daß die Ethik - die kommunikative oder irgendeine andere - in unserer Welt tatsächlich inoperativ ist, muß man dazu doch sagen, daß Inaktualität - die nur einen Aspekt der Kontrafaktizität darstellt[66] - nicht dasselbe ist wie Nutzlosigkeit, und außerdem ist selbstverständlich auf die Eigenart hinzuweisen, daß der Wert des moralischen Handelns im Unterschied zum strategischen Handeln sich nicht nach seiner Nütz-

---

[65] Reyes Mate, El lugar de la ética en el arte de la política, in: Leviatán (Madrid) 9 (1982) S. 111-120. In einem Verweis auf meinen in der vorigen Anmerkung zitierten Aufsatz analysiert der Autor völlig richtig eines meiner Argumente, das ich heute so nicht mehr unterschreiben würde, da ich glaube - und hoffe, in den folgenden Abschnitten zeigen zu können -, daß die Ethik doch etwas bezüglich der Gewalt zu sagen hat. Reyes Mate schreibt: "Javier Muguerza fragte sich kürzlich, was die Ethik zur Gewalt zu sagen habe: 'so schrecklich es auch scheinen mag', so antwortete er, 'die Ethik kann gar nichts sagen'. Sie kann Gewalt nicht rechtfertigen, weil die Ethik einen Verallgemeinerungsanspruch hat, den der 'Gewalttätige' durch sein Handeln negiert. Aber sie kann sie auch nicht verurteilen, da diese Art 'revolutionärer' Gewalt gewöhnlich unter politischen Umständen auftritt, in denen die Subjekte nicht die vollkommene Fähigkeit zur Selbstbestimmung genießen." (Ebd. S. 111 f.) Im Gegenzug sei mir gestattet, hier einen Teil seiner Argumentation - auch unter dem Risiko einer allzu vereinfachten Darstellung - wiederzugeben, mit dem ich völlig einverstanden bin: "Das Unbehagen, das diese aporetische Situation hervorruft, ist nicht allein auf die intellektuelle Frustration zurückzuführen, ein Problem nicht lösen zu können, sondern auch und vor allem darauf, daß die Unmöglichkeit eines moralischen Verhaltens, das nicht Universalität mit Selbstbestimmung koppelt, die Existenz von Subjekten widerspiegelt, die sich nicht selbstbestimmen können und die partikularen Interessen unterworfen sind ... Die Ethik besteht nicht in einem Wettlauf derer, die schon am Start stehen, um Universalität und Selbstbestimmung, sondern im unablässigen Bemühen darum, daß aus Nichtsubjekten Subjekte werden ... Die Forderung nach dem Schritt des Nichtsubjekts zur Subjektivität ist ein ständiger Prozeß, der die Forderungen der Ethik nach Universalität und Selbstbestimmung auf eine neue Ebene hebt: solange es noch ein einziges Nichtsubjekt gibt, kann kein Subjekt sie ganz auf seiner Seite haben, da die Existenz von Marginalität die Positivität der existierenden Subjektivitäten infrage stellt." (Ebd. S. 19 f.)

[66] Vgl. meinen Aufsatz La inactualidad de la ética, a. a. O.

lichkeit bzw. seinem Erfolg bemißt. Die moralische Größe eines Martin Luther King ist nicht Folge des politischen Erfolges der Strategie der Gewaltlosigkeit, die unter seiner Führung von der Bürgerrechtsbewegung der nordamerikanischen Schwarzen durchgehalten wurde, ebensowenig wie das politische Scheitern einer anderen Strategie im Kampf um die Emanzipation der schwarzen Bevölkerung der USA die vergleichbare moralische Größe eines Malcolm X verringert.[67]

Aber selbst wenn ihre Inaktualität und Kontrafaktizität - die Inaktualität und Kontrafaktizität allen Sollens - wahrscheinlich mit gutem Grund zu dem Gedanken führen, daß die Ethik nicht von dieser Welt ist, folgt daraus noch nicht, daß man in dieser Welt nicht den einen oder anderen Gewinn aus der Ethik ziehen kann. Sofern man Unbehagen als eine Form von Gewinn auffassen kann, erhöht die Ethik unsere Unzufriedenheit mit der aktuellen Lage dieser Welt und fordert uns dazu auf, ihre gegenwärtige Faktizität - die Positivität dessen, was die Welt in diesem Augenblick ausmacht - nicht als unveränderlich zu akzeptieren. Zu den Gewinnen könnte man auch die Tatsache zählen, daß die Ethik in uns den festen Willen fördert, den Rückgriff auf strategisches Handeln so weit wie möglich zugunsten der kommunikativen Interaktion zu reduzieren; und sogar - soweit dies möglich ist - den Willen, das strategische Handeln selbst in eine Art von Kommunikation zu *überführen*. Denn nach Heller ist es zwar richtig, daß das Handeln - wobei sie darunter strategisches Handeln versteht - nicht immer durch ein Argument ersetzt werden kann, aber ebenso richtig ist, daß ein Argument niemals

[67] So wurde es damals mit der ihm eigenen vornehmen Zurückhaltung im Urteil von Thomas Merton, The Meaning of Malcolm X, in: Faith and Violence, Notre Dame 1968, S. 182-190, vertreten.

durch Handeln zu ersetzen ist und daß es immer den *letzten* Zweck des Handelns darstellen muß, da sogar Gewalt "im Namen der Argumentation" angewendet werden kann.[68] Wenn wir die "Demokratie ernstnehmen", dann haben wir demnach tatsächlich keine andere Möglichkeit als zu akzeptieren, daß "die einzige Legitimation von Gewalt" die Verteidigung des "virtuell existierenden Rechts zur Argumentation" ist. Hat man aber einmal akzeptiert, daß der Zweck des Handelns das Argument ist, dann "kann der Klassenkampf nicht mehr ausschließlich unter dem Gesichtspunkt des strategischen Handelns aufgefaßt werden".[69] Eine Protestbewegung kann unter Umständen Akte der Stärke darstellen und sogar mit dem Bruch mit der kommunikativen Ethik und Vernunft einhergehen, den *Gewalt* bedeutet. Wenn ihr letzter Zweck aber die Argumentation ist, dann muß sie zugeben, daß das Handeln, aus dem sie besteht, schon der Beginn von Kommunikation ist. In diesem Fall ist nicht einmal die Vermutung übertrieben, daß die Vertiefung des Bewußtseins ihres kommunikativen Charakters letztlich dazu beitragen kann, die Gewalt der Tat selbst zu mildern und ihren Protagonisten sogar den Verzicht auf Gewalt nahezulegen, zumindest sofern aus diesem Verzicht nicht resultiert, daß sie schutzlos zu Opfern von Gegengewalt werden. Nicht von jedem kann man verlangen, auf Gewalt als Antwort auf eine Aggression zu verzichten. Aber selbst im Fall einer gewaltsamen Antwort auf einen Angriff gibt es immer Gewaltformen, die sauberer und ehrenhafter bzw. weniger grausam

---

[68] A. Heller, a. a. O. S. 27: "... force ... can be applied 'on behalf of argumentation'."

[69] Ebd.: "Moreover, if we take democracy seriously, we have to accept that the only legitimation of force is the realisation of the virtually existing right of argumentation ... If, however, the goal of action is argument ..., then class struggle cannot be conceived exclusively in terms of strategic action ..."

und weniger verabscheuenswürdig sind als andere. Und natürlich muß nicht jeder Akt der Stärke ein Akt der Gewalt sein, denn man kann auch mit friedlichen Mitteln seine Stärke zeigen. Der Klassenkampf könne daher - so Heller weiter -, auch wenn er durch vernünftige Argumentation nicht ersetzt werden kann, nicht nur als strategisches Handeln aufgefaßt werden, aus dem er zweifellos auch besteht und auf das er aufgrund der Umstände häufig gezwungenermaßen reduziert wird, sondern zugleich als ein "beginnender Dialog". Dies ist es, was für Heller auch seinen ebensowenig zweifelhaften Beitrag zur gesellschaftlichen Verankerung der Vernunft erklärt, deren größtes Hindernis *noch immer* die - neben anderen möglichen Herrschaftsformen - weiterbestehende Aufteilung der Gesellschaft in Klassen darstellt.

Die zwieträchtige Eintracht impliziert also eine Vision der Gemeinschaft als Kommunikationsgemeinschaft, die als solche mit absoluter Uneinigkeit und dem völligen Fehlen eines Dialogs unvereinbar ist. Der Dialog hat jedoch auch nicht die Herstellung absoluter Eintracht zur Aufgabe. Tatsächlich kann er ebensowenig darauf verzichten, Faktoren der Zwietracht wie etwa den Klassenkampf und andere Konfliktarten in sich aufzunehmen, wie darauf, jede Art von Konsensus auszuschließen, die die Uniformisierung der Individuen und im Grunde die Ausschaltung der Individualität bedeuten würde. Im übrigen wird die zwieträchtige Eintracht als unvollkommene Verwirklichung des Kantischen Reichs der Zwecke im Hier und Jetzt zumindest zwei von dessen wichtigsten Merkmalen festzuhalten versuchen: Einerseits muß die von zwieträchtiger Eintracht geleitete Gemeinschaft von wirklichen Individuen bzw. *Subjekten* gebildet werden, denn nur solche Subjekte können sich gegenseitig als Zwecke an sich selbst und nicht bloß als Mittel, also als Objekte, behandeln.[70] Andererseits müßte sie für eine möglichst umfassende *Gemeinsamkeit* von Interessen zwischen diesen Subjekten sorgen, wobei sich von selbst versteht, daß keine Interessengemeinsamkeit über die gemeinsame Teilhabe an der Menschheit hinausgehen kann, die sie überhaupt erst zu Subjekten macht.[71] Dieses *Verlangen nach*

---

[70] Die bestmögliche Charakterisierung, die man vom "Reich der Zwecke" geben kann, wäre zu sagen, daß es für Kant eine *Welt von Subjekten* darstellt in dem Sinne, wie er in den Kantischen Texten selbst unübertroffen erläutert ist. So heißt es z. B. im Zusammenhang mit seiner Definition der "Personen" als "objektive Zwecke": "Die Wesen, deren Dasein zwar nicht auf unserm Willen, sondern der Natur beruht, haben dennoch, wenn sie vernunftlose Wesen sind, nur einen relativen Wert, als Mittel, und heißen daher *Sachen*, dagegen vernünftige Wesen *Personen* genannt werden, weil ihre Natur sie schon als Zwecke an sich selbst, d. i. als etwas, das nicht bloß als Mittel gebraucht werden darf, auszeichnet, mithin sofern alle Willkür einschränkt (und ein Gegenstand der Achtung ist). Dies sind also nicht bloß subjektive Zwecke, deren Existenz als Wirkung unserer Handlung *für uns* einen Wert hat; sondern *objektive Zwecke*, d. i. Dinge, deren Dasein an sich selbst Zweck ist, und zwar einen solchen, an dessen Statt kein anderer Zweck gesetzt werden kann, dem sie bloß als Mittel zu Diensten stehen sollten, weil ohne dieses überall gar nichts von *absolutem* Werte würde angetroffen werden; wenn aber aller Wert bedingt, mithin zufällig wäre, so könnte für die Vernunft überall kein oberstes praktisches Prinzip angetroffen werden." (Grundlegung, S. 428) Oder, um ein anderes, nicht weniger berühmtes Beispiel zu zitieren, das im Zusammenhang mit der Unterscheidung von "Preis" und "Würde" steht: "Im Reiche der Zwecke hat alles entweder einen *Preis*, oder eine *Würde*. Was einen Preis hat, an dessen Stelle kann auch etwas anderes als *Äquivalent* gesetzt werden; was dagegen über allen Preis erhaben ist, mithin kein Äquivalent verstattet, das hat eine Würde. Was sich auf die allgemeinen menschlichen Neigungen und Bedürfnisse bezieht, hat einen *Marktpreis*; das, was, auch ohne ein Bedürfnis vorauszusetzen, einem gewissen Geschmacke, d. i. einem Wohlgefallen am bloßen zwecklosen Spiel unserer Gemütskräfte, gemäß ist, einen *Affektionspreis*; das aber, was die Bedingung ausmacht, unter der allein etwas Zweck an sich selbst sein kann, hat nicht bloß einen relativen Wert, d. i. einen Preis, sondern einen innern Wert, d. i. *Würde*. Nun ist Moralität die Bedingung, unter der allein ein vernünftiges Wesen Zweck an sich selbst sein kann, weil nur durch sie es möglich ist, ein gesetzgebend Glied im Reiche der Zwecke zu sein. Also ist Sittlichkeit und die Menschheit, sofern sie derselben fähig ist, dasjenige, was allein Würde hat." (Ebd. S. 434 f.)

[71] Unter "Menschheit" ist hier - aus Gründen, die sich sofort zeigen werden - keine "natürliche" oder "historische" Kategorie zu verstehen (weder die menschliche "Natur" noch ihre "Konkretisierung" in einer bestimmten Epoche oder Gesellschaft), sondern eine "moralische" Kategorie, nämlich diejenige, die aus dem Menschen ein Subjekt (eine mit Würde versehene Person bzw. einen objektiven Zweck) und kein Objekt macht.

*Gemeinschaft* scheint die Ablehnung des sogenannten "ethischen Individualismus" zu implizieren, wenn man darunter die Auffassung versteht, die den ausschließlich individuellen Charakter des "Zwecks" der Moralität postuliert, wobei dann dieser Individualismus vom ethischen Egoismus nicht zu unterscheiden wäre. Es muß jedoch keineswegs unvereinbar sein mit einem ähnlichen Verlangen nach *Individualismus*, wenn man unter "ethischem Individualismus" die - ganz und gar kantianische - Auffassung versteht, nach der das Individuum die "Quelle" jeder Moralität und daher auch ihr höchster Schiedsrichter ist. Dies ist es, was verhindert, daß irgendeine Definition dessen, was die "gemeinsamen" Interessen der Mitglieder einer Gemeinschaft sind, deren tatsächlichem Einverständnis vorgezogen werden kann, und es ist auch der Grund dafür, daß die zwieträchtige Eintracht immer die Tür zum Dissens offenhalten muß.[72]

Wir verdanken Kolakowski einen scharfsinnigen Gedanken - der seinerseits von Kant inspiriert ist - über die Möglichkeit, jenes doppelte Verlangen, das nach Gemeinschaft und das nach Individualismus, in unserer heutigen Welt zu artikulieren. Der Schlüssel dazu liegt für ihn im Kantischen Begriff der "Menschheit", der seiner Meinung nach auch zeigt, "warum wir auch heute noch Kant brauchen".[73] Vom streng ethischen Standpunkt, also aus dem Blickwinkel seiner Moralphilosophie - im Unterschied zu

---

[72] Für die Unterscheidung der beiden Bedeutungen von "ethischem Individualismus" - die die Verwechslung zwischen diesem und dem sogenannten "Besitzindividualismus" in all seinen Varianten verhindern soll - vgl. Steven Lukes, Individualism, Oxford 1973, S. 99-106, der aber auch irrezugehen scheint, wenn er behauptet, "to raise this very problem [d. h. die Frage, "where the limits of morality are to be drawn"] is implicitly to deny ethical individualism" (ebd. S. 106), was, wenn es richtig wäre, wiederum gleichbedeutend damit wäre, Kant den wohlverdienten ethischen Individualismus abzusprechen.

[73] L. Kolakowski, Warum brauchen wir Kant?, in: Merkur 35:9/10 (Sept./Okt. 1981) S. 915-924.

seiner politischen Philosophie - interessierte sich Kant, soweit sich feststellen läßt, nicht für den Menschen als *historisches* Wesen und ebensowenig für den Menschen, soweit er als *natürliches* Wesen verstanden wird. Dies hat seiner Philosophie den Vorwurf eingetragen, sie beruhe auf einer Anthropologie des "Menschen als abstraktes Wesen" und mißachte daher die biologischen, psychologischen und soziologischen Bedingtheiten der Moralität. Kolakowski sieht jedoch in dieser Eigenart keineswegs einen Mangel, sondern sogar das größte Verdienst der Kantischen Ethik, die so vor der Gefahr einer trügerischen Reduktion des Begriffs der Menschheit auf solche "natürlichen" oder "historischen" Determinanten geschützt ist, die ja niemals begründen könnten, warum der Mensch - als *moralisches* Wesen - für seine Handlungen moralisch verantwortlich ist.[74]

Bei dieser Erörterung geht es nicht nur um einen logischen Fehlschluß, nämlich den klassischen - sogenannten "naturalistischen" oder "historizistischen" - Fehlschluß, der darin besteht, daß man aus faktischen Prämissen moralische Schlußfolgerungen abzuleiten versucht. Kolakowski zieht es diesbezüglich vor, von einem *anthropologischen Irrtum* zu sprechen, den er später als "Irrtum des konkreten Menschen" bezeichnet.[75] Demnach besitzt nur der "konkrete Mensch" - d. h., der in eine Rasse, eine Kultur oder eine soziale Klasse eingebundene Mensch - wirkliche Bedeutung für eine Vorstellung vom Menschen und seinem Handeln, einschließlich - sofern man davon überhaupt sprechen kann - seines moralischen Handelns. Wie Kolakowski erläutert, ist es dieser Glaube - den ein "gewisser

---

[74] Zu diesem Problem, das jenes der dritten Antinomie der Kantischen Transzendentalen Dialektik umformuliert und es so weit generalisiert, daß es von den Natur- auf die Sozialwissenschaften ausgedehnt wird, vgl. meinen Aufsatz A vueltas con la razón, in: Desde la perplejidad, a. a. O.

[75] Kolakowski, a. a. O. S. 919 ff.

Marxismus" mit der heutigen "Neuen Rechten" teilt -, der die verbreitete Weigerung bedingt, vom *Menschen im allgemeinen* zu sprechen, wobei behauptet wird, der "Mensch im allgemeinen" sei nur eine Abstraktion und daher nicht fähig zu handeln.[76] Im Unterschied zum abstrakt verstandenen Menschen sei der "konkrete Mensch" schwarz oder weiß, gehöre der westlichen Zivilisation an oder nicht, sei Bürgerlicher oder Proletarier usw, und handele auch danach. Der Irrtum bzw. der genannte Fehlschluß liegt darin, daß hier vergessen wird, daß sich die Kantische *Menschheit* - so abstrakt sie auch scheinen mag - letztlich in *Individuen* auflöst, die konkreter als alle anderen Manifestationen des menschlichen Wesens und - eben als Individuen und nicht als Vertreter einer bestimmten Rasse, Kultur oder sozialen Klasse - vom ethischen Standpunkt aus die wahren konkreten Menschen sind. Individuen sind sicher nicht das einzige, was in dieser Welt existiert - und vom Standpunkt der Natur- oder der Sozialwissenschaften, die sich mit dem Menschen befassen, sind vielleicht Rassen, Kulturen oder soziale Klassen interessanter als die einzelnen Individuen -, aber nur Individuen "als Individuen" sind fähig, moralisch zu handeln.[77] Und deswegen sind sie

---

76 Was den *Marxismus* betrifft, so nimmt Kolakowski explizit die neokantianischen Marxisten wie Cohen oder Vorländer aus der Gruppe derer, die dem Irrtum erliegen, aus. Für sie besteht "die sozialistische Idee" in nicht mehr und nicht weniger als darin, "die Menschen aus den Zuständen zu befreien, in denen sie als Objekte oder Waren und nicht als moralische Subjekte funktionieren"; was die *Neue Rechte* betrifft, so führt er ihre Ursprünge auf die gegenaufklärerische Tradition eines Bonald oder De Maistre zurück, von denen letzterer behauptete, "er habe die Franzosen, die Deutschen, die Russen gesehen, nie aber einen 'Menschen'", worauf man mit der Frage antworten könne: "Hat er wirklich je einen Franzosen, einen Deutschen oder einen Russen gesehen? Nein, er konnte nur Herrn Dupont, Herrn Müller, Herrn Ivanov sehen", deren jeder sich mitnichten auf seine jeweilige Nationalität reduzieren lasse (ebd. S. 920 und 922).

77 Zur Unterscheidung von "ethischem", "ontologischem" und "methodologischem" Individualismus vgl. Zwischen Liberalismus und Libertarismus, in diesem Band S. 11 ff.; über den letzten der drei außerdem Steven Lukes,

es, so erinnert uns Kolakowski, an die der Kantische Imperativ, die Menschheit - das heißt, jeden Menschen und nicht, um es noch einmal zu sagen, eine bestimmte Rasse, Kultur oder soziale Klasse "unter Ausschluß der übrigen" - als Zweck und nicht bloß als Mittel zu behandeln, gerichtet ist.

Rassen, Kulturen und soziale Klassen können echte Formen von Solidarität zwischen den Menschen hervorrufen und folglich die Funktion von Kommunikationsgemeinschaften übernehmen, die in unserer heutigen Welt für ihre Mitglieder oft die einzige Möglichkeit zur "Interkommunikation" und sogar ihre einzige Verteidigung gegen die "Inkommunikation" darstellen, die vom Rassismus, ethnozentrischen Vorurteilen oder der Spaltung der Gesellschaft in Klassen aufrechterhalten wird. Jede Bemühung dieser Gemeinschaften, die Schranken zu überwinden, die ihre Kommunikation mit anderen Gemeinschaften verhindern, würde aber - wie weiter oben schon bezüglich des Klassenkampfes gesagt wurde - eine Ausdehnung des Begriffs der "Kommunikationsgemeinschaft" voraussetzen, deren letzte Grenze die Menschheit, verstanden als eine Gemeinschaft dieser Gattung, wäre. Dagegen stellen solche Gemeinschaften, wenn sie sich abschotten - das heißt, wenn sie an der Inkommunikation hartnäckig festhalten oder, was noch schlimmer ist, wenn sie entschlossen sind, auch andere Gemeinschaften der Inkommunikation zu unterwerfen -, ein ungeheures Hindernis für die Konstituierung der Menschheit als *Kommunikationsgemeinschaft von Kommunikationsgemeinschaften* dar und befriedigen dann selbstverständlich auch weder unser Verlangen nach Gemeinschaft - da ja das Menschsein die höchste Ebene ist, auf der wir Menschen "kommunizieren" können - noch

Methodological Individualism Reconsidered, in: Essays in Social Theory, New York 1977, S. 177-186.

unser Verlangen nach Individualismus - da wir nur als Individuen an diesem Menschsein teilhaben, also menschliche Wesen sein können.[78]

Für eine kommunikative Ethik, die die *Perspektive der Menschheit* nicht aus den Augen verlieren will, besitzt demnach kein von den Mitgliedern einer Gemeinschaft geschlossener Vertrag Legitimität, wenn er zugleich ein Angriff gegen das Menschsein ist und beispielsweise einem Menschen irgendeine der vielen denkbaren Formen von Entfremdung aufzwingt, die darin bestehen, daß er nicht als Subjekt, sondern als Objekt behandelt wird.[79] Damit ist zweifellos eine Beschränkung für jeden Kontraktualismus bzw. Neokontraktualismus aufgezeigt, der einen solchen Angriff mit dem Vorwand stützen wollte, daß die kollektive Entscheidung, die ihn möglich macht, legitim ist. Diese Beschränkung ist allerdings weniger dadurch zu überwinden, daß man sich auf die vermeintlich größere Legitimität

---

[78] Kolakowski drückt diesen Gedanken, auch ohne ihn ausdrücklich mit dem Standpunkt der kommunikativen Ethik in Verbindung zu setzen, sehr klar aus, wenn er vom "[Menschsein] als einer universellen Kategorie, die auf jeden und nur auf jeden einzelnen Menschen anwendbar ist," spricht (a. a. O. S. 924).

[79] Dies ist ein recht gewichtiger Grund dafür, den Begriff der "Entfremdung" *nicht* aus unseren Köpfen zu verbannen, obwohl selbst Kolakowski in Die sogenannte Entfremdung, in: Leben trotz Geschichte, München 1977, S. 218-231, dies nahelegt. Der Begriff der Entfremdung enthält selbstverständlich eine beträchtliche Vielfalt soziohistorischer Modulierungen, von der Sklaverei der Antike bis zur heutigen kommunikativen Verzerrung, von der ökonomischen Ausbeutung bis zur sexuellen Verfügbarkeit, usw.; das gleiche geschieht aber auch mit dem Prinzip, das vorschreibt, den Menschen immer als Zweck und nie allein als Mittel zu behandeln; und die Tatsache, daß alle diese Formen der Entfremdung jeweils soziohistorisch mögliche Verletzungen des genannten Prinzips darstellen, ist in meinen Augen ein gutes Beispiel dafür, wie moralische Erfahrung und moralische Prinzipien miteinander verbunden sind. Für eine detaillierte Problematisierung dieser "Verbindung" - die jedoch vielleicht Kant nicht völlig gerecht wird, da sie sich nicht auf diese spezifische Version seines Kategorischen Imperativs bezieht - vgl. den Aufsatz von Ernst Tugendhat, La pretensión absoluta de la moral y la experiencia histórica, in: J. Muguerza und F. Quesada (Hrsg.), Ayer y hoy de la ética. Actas de la Ia. Semana de Etica e Historia de la Etica en Homenaje al Profesor José Luis L. Aranguren, Madrid, im Druck.

einer *idealen Kommunikationsgemeinschaft* beruft - welchen Sinn hätte es, sich auf die Menschheit zu berufen, solange diese nicht wirklich eine Gemeinschaft ist, und wer könnte selbst in diesem Fall die Möglichkeit ausschließen, daß die Menschheit Verträge schließt, die einen Angriff gegen das Menschsein bedeuten? -, als vielmehr dadurch, daß man auf jene endgültig letzte Instanz zurückgreift, die in der Kommunikationsgemeinschaft mit sich selbst besteht, wie sie durch das *individuelle Gewissen* gebildet wird.[80] Um es mit wenigen Worten zu sagen: So, wie sich die Menschheit, ethisch gesprochen, in Individuen auflöst, haben Individuen - und nur sie - ein Recht darauf, von der Perspektive der Menschheit zu profitieren. Ein Individuum kann niemals legitimerweise einer Gemeinschaft die Annahme eines Vertrages aufzwingen, die eine kollektive Entscheidung verlangt, aber es ist dazu legitimiert, jedem Vertrag bzw. jeder kollektiven Entscheidung den Gehorsam zu verweigern, wenn ihm sein Gewissen sagt, daß sie einen Angriff gegen die Menschheit darstellt. Die zwieträchtige Eintracht muß also nicht nur Raum geben für Zwietracht im Sinne fehlenden Einverständnisses oder Konsenses innerhalb einer Gemeinschaft, sondern auch für aktives Nichteinverständnis bzw. Dissens eines Individuums gegenüber der Gemeinschaft. Wenn nämlich die Menschheit die obere Grenze der kommunikativen Ethik ist, dann ist das Individuum ihre untere Grenze, die als solche nicht zu unterschreiten ist.

[80] Hier geht es dann im Grunde darum, endlich einmal den platonischen Vorschlag ernst zu nehmen - der sicher ganz nach Apels Geschmack ist -, den Monolog als einen "Dialog der Seele mit sich selbst" zu interpretieren, d. h. als einen Grenzfall des Einsatzes der dialogischen Rationalität. Dies würde dann vielleicht auch der kürzlich geäußerten Aufforderung José Luis L. Arangurens genügen (vgl. sein Vorwort zu Adela Cortina, Etica mínima. Introducción a la filosofía práctica, Madrid 1986, S. 11-15), der "intrasubjektiven Ethik" mindestens genausoviel Aufmerksamkeit zu schenken, wie derzeit der "intersubjektiven Ethik" zuteil wird.

Interpretiert als programmatischer Entwurf für eine kommunikative Ethik stellt die zwieträchtige Eintracht einen Vorschlag mit recht bescheidenem Anspruch dar, der nicht dazu neigt, vom festen Boden abzuheben. Trotzdem gibt es sicher Leute, die meinen, daß in einer Welt wie der unseren auch dieser Vorschlag noch zu ehrgeizig und sogar utopisch sei, sowie solche, die ihm die Schwäche seiner Grundlagen vorwerfen.

Was den Vorwurf des Utopismus betrifft, so bin ich ohne weiteres - entgegen der Weigerung ihrer prominentesten Vertreter, wie etwa Habermas - bereit, den offenkundig utopischen Charakter jeder kommunikativen Ethik und sogar jeder Ethik überhaupt anzuerkennen.[81] Trotzdem ist daran zu erinnern, daß der Begriff "Utopie" mehr als eine philosophische Lesart zuläßt. Dazu kommt, daß die Erklärung der "ethischen" Bedeutung der Utopie eine besonders komplexe Angelegenheit ist, die zahlreiche Präzisierungen erfordert, so daß hier keine Möglichkeit besteht, auf diese Frage näher einzugehen. Man kann allerdings problemlos zugeben, daß der Gedanke einer kollektiven Konstituierung der Menschheit in einer Kommunikationsgemeinschaft nach dem Muster der zwieträchtigen Eintracht bis

[81] Von dem Unbehagen, welches das Thema der "Utopie" bei Habermas auszulösen scheint, zeugt beispielsweise die Tatsache, daß in ein und demselben Text - wenn auch zugegebenermaßen in unterschiedlichen Kontexten (vgl. A Reply to my critics, in: Thompson und Held [Hrsg.], a. a. O. S. 219-283, hier 227 f., 251 und 235) - so offensichtlich unterschiedliche Äußerungen zu finden sind wie die folgenden: 1) "To be sure, the concept of communicative rationality does contain a utopian perspective"; 2) "Ethical universalism does indeed have a utopian content, but it does not sketch out a utopia"; 3) "Nothing makes me more nervous than the imputation ... that ... the theory of communicative action ... proposes, or at least suggests, a rationalistic utopian society". Bezüglich der "ethischen" Bedeutung der Utopie, die im folgenden angesprochen wird, vgl. meinen Aufsatz Sobre la falta de lugar de la utopía, in: J. González, C. Pereyra, G. Vargas Lozano (Hrsg.), Praxis y filosofía. Ensayos en Homenaje a Adolfo Sánchez Vázquez, Mexiko-Stadt 1985, S. 351-388.

auf weiteres eine Utopie in jeder möglichen Bedeutung bzw. Lesart dieses Wortes enthält.

Der Einwand bezüglich der Grundlagen der zwieträchtigen Eintracht nötigt zu der Frage, inwiefern das, was hier Menschsein genannt wurde - und was die Menschheit im distributiven Sinne und nicht als Kollektiv bezeichnet - eine solide Basis bietet, um auf ihr eine kommunikative Ethik oder einfach eine Ethik zu errichten, so wie es offenbar im Kantischen Entwurf für selbstverständlich vorausgesetzt wurde. Entgegen der üblichen Meinung interessierte sich Kant in seiner Ethik tatsächlich nicht nur für die Frage, *was* wir tun - oder lassen - sollen, sondern auch für die Frage, *warum* wir es tun bzw. nicht tun sollen. Auf die erste dieser Fragen antwortete er, wie inzwischen hinreichend bekannt ist, mit dem Imperativ, daß kein Mensch als bloßes Mittel, sondern immer zugleich auch als Zweck behandelt werden soll. Bei seiner Antwort auf die zweite Frage hielt es Kant jedoch nicht für nötig, über die Behauptung hinauszugehen, daß jeder Mensch als solcher intrinsischen Wert bzw. Würde besitzt, wegen der man ihm unendlichen Respekt schuldet.[82] Wenn Kant feierlich versicherte, daß "der Mensch ... als Zweck an sich selbst [existiert], nicht bloß als Mittel zum beliebigen Gebrauche für diesen oder jenen Willen", dann war er gewiß davon überzeugt, damit eine rational unbezweifelbare Behauptung zu äußern und sich nicht dem Ausdruck eines aufgeklärten Vorurteils, einer *fable convenue* der Aufklärung oder - wie auch gesagt wurde - einem "humanitären Aberglauben" hinzugeben.[83] Die Vernunft war für Kant ein allen Menschen gemeinsames Gut, das ebenso wie ihre Würde von

[82] Vgl. Pepita Haezrahi, The Concept of Man as End-in-Himself, in: Robert P. Wolff (Hrsg.), Kant. A Collection of Critical Essays, London 1968, S. 291-313, hier 292 f.

[83] Ebd. S. 295 ff., sowie dies., The Price of Morality, London 1971, S. 159-167.

ihrer Eigenschaft als Menschen nicht zu trennen sei, so daß es für ihn undenkbar war, daß irgendein vernunftbegabtes Wesen jemals bezweifeln könnte, daß der Mensch ein Zweck an sich selbst ist, oder ihn ausschließlich als Mittel behandeln könnte.[84] Was für Kant undenkbar war, ist jedoch im Zeitalter von Auschwitz, des GULAG und Hiroshimas gedacht und in die Praxis umgesetzt worden. Mehr noch: wir wissen jetzt, daß es möglich ist, solche Dinge *auf rationale Weise* zu tun, das heißt, im Einklang mit einem Gebrauch der Vernunft bzw. von Rationalitätsmodellen, deren Loslösung von jeglicher ethischen Überlegung von der Moderne gefördert wurde. Unter diesen Umständen kann man wahrscheinlich, wenn man auf die kommunikative Rationalität setzt - die zwar kein "gemeinsames" Gut in dem Sinne ist, wie Kant die Vernunft verstand, die es uns aber doch wenigstens erlauben sollte, von Mensch zu Mensch miteinander zu "kommunizieren" -, auf keine bessere Grundlage verweisen als auf jenen humanitären Aberglauben, der ironischerweise Erbe eines Denkens ist, das - wie das aufgeklärte - sich selbst dafür bestimmt hielt, jeden Aberglauben auszurotten. Jedenfalls können wir in diesen Zeiten, in denen wir glauben, die Moderne - zum besseren oder zum schlechteren - hinter uns zu lassen, froh sein über eine derartige Inkonsequenz. Denn ob wir uns nun bereit erklären, die Moderne für "abgeschlossen" zu halten, oder ob wir es vorziehen, mit Habermas zu glauben, daß wir bis zu diesem Abschluß noch eine gute Strecke des Weges vor uns haben, sicher ist jedenfalls, daß unser heutiges Reden von der "Postmoderne" nichts anderes ist als das Eingeständnis vor uns selbst, daß wir eigentlich gar nicht wissen, in welche Richtung

---

[84] Dies., zit. Anm. 82, S. 294.

wir gehen.[85] Der besagte humanitäre Aberglaube aber könnte uns, wenn wir nicht auch ihn über Bord werfen, vielleicht helfen, uns zu erinnern, woher wir gekommen sind. Und er könnte uns auch helfen bei der Entscheidung, wohin wir gehen wollen, oder doch wenigstens, wohin wir nicht gehen wollen und auch nicht gehen wollen dürfen.

[85] Vgl. Richard J. Bernstein (Hrsg.), Habermas and Modernity, Oxford 1985. Vgl. auch die Äußerungen von Habermas in Die Moderne - Ein unvollendetes Projekt. Rede aus Anlaß des Adorno-Preises, in: Die Zeit 39 (1980), und Der philosophische Diskurs der Moderne, Frankfurt a. M. 1985.

# III. Vernunft, Utopie und Dystopie

Man kann sich heutzutage fragen - und genau dies ist die Absicht der vorliegenden Arbeit -, ob nicht der Zeitpunkt gekommen ist, ernsthaft die Möglichkeit in Betracht zu ziehen, "über den Nicht-Ort der Utopie" zu sprechen. In gewissem Sinne scheint es keiner großen Anstrengung zu bedürfen, um das Thema der Utopie unter diesem Gesichtspunkt zu behandeln. Denn wenn auch Oscar Wilde einmal schrieb, daß "eine Weltkarte, die das Land Utopia nicht enthält, keines Blickes würdig" sei, so liegt doch auf der Hand, daß der Reiz dieses Satzes dadurch erhöht wird, daß er einen offenkundigen Widerspruch enthält. Die Idee des Nicht-Ortes der Utopie hingegen enthält nichts Widersprüchliches und mag sogar den - wenn auch vielleicht falschen - Eindruck erwecken, eine Tautologie auszudrücken. Wenn nicht gar in einem tieferen Sinn, so charakterisiert doch zumindest etymologisch gesprochen eben das "Fehlen eines Ortes" die "Utopie".[1]
Jedenfalls beruhte die Tatsache, daß Thomas Morus in seinem "Utopia" von 1516 den Begriff geprägt hat, wohl auf einer entsprechenden Vorstellung. Unabhängig davon, daß Morus für sein Werk die Erinnerungen von Amerigo Vespucci über dessen Reisen zum Neuen Kontinent und zu den umliegenden Inseln herangezogen haben mag (immerhin zitiert er ihn im Bericht des Reisenden Hythloday), ist

[1] Vgl. hierzu meinen Aufsatz Sobre la falta de lugar de la utopía, in: J. González, C. Pereyra und G. Vargas Lozano (Hrsg.), Praxis y filosofía. Ensayos en homenaje a Adolfo Sánchez Vázquez, Mexiko-Stadt 1985, S. 351-388.

doch sicher, daß er den genannten Begriff - ebenso subtil wie melancholisch - aus den griechischen Vokabeln *ou* und *tópos* zusammensetzte, die mit "an keinem Ort" zu übersetzen sind. "Nowhere" hieß dies in der englischen Übersetzung noch des 16. Jahrhunderts; als "Es-gibt-die-sen-Ort-nicht" *(no hay tal lugar)* übersetzte ihn Quevedo im 17. Jahrhundert ins Spanische. Dies ist ebenso bekannt wie die Tatsache, daß das Mißtrauen gegen etwas, das nicht nur nirgendwo verwirklicht ist, sondern höchstwahrscheinlich auch nirgendwo verwirklicht werden kann, Engels letztlich dazu trieb, in seiner Schrift von 1882 "Die Entwicklung des Sozialismus von der Utopie zur Wissenschaft" zur Überwindung des Utopismus aufzurufen.
Die Dinge liegen allerdings nicht ganz so einfach, wie sie soeben dargestellt wurden. Nach Arnhelm Neusüss nämlich sind politische Romane im Stil von Morus bzw. Kritik am Utopismus à la Engels nicht die einzigen Quellen für den Begriff der Utopie, der auch von "gewisse[n] Intentionen im Hinblick auf die Gestaltung des gesellschaftlichen Zusammenlebens" genährt und zu deren Bezeichnung benutzt wird.[2] Und nach dem sogenannten "intentionalen Begriff der Utopie" ist der Verweis auf einen *tópos*, der nicht nur für erstrebenswert, sondern auch für erreichbar oder doch zumindest keineswegs für prinzipiell unerreichbar gehalten wird - wie lang und schwierig der Weg auch sein mag, der uns dorthin führt -, geradezu unverzichtbar. Aus dem Hinweis auf die "Intention" läßt sich im übrigen schließen, daß die Wissenschaft allein nicht ausreicht, um einen solchen Weg zurücklegen zu können, sondern daß man dafür - außer einer guten Portion Geduld - auch des

[2] Vgl. A. Neusüss (Hrsg.), Utopie. Begriff und Phänomen des Utopischen, Neuwied 1968, Einleitung, I, 3, wo der Autor auf Max Horkheimer, Anfänge der bürgerlichen Geschichtsphilosophie, Stuttgart 1930, S. 77-94, verweist.

festen Willens bedarf, ihn zurückzulegen. So war es im Paris von 1968 Mode, die Formel "von der Utopie zur Wissenschaft des Sozialismus" - in boshafter Verdrehung der Intention von Engels - zu ersetzen durch die umgekehrte Formel "von der Wissenschaft zur Utopie des Sozialismus", die gelegentlich von weiteren mehr vom Willen als von der Geduld geprägten Slogans begleitet wurde - wie z. B. "Seid realistisch, verlangt das Unmögliche" -, was schwerlich mit einer utopischen Intention zu vereinbaren ist. Ein Denker wie Ernst Bloch, unbestritten der größte Vertreter utopischen Denkens unseres Jahrhunderts, hätte die Umkehrung der Engelsschen Formel sicher ohne Vorbehalte, wenn auch in präzisierter Fassung - die Ungezwungenheit des französischen Mai war nicht unbedingt seine Sache - akzeptiert. Er hat sich aber immer mit dem Nachdruck eines Mannes, der auf diesem Gebiet keinen Spaß versteht, dagegen verwahrt, daß die von ihm geforderte Utopie irgendetwas mit einem Vorschlag unrealisierbarer Phantasterei zu tun habe.[3] Man müßte also sagen, daß - wenngleich es im Augenblick einen solchen Ort nicht gibt - die Utopie doch weder voraussetzt, daß es ihn nie gegeben hat (der Urkommunismus war für Marx nicht - wie immer auch seine Kritiker diese Hypothese auslegen mögen - der Garten Eden), noch, daß es ihn niemals geben kann (denn auch das Anbrechen der zukünftigen kommunistischen Gesellschaft war für Marx - wiederum unabhängig davon, wie seine Kritiker dieses Projekt einschätzen mögen, das deshalb an sich schon mehr als eine theoreti-

[3] Bzgl. des ersteren siehe schon seine Charakterisierung des "sozialistischen Gedankens" in Geist der Utopie, 2. Aufl. 1923 (Gesamtausgabe, 16 Bde., Frankfurt a. M., Bd. III, 1964), S. 293-307; und für das zweite seine - jedenfalls positive - Stellungnahme zur Studentenbewegung in Die neue Linke und die Tradition, in: Abschied von der Utopie?, hrsg. von Hanna Gekle, Frankfurt a. M. 1980, S. 155-182.

sche Hypothese ist - nicht gleichbedeutend mit dem Ausbruch des Chiliasmus).

Ganz im Gegenteil muß man angesichts der Intention, die sie treibt, feststellen, daß die Utopie den Tatsachen nur insofern entgegensteht, als sie eine moralische Präferenz für andere Tatsachen enthält, so daß ihre Kontrafaktizität mit ihrem "Dürsten nach Faktizität", d. h. mit dem Verlangen nach dem Eintreten jener Tatsachen, in denen sie ihre Erfüllung sucht, durchaus vereinbar ist. Man sollte nicht vergessen, daß diese Eigentümlichkeit der Utopie nicht einmal in der "Utopia" von Thomas Morus fehlt, der dort mit der Möglichkeit spielte, den Buchstaben "u", mit dem das Wort beginnt, vom griechischen Präfix *eu* abzuleiten, so daß Utopie bzw. dann *Eutopie* - anstatt "kein Ort" - "ein guter Ort" bedeuten würde, d. h. ein Ort, der es verdiente, Realität zu werden. Nun ist es aber gerade diese "eutopische Vision" der Utopie, die in letzter Zeit offenbar eine Krise durchmacht, und es ist an der Zeit, sich nach dem Grund dafür zu fragen.

Wie Karl-Otto Apel feststellte, befindet sich jeder, der sich in einer modernen hochindustrialisierten Gesellschaft mit der Ethik beschäftigt, in einer Situation, die man durchaus als paradox bezeichnen kann. Nach seiner Darstellung beruht diese *paradoxe Situation* auf folgendem Sachverhalt:

"Einerseits nämlich war das Bedürfnis nach einer universalen, d. h. für die menschliche Gesellschaft insgesamt verbindlichen Ethik noch nie so dringend wie in unserem Zeitalter einer durch die technologischen Konsequenzen der Wissenschaft hergestellten planetaren Einheitszivilisation. Andererseits scheint die philosophische Aufgabe einer rationalen Begründung allgemeiner Ethik noch nie so schwierig, ja aussichtslos gewesen zu sein wie im Zeitalter der Wissenschaft, und zwar deshalb, weil die Idee intersubjektiver Geltung in diesem Zeitalter ebenfalls durch die Wissenschaft präjudiziert ist: nämlich durch die szientistische Idee der normativ neutralen oder wertfreien 'Objektivität'."[4]

Wir wollen beide Aspekte des Paradoxons nacheinander etwas näher untersuchen. Wer sich heute noch immer für diese Art von Fragen interessiert, wird kaum bestreiten, daß die Epoche, in der wir leben - und die in der Tat von einer weltweit uniformen wissenschaftlich-technischen Zivilisation geprägt ist - *eine Ethik von ihrerseits universaler Reichweite* dringend erforderlich macht, d. h. eine Ethik, die in der Lage ist, sich an die Menschheit als Ganzes zu richten anstatt nur an den einen oder anderen ihrer untereinander ideologisch gespaltenen Teile, deren gegenseitige Beziehungen andernfalls dem unsicheren Geschick eines darwinischen Kampfes ums Überleben ausgeliefert bleiben müßten. Das soeben Gesagte scheint zumindest für den Bereich zuzutreffen, den man als "die Makroethik der menschlichen Gemeinschaft im begrenzten Rahmen des Planeten Erde" bezeichnet hat, also den Teil der Ethik, der sich mit menschlichem Handeln nicht im Mikrobereich - auf Familienebene oder in engen persönlichen Beziehungen - und auch nicht im Mesobereich - etwa dem Niveau der nationalen Politik - sondern im Makrobereich - auf der Ebene, die man ohne weiteres mit der menschlichen Gattung identifizieren kann - befaßt, d. h. in dem Bereich, von dem man heute - angesichts technologischer Konsequenzen der Wissenschaft wie z. B. der Bedrohung durch einen Atomkrieg - sagen kann, daß hier das Schicksal der Menschheit auf dem Spiel steht. Gleichzeitig trifft es aber auch zu, daß *Wissenschaft und Technik* - sowie die philo-

[4] K.-O. Apel, Das Apriori der Kommunikationsgemeinschaft und die Grundlagen der Ethik (Zum Problem einer rationalen Begründung der Ethik im Zeitalter der Wissenschaft), in: Transformationen der Philosophie, 2 Bde., Frankfurt a. M. 1973, Bd. II, S. 358-435, hier 359.

sophische Richtung, die heutzutage deren ideologischen Niederschlag bildet und die wir der Kürze halber als *Positivismus* bezeichnen wollen - nicht nur nichts zur Konstruktion einer solchen universalen Ethik beitragen, sondern daß sie in gewisser Weise *dabei sind, sie unmöglich zu machen.* Das Problem ist nicht so sehr die Frage, ob der Begriff der intersubjektiven Gültigkeit - auf die letztlich Objektivität beschränkt wird bzw. aus der sie besteht - im Bereich der Wissenschaft von bewertenden Elementen bereinigt wird oder nicht. Eine solche Bereinigung wäre nämlich in den Human- und Sozialwissenschaften nie vollkommen. Es besteht auch nicht einmal darin, daß man aus der Welt der Wissenschaft - oder, wenn man dies vorzieht, aus der Welt der Tatsachen, was immer man darunter verstehen will - kaum etwas tun kann, um die Objektivität bzw. intersubjektive Gültigkeit unserer Normen, Regeln und moralischen Grundsätze sicherzustellen. Es ist ja bekannt, daß sich solche Normen, Regeln und Grundsätze weder deduktiv noch induktiv aus faktischen Prämissen herleiten lassen. Das Problem besteht vielmehr darin, daß - da die Ausübung der Rationalität in ihrer positivistischen Interpretation auf den deduktiven Gebrauch unserer rationalen Fähigkeiten zu beschränken wäre - die Möglichkeiten der Vernunft zur Rechtfertigung menschlichen Handelns ernstlich eingeschränkt wären, da sie ja die Grenzen wissenschaftlichen Vernunftgebrauchs nicht überschreiten sollten. Die empirischen Verhaltenswissenschaften könnten natürlich die Funktionsweise unserer Wertsysteme beschreiben oder uns deren Entstehung anhand von Ursachen oder von Statistiken erläutern, da all dies ohne Rückgriff auf Werturteile möglich ist. Und selbst wenn solche vorlägen, d. h. selbst, wenn man den einen oder anderen Wert in Form von Handlungszielen setzen würde, gäbe es doch die Möglichkeit zu einer Verhaltenstechnologie, die dazu beitragen könnte, den Prozeß der Mittelauswahl zur Erreichung derartiger Ziele rational zu gestalten. Über die Rationalität der Ziele selbst aber ließe sich nichts mehr sagen - abgesehen davon, daß man die *Existenz einer Rationalität der Ziele* und damit die Existenz einer praktischen Vernunft bestreiten könnte. In offenem Gegensatz zur behaupteten Objektivität wissenschaftlicher Urteile wären also unsere moralischen Urteile nicht nur unrettbar subjektiv, sondern darüber hinaus auch irrational, da ihre Letztbegründung - wie es der Positivismus behauptet - der Irrationalität unserer emotionalen Reaktionen bzw. unserer willkürlichen Entscheidungen überlassen bleiben müßte. In einer zusammenfassenden Darstellung der hier erörterten "paradoxen Situation" könnte man also in Anlehnung an Apel sagen, daß "eine universale - d. h. intersubjektiv gültige - Ethik der kollektiven Verantwortung heute *ebenso notwendig wie unmöglich* scheint".[5] Damit wäre nach der bekannten Charakterisierung der Tragödie als Zusammentreffen des Notwendigen mit dem Unmöglichen die angeführte paradoxe Situation eindeutig als tragisch aufzufassen.

In dieser Lage befindet sich nicht nur der klassische oder zeitgenössische Positivismus, sondern ebenso dessen Nachfolger - etwa die analytische Philosophie - und sogar seine Vorläufer, sofern man den Wittgenstein des "Tractatus Logico-Philosophicus" als solchen bezeichnen will, der ja in diesem Werk die Ethik jenseits dessen ansiedelte, was sich ausdrücken läßt. Apel führt diesbezüglich den berühmten Brief von Wittgenstein an Ludwig von Ficker aus dem Jahre 1919 an, in dem Wittgenstein nicht zögert, den "Tractatus" als ethisches Werk zu bezeichnen, wobei er

[5] Für eine sinngemäße Darstellung der Gesichtspunkte, die uns interessieren, siehe Adela Cortina, Pragmática trascendental y responsabilidad solidaria en Apel, in: Estudios filosóficos 87 (1982) S. 322-336.

hinzufügt, daß das Buch eigentlich aus zwei Teilen - einem geschriebenen und einem ungeschriebenen - bestehe, von denen der zweite Teil der wirklich wichtige sei, da sein Schweigen über die Ethik am besten ausdrücke, was viele zu formulieren versucht hätten, aber bestenfalls zu stammeln in der Lage gewesen seien. Apel zählt zu diesem Gestammel auch Denktraditionen, die von der soeben angesprochenen scheinbar so weit entfernt sind wie der Existentialismus - von Kierkegaard bis Jaspers -, wie er auch den analytischen Dezisionismus mit der Situationsethik Sartres vergleicht, wobei er sogar so weit geht, von "einer Komplementarität zwischen szientistischem Objektivismus und ethischem Subjektivismus" - bzw., wie es gelegentlich auch heißt, zwischen "(Neo-) Positivismus" und "(Neo-)Romantizismus" - zu sprechen, in der ein Grundzug des zeitgenössischen Denkens zu sehen sei. Die ausgeprägte Fortdauer neopositivistischer Haltungen in der Wissenschaftsphilosophie und die vermeintliche Wiederbelebung des Existentialismus - bzw. existentialistischer und generell neoromantischer Haltungen unter anderem philosophischem Namen - in der Moralphilosophie der jüngsten Zeit tragen nach Meinung Apels zur Bestätigung dieser *Komplementarität* bei. So einleuchtend die Apelsche These der Komplementarität aber auch scheinen mag: Es bei ihr zu belassen wäre vergleichbar damit, es bei der Feststellung zu belassen, daß die heutigen Umrisse der Kontinente komplementär sind bzw. sich entsprechen, ohne jedoch - wie die Theorie der Kontinentalverschiebung - nach *einem möglichen gemeinsamen Ursprung* als Ursache für diese Entsprechung bzw. Komplementarität zu fragen, was in unserem Fall durchaus zu einem ursprünglichen Kontinent zurückführen würde, nämlich dem Kontinent der Aufklärung.

Die Aufklärung liefert noch immer, im Guten wie im Schlechten, das ideologische Substrat unserer entwickelten Industriegesellschaft, zumindest in ihrer westlichen Ausprägung; im Guten wie im Schlechten, sage ich, da man ihr Erbe zumindest für ambivalent halten kann. Wie schon Adorno und Horkheimer feststellten, zeigt sich diese Ambivalenz kaum irgendwo deutlicher als in jener oben erwähnten Münze aufgeklärter Prägung, deren romantische Seite doch unsere moralische Entscheidungsfähigkeit preist, während ihre positivistische Kehrseite dieser jede Rationalität abspricht, indem letztere auf die wissenschaftliche Rationalität reduziert wird. Mit der Aufklärung stehen wir vor einem Phänomen, das genügend komplex ist, um sowohl den Positivismus wie den Romantizismus - und darüber hinaus auch deren jeweilige Nachfolger - als Erbe betrachten zu können. Die derzeitige paradoxe bzw. tragische Situation der Ethik ist folglich nichts anderes als das Resultat der explosiven Koexistenz derart unterschiedlicher Elemente im Schoße des zeitgenössischen Denkens. Im übrigen möchte ich aber darauf hinweisen, daß die Spannung zwischen diesen Elementen - deren Wirkung heutzutage vielleicht zu bedauern sein mag - ursprünglich, d. h. für die Aufklärung selbst, wohl als eine keineswegs unfruchtbare Spannung erlebt wurde, von der man sich einen Nutzen für die Ethik versprach. Für die große Mehrheit der aufgeklärten Denker führte z. B. der - vom unzweifelhaften Erfolg der modernen Naturwissenschaft genährte - Glaube an die Vernunft nicht nur zu der Vorstellung, daß über die Gesellschaft ebenso wissenschaftliche Erkenntnisse möglich seien wie über die Natur, sondern zu der weitergehenden Vorstellung, daß es ebenfalls möglich sei, die Gesellschaft auf der Grundlage solcher Erkenntnisse zu reformieren. Wie Paul Lorenzen geschrieben hat, unterscheiden sich die heutzutage sogenannten "Positivisten" von den Denkern der Aufklärung gerade durch den Verlust dieses naiven Glaubens. Dies sei der Grund dafür, daß sie noch immer gegen den Obskurantismus auf dem Gebiet der Erkenntnis kämpften, den Kampf für politische Veränderungen aber aufgegeben hätten. So ist es auch nicht verwunderlich, daß jeder Versuch, einen mehr oder weniger rationalen Vorschlag für einen solchen Kampf zu erarbeiten, seitens des Positivismus - wie es etwa Ernst Topitsch mit deutlich disqualifizierender Absicht getan hat - als "romantisch" bezeichnet wird. Diese Spannung aber, die wir heute als Endergebnis der Aufspaltung in Positivismus bzw. szientistischen Objektivismus und Romantizismus bzw. ethischen Subjektivismus erleben, ist die gleiche Spannung, die Kant dazu veranlaßte, zwischen theoretischer Vernunft und praktischer Vernunft zu unterscheiden. Kant nämlich war zwar ein herausragender Denker der Aufklärung, er war jedoch vorsichtig und keineswegs naiv und glaubte daher auch nicht daran, daß die Wissenschaft uns die Ethik ersparen könne.

Wenn wir aber den Positivismus als aufgeklärte Vernunft, jedoch ohne deren emanzipatorische Ideale, auffassen und den Romantizismus - oder doch zumindest einen bestimmten Romantizismus - als Aufrechterhaltung dieser Ideale selbst um den Preis der Infragestellung der aufgeklärten Vernunft, dann muß man Kant zugestehen, daß er die Position eines Gleichgewichts vertritt, das vor dem Auseinanderbrechen des Erbes der Aufklärung existierte. Kant war also weder Präpositivist noch Präromantiker noch auch die einfache Summe aus den beiden gegensätzlichen Haltungen, sondern er war ein Moralphilosoph, für den die Unterscheidung zwischen theoretischer Vernunft und praktischer Vernunft - bzw. zwischen einem theoretischen Gebrauch und einem praktischen Gebrauch der Vernunft - ihre Wurzeln in einer viel grundlegenderen Unterscheidung oder "Spannung" hatte: der Spannung zwischen Sein und Sollen, die Kant - in offenem Gegensatz zu der mehrheitlichen Haltung der aufgeklärten Denker - bis zum letzten verteidigte, ohne sich je zu erlauben, sie dadurch zu versöhnen, daß er den Graben geschmälert hätte, der *das Sein vom Sollen* - also unsere mehr oder weniger wissenschaftlichen Erkenntnisse darüber, was Realität ist, von den moralischen Kriterien, anhand derer wir darüber urteilen, was sie sein sollte - trennt. In der Philosophie unserer Tage wirbelt, vielleicht als Beweis für den Weiterbestand anderer Überbleibsel der Aufklärung, der Versuch der Überbrückung dieses Grabens von Zeit zu Zeit Staub auf; jedoch nur, um uns - nachdem der Staub sich wieder gelegt hat - Gelegenheit zu der Feststellung zu geben, daß das Sein-Sollen-Dilemma, unbeugsam seiner Lösung trotzend, einen Angriff nach dem anderen übersteht.[6] Wahrscheinlich gibt es mehr als einen Grund, darüber froh zu sein. Der Hauptgrund ist wohl das Überleben der Ethik selbst. Von diesen Gründen wollen wir hier aber nur einen festhalten, nämlich den, daß es damit - dank dieser Unmöglichkeit eines Übergangs vom Sein zum Sollen, die impliziert, daß der zweite dieser beiden Pole nicht auf den ersten zurückgeführt werden kann - sinnvoll wird zu fragen, ob und auf welche Weise der umgekehrte Übergang *vom Sollen zum Sein*, d. h. die "Realisierung" unserer moralischen Ideale, möglich sein könnte. Auf diese Realisierung kann die utopische Intention nicht verzichten, ohne sich selbst zu verraten und zu negieren. Die unerläßliche Voraussetzung dafür, daß wir uns um sie bemühen können, scheint also in der Aufrechterhaltung der Bipola-

[6] Zu diesen gescheiterten Angriffen gehören natürlich auch die von mir unvorsichtigerweise hier und da in meinem Buch La razón sin esperanza, Madrid 1977, unternommenen.

rität von Sein und Sollen zu liegen, und wer auf diese Unterscheidung verzichten wollte, würde sich jeden möglichen Zugang zur Utopie verstellen.
Wie Bloch mit unübertroffener Autorität gezeigt hat, stellt wohl Hegel das Musterbeispiel für das soeben Gesagte dar. Das Interesse der Philosophie an dem, "was sein soll", verurteilt diese - nach Hegel - unausweichlich dazu, die Welt zu vergessen und sich im Reich der guten Absichten zu verlieren. Die Aufgabe der Philosophie besteht aber nicht darin, den Weg zur Hölle mit frommen Wünschen zu pflastern, sondern das Handeln der Vernunft rücksichtslos überall dort aufzuzeigen, wo es stattfindet, und sei dies in der Hölle. Vernunft aber handelt gerade und ausschließlich in der Realität, ja sie läßt sich sogar identifizieren mit dem, "was ist". Folglich reduziert sich die genannte notarielle Aufgabe der Philosophie letztlich darauf zu bezeugen, daß tatsächlich das Wirkliche das Vernünftige ist. Damit aber steht der Mensch bar ethischer Waffen vor der Vorherrschaft des historischen Geschehens, da sich über die Korrektheit oder Inkorrektheit seiner moralischen Entscheidungen erst befinden läßt, wenn jenes sein Verdikt über deren Erfolg oder Mißerfolg gesprochen hat. Dies ist der Grund dafür, daß Geschichte unausweichlich im "Wehe den Besiegten!" gipfeln muß. Denn die Vernunft wird so immer auf der Seite der Sieger sein. Der Gerechtigkeit halber ist natürlich daran zu erinnern, daß Hegel vor die Behauptung "was wirklich ist, ist vernünftig" die Behauptung "was vernünftig ist, ist wirklich" stellte. Wenngleich diese letzte Behauptung sicher nicht unsere Versöhnung mit jedweder Vergangenheit verhindert, so öffnet sie doch wenigstens ein Tor zur Zukunft, d. h. zu der zukünftigen Möglichkeit, daß die Identität von Welt und Vernunft morgen nicht so grausam sein wird wie heute. Wie aber Bloch selbst versichert, war es nicht mehr

Hegel, sondern erst dem Marxismus vergönnt, durch diesen Türspalt hinauszublicken.
Für Bloch war dieser Marxismus nicht irgendein Marxismus, sondern ein Marxismus, der in der Lage sein mußte, eine "Kritik der praktischen Vernunft" zu beherbergen[7] und damit eine Ethik, die Bloch - wenn auch mit einigen Vorbehalten - weiterhin mit der Ethik von Kant identifizierte. Dies zeigt seine eloquente Würdigung von Kants kategorischem Imperativ:

"Nun nehme man den ... Satz, daß der Mensch niemals bloß ein Mittel, sondern ein Zweck sei. Das lehrt Kant, und daß damit vorerst nur ein Fordern ausgesagt ist, liegt leider auf der Hand ... Aber wie, wenn auch Kants so starr scheinender Satz seiner Zeit gerade vorauseilte? Wenn er in seiner Richtung eine Kühnheit und ein Glück enthielte, die nur darauf warten, endlich erscheinen zu können? Wenn sein Bedenkliches wieder zugleich eine Folie wäre, von der sich ein höchst Bedenkenswertes und mehr als das mit naher Zukunft abhöben? Ist doch Kants erwähnte und *allem anderen zugrunde liegende* Forderung, den Menschen niemals bloß als Mittel, stets zugleich als Zweck anzusehen, nicht eben bürgerlich; sie ist überhaupt in keiner Klassengesellschaft vollziehbar ... Damit aber - und das fundiert gerade die donnernde Ethik des angegebenen Satzes -, damit aber ist eine Schicht berührt, die ganz besonders mit utopischem Pathos bei Kant geladen ist. Wonach die bloße Idealisierung ideologischer Art (als die des Reichs der Bourgeoisie), so sicher sie an Ort und Stelle besteht, mit einer ganz anderen Signatur durchsetzt wird. Es ist, logisch gesprochen, die Signatur der Wertbegriffe, diesesfalls eines Sollseins, das vor einem nur einmal Gegebenen keinesfalls bedingungslos kapituliert. Und zwar deshalb nicht, weil die in Rede stehenden Wertbegriffe ... den

[7] Bloch rückte in der Tat schon früh den Marxismus "in die Nähe einer Kritik der reinen Vernunft, zu der noch keine Kritik der praktischen Vernunft geschrieben worden ist" (Geist der Utopie, a. a. O. S. 304).

radikalen Inhalt des gesamten menschlichen Befreiungskampfs implizieren."[8]

Der vorstehende Text zeigt, daß - wie immer, wenn der Marxismus sich der Ethik zugewandt hat - die Begegnung mit dieser eine Begegnung bzw. "Wiederbegegnung mit Kant" mit sich brachte, wenn auch diese Wiederbegegnung bei Bloch - anders als es etwa einmal mit anderen Ausformungen des Marxismus wie dem neukantianischen Marxismus der Fall war - dadurch verschleiert wird, daß er Anhänger der Hegelschen Geschichtsphilosophie ist.
Auf einem internationalen Philosophie-Kongreß, der vor einigen Jahren in Stuttgart stattfand, wurde unter anderem auch über das jeweilige Gewicht von Kantianismus und Hegelianismus im Marxismus diskutiert. Die Debatte endete - vernünftigerweise - unentschieden, da sich Marx - philosophisch gesprochen - auf halbem Weg zwischen Kant und Hegel befunden hat, wenngleich seine Nähe zu letzterem allgemein größere Anerkennung gefunden hat - nicht zuletzt durch Marx selbst - als seine Schuld gegenüber ersterem. Wenn jedoch nicht die Philosophie im allgemeinen Gegenstand der Debatte gewesen wäre, sondern sich die Diskussion ausschließlich um die Ethik gedreht hätte, dann wäre sie gewiß eindeutig zugunsten Kants ausgegangen, da man bekanntlich von Hegel auf diesem Gebiet nur wenig erwarten kann: Dies ist auch der entscheidende Grund dafür, daß hinsichtlich der Ethik für den Marxismus jedes "zurück zu Kant" gewöhnlich ein "über Hegel hinaus" bedeutet. Das heißt aber nicht, daß man nicht auch bei Bloch Anzeichen für eine solche Wende zu Kant über Hegel hinaus finden kann. Wenngleich seine Ethik deutlich kantianische Züge trägt, so gibt es jedoch

[8] E. Bloch, Das Prinzip Hoffnung, Gesamtausgabe, Bde. V/1 und V/2, Frankfurt a. M. 1959, hier Bd. V/2, S. 1019 ff.

genügend Gründe zu der Frage, ob es nicht letztendlich die Stimme Hegels ist und nicht die Kants, die in ihr oder, besser gesagt, über sie (vor-)herrscht.

Wie wir gesehen haben, verdankt Bloch Kant seine Überzeugung vom moralischen Charakter des Kampfes für die Verwirklichung des "Noch-Nicht-Gewordenen als Noch-Nicht-Gutgewordenes", der nichts anderes ist als der Kampf für die Verwirklichung des Guten und der Gerechtigkeit.[9] So zielte der kategorische Imperativ, nach Bloch, auf ein Sollen, das nur in einer klassenlosen Gesellschaft verwirklicht werden könnte, und stellte auf diese Weise einen "utopischen Vorgriff" auf eine solche nicht-antagonistische Gesellschaft dar. Wie sehr uns Bloch in seiner Ethik jedoch als Kantianer erscheinen mag, so ist doch schon darauf hingewiesen worden, daß er in seiner Geschichtsphilosophie sehr - vielleicht allzu sehr - Hegelianer ist. Diese fügt derjenigen Hegels zwar die dort offenkundig fehlende Dimension der Zukunft hinzu, teilt aber mit ihr - neben vielen anderen Ähnlichkeiten - die *eschatologische Versuchung*, der Geschichte ein Ziel, im doppelten Sinne eines Zweckes und eines letzten Endzustandes, zuzuschreiben. Womit folglich das *summum bonum* schwere Gefahr läuft, letztlich von einer ethischen zu einer historischen Kategorie zu werden. So schreibt Bloch:

"Der wesentliche Inhalt der Hoffnung ist nicht die Hoffnung, sondern indem er eben diese nicht zuschanden werden läßt, ist er abstandslos Da-Sein, Präsens. Utopie arbeitet nur um der zu erreichenden Gegenwart willen, und so ist Gegenwart am Ende ... gerade deshalb intendiert Utopie nicht einen ewigen Abstand von dem Objekt, mit dem sie vielmehr zusammenzufallen wünscht, als mit einem dem Subjekt nicht mehr fremden ... *Die Magnetnadel der Intention beginnt sich dann zu senken, denn*

[9] Ebd. Bd. V/1, S. 165 f.

*der Pol ist nahe* ... Das als solche Anwesenheit, als solch manifestierte Identität Intendierbare steht, wie leider nur zu erweisbar, noch nirgends in einer Gewordenheit, aber es steht unabweisbar in der Intention darauf hin, in der nirgends abgerissenen, und steht unverkennbar im Geschichts- und Weltprozeß selber ... Darum gibt sich die Identität des zu sich gekommenen Menschen mit seiner für ihn gelungenen Welt zwar als bloßer Grenzbegriff der Utopie, ja als das Utopissimum in der Utopie und gerade in der konkreten: jedoch dieses Allererhoffteste in der Hoffnung, höchstes Gut genannt, stellt ebenso die Region des Endzwecks dar, an der jede solide Zwecksetzung im Befreiungskampf der Menschheit teilnimmt."[10]

Bloch faßt Geschichte auf Hegelsche Weise als Prozeß auf, der auf die Erreichung der *Identität von Subjekt und Objekt* abzielt. Er sieht sich daher in der Lage, "subjektive" und "objektive" Faktoren der geschichtlichen Entwicklung zu vereinigen, um so einen Mittelweg zu gehen zwischen revolutionärem Voluntarismus - der nach seiner Meinung dem Anarchismus und sogar dem Faschismus eher entspricht als dem Marxismus - und sozio-ökonomischem Determinismus, der für eine sozialdemokratische Interpretation des Marxismus charakteristisch ist, welche für ihn ebensowenig mit authentischem Marxismus zu tun hat. Eine Sache ist aber der ethisch unerschütterliche Glaube daran, daß mit dem historischen Handeln der Menschen Ziele verfolgt werden, und eine ganz andere der - auch abgesehen von seiner ethischen Irrelevanz sehr zweifelhafte - Glaube daran, daß die Geschichte selbst einen Zweck, ja sogar ein Ziel bzw. eine Kulmination besitzt, die Bloch eben die *Heimat der Identität* tauft und die er angesichts all der falschen *happy-ends* als das wahre "glückliche Ende" des historischen Prozesses ansieht.[11]

[10] Ebd. S. 366-368.
[11] Ebd. S. 512 ff.

Meines Erachtens liegt hierin die größte Schwäche der Blochschen Philosophie der Utopie, deren Kritiker jedoch nicht immer ihre hegelianischen von ihren kantianischen Zügen unterschieden haben. Ein gutes Beispiel für eine derartige Nichtunterscheidung finden wir in der - stellenweise ebenso scharfsinnigen wie andernorts unbegründeten - Kritik von Leszek Kolakowski an Bloch.[12] Um nicht unsererseits in den Fehler einer analogen Indifferenziertheit zu verfallen, ist es angebracht, in dieser Kritik die unzureichend begründeten Teile von denen zu unterscheiden, die im Gegenteil durch ausreichende Begründung gestützt sind.

Wir wollen sie uns in dieser Reihenfolge vornehmen und mit denen beginnen, in denen meines Erachtens Kolakowski nicht ins Schwarze trifft. Im Wesentlichen handelt es sich um drei Kritikpunkte.[13] Erstens verwechselt das utopische Denken Blochs - wie dies, nach Kolakowski, im Marxismus nicht selten der Fall ist - die "Vorhersage" der Zukunft, die in gewissen Grenzen ihrer wissenschaftlichen Prognose entspricht, mit der "Erschaffung" dieser Zukunft, die durch die politische Programmierung unseres Handelns angestrebt wird. Zweitens zögert Bloch nicht (ebensowenig wie andere Marxisten; Kolakowski nennt hier Lukács), wenn das Ergebnis solcher Vorhersagen nicht mit den vorgegebenen politischen Zielen übereinstimmt, zu behaupten, dies sei "Pech für die Tatsachen". Drittens ist es, da es auf die Genauigkeit der Vorhersagen anscheinend kaum ankommt, nicht verwunderlich, daß die konkrete Utopie Blochs sich einer Verdeutlichung ihres Inhalts verweigert, weswegen man - genau wie bei Marx,

[12] L. Kolakowski, Main Currents of Marxism, 3 Bde., Oxford 1978, Bd. 3, Kap. 12: Ernst Bloch: Marxism as a Futuristic Gnosis (dt. Die Hauptströmungen des Marxismus, 3 Bde., 2. Aufl. München 1981, Bd. 3, Kap. 12: Ernst Bloch - Der Marxismus als futuristische Gnosis, S. 458-488).

[13] Ebd. S. 431 ff. (dt.: 484 ff.)

so erinnert Kolakowski, wenn er die Zukunft des Sozialismus behandelt - fragen müßte, warum auf dem Attribut "konkret" beharrt wird. Bezüglich des ersten und fundamentalsten dieser Kritikpunkte ist gewiß richtig, daß der Vorwurf - nämlich der einer Verwechslung von Prognose und Programm - zweifellos gegenüber einem gewissen pseudo-wissenschaftlichen Marxismus gerechtfertigt ist, dem man gleichfalls den Vorwurf einer Verwechslung von "Vorhersagen" und "Prophezeiungen" hat machen können.[14] Dieser Vorwurf muß aber nicht notwendigerweise auf den utopischen Marxismus Blochs fallen, der sich von jenem unterscheiden ließe durch seine zusätzliche Fähigkeit, zwischen strategisch-taktischen Programmen und Programmen offenkundig ethischer Inspiration zu unterscheiden. Die angesprochene Dichotomie Prognose-Programm - die sich Kolakowski, wie wir sehen, zueigen macht - könnte diesbezüglich unzulänglich sein. Es wäre daher vielleicht vorzuziehen, in Anlehnung an Helmut Fahrenbach auf eine Dreiteilung des rationalen Denkens über die Zukunft zurückzugreifen, die es uns erlaubt, hierüber auf den zu unterscheidenden Ebenen der *Prognose*, der *Planung* und der eigentlichen *Utopie* zu sprechen.[15] Nach dieser Einteilung käme die wissenschaftliche Prognose der theoretischen Vernunft zu, deren sich der Futurologe bedient, wenn er - ausgehend von bestimmten beobachteten gesellschaftlichen Tendenzen - empirisch überprüfbare Vermutungen über die wahrscheinliche Evolution

[14] Der Vorwurf, den Kolakowski sich jedenfalls zu eigen macht, ist anerkanntermaßen Popperscher Prägung und wurde formuliert in Karl R. Popper, The Poverty of Historicism, London 1954 (dt. Das Elend des Historizismus, übers. von L. Walentik, Tübingen 1965); vgl. auch The Open Society and its Enemies, 4. Aufl. Princeton 1963 (dt. Die offene Gesellschaft und ihre Feinde, übers. von P. K. Feyerabend, Bern und München 1957/58), Kap. XXII.

[15] H. Fahrenbach, Zukunftforschung und Philosophie der Zukunft. Eine Erörterung im Wirkungsfeld Ernst Blochs, in: Ernst Blochs Wirkung. Ein Arbeitsbuch zum 90. Geburtstag, Frankfurt a. M. 1975, S. 325-361, hier 327 ff.

der Gesellschaft während einer begrenzten Zeitspanne riskiert. Die rationale Planung auf der Grundlage solcher wissenschaftlichen Vorhersagen stünde mit der theoretischen Vernunft in der gleichen Beziehung wie die Technologie mit der Wissenschaft, da es bei ihr darum geht, die theoretische Vernunft - als instrumentelle Vernunft - anzuwenden auf die Erarbeitung von Handlungsstrategien, die z. B. dazu bestimmt sind, zweckmäßige Mittel für die künftige Erreichung einer Reihe politischer Ziele bereitzustellen. Das utopische Denken als solches schließlich hätte die kritische Überprüfung nicht der Zweckmäßigkeit bestimmter Mittel zum Erreichen bestimmter vorgegebener Ziele sondern der Anpassung - Anpassung an unseren Willen, versteht sich - dieser Ziele selbst zur Aufgabe sowie die rationale Diskussion möglicher Alternativziele. Dies stimmt überein mit der Aufgabe, die der praktischen Vernunft zuzuweisen wäre. Angesichts dieser Trichotomie zeigt sich die Unzulänglichkeit einer Gegenüberstellung - nach Art von Kolakowski - von wissenschaftlicher Prognose und politischer Programmierung ohne weitere Einschränkungen, da die politische Programmierung sowohl der *instrumentellen Vernunft* - wie im Fall einer technologischen bzw. genauer einer technokratischen Auffassung von Politik - als auch der *praktischen Vernunft* übertragen werden kann, wie im Fall einer Auffassung von Politik, bei der ethische Überlegungen nicht ausgeschlossen werden. Die Unterscheidung von instrumenteller und praktischer Vernunft gehört bekanntlich zum Erbe des kritischen Denkens der Frankfurter Schule, wenngleich sie von Max Weber vorgeprägt wurde.[16] Weiter unten werden wir noch auf eine weitere Version dieser Unterscheidung zu sprechen kommen, die Jürgen Habermas zu verdanken ist und

[16] Siehe meine Arbeit A vueltas con la razón, Kap. VI von Desde la perplejidad, Madrid: Fondo de Cultura Económica 1990.

nach der die Bestimmung der zweckmäßigsten Mittel für die Erreichung eines bestimmten Ziels - unabhängig davon, ob es sich dabei um die Steigerung der Produktivität um jeden Preis oder um die Verteilung des resultierenden Reichtums handelt - einem "monologischen Gebrauch" der Vernunft übertragen werden kann, wie dies etwa ein Experte tut, der über Wirtschaftspolitik nachdenkt, während im Gegensatz dazu die Diskussion über Ziele - die bei weitem nicht nur den Experten betreffen - einen Dialog erfordert, an dem alle Betroffenen teilnehmen, d. h. einen "dialogischen Gebrauch" der Vernunft. Wie immer wir sie nun aber formulieren wollen, sicher ist jedenfalls, daß die Unterscheidung von instrumenteller und praktischer Vernunft - wie auch die nachfolgende Anlehnung des utopischen Denkens an letztere - den ersten Einwand Kolakowskis gegen Bloch entkräftet, womit gleichzeitig aber auch die beiden anderen verschwinden. Was immer Lukács darüber gedacht haben mag, der Ausspruch von Bloch "um so schlimmer für die Tatsachen" richtet sich keineswegs gegen die Vernunft, weder gegen die theoretische noch gegen die praktische. Während es nämlich für Bloch absurd wäre, daß man auf diesen Satz zurückgriffe, "wenn eine Theorie mit [den Tatsachen] nicht übereinstimmt", ist doch sein Ausruf mitnichten absurd, wenn damit nur zu verstehen gegeben werden soll, daß "das Sollen keinen Grund hat, vor den Tatsachen zu resignieren" und daß es im Falle der Resignation keine Möglichkeit gäbe, die Wirklichkeit zu verändern, wenn diese uns nicht befriedigt.[17] Wenn aber darin der praktische Gebrauch der Vernunft - im Unterschied zu ihrem theoretischen Gebrauch - besteht, dann kann man auch nicht von der praktischen Vernunft verlangen, daß sie ihre utopischen Vorschläge

[17] Das Prinzip Hoffnung, Bd. V/2, S. 1024.

"konkretisiert" über den legitimen Ausdruck unseres Wunsches nach einer befriedigenderen Welt hinaus, einer Welt, die sich rein negativ oder als Gegensatz zu der Unzufriedenheit definieren ließe, die wir mit der gegenwärtigen Situation verbinden.[18] Entgegen dem Anspruch, den Kolakowski an sie zu stellen scheint, ist die praktische Vernunft nicht verpflichtet, den positiven Gehalt der Utopie präzise zu benennen, da es in der Tat nicht die Aufgabe der Ethik ist, Futurologie zu betreiben.

Das Gesagte scheint mehr als einen Anknüpfungspunkt zwischen dem Denken Blochs und dem der Frankfurter Schule aufzuzeigen, das zumindest bei seinen klassischen Vertretern ein negatives Denken ist. Bloch teilt nicht nur mit Marx selbst, sondern auch mit ihnen die soeben dargestellte Abneigung dagegen, sich über Details seines utopischen Entwurfs auszulassen, was gelegentlich verglichen worden ist mit der Annäherung der negativen Theologie an Gott und sogar mit dem biblischen Verbot, sich ein Bild von Gott zu machen. Die unmittelbare ethische Konsequenz aus dieser Negativität müßte allerdings eine größere Betonung der Fähigkeit der praktischen Vernunft sein, zur gegenwärtigen Welt "nein" zu sagen - also "gegen das zu reagieren, was nicht sein sollte" und "angesichts des Bösen und der Ungerechtigkeit zu rebellieren" -, anstatt ihrer Zustimmungsfähigkeit zu einer Welt, die als Endzustand des Laufs der Geschichte aufgefaßt wird, in der sich nach der zukünftigen Revolution das, was sein sollte, das Gute und die Gerechtigkeit, ausnahmslos ver-

[18] Bloch weist zunächst - ebd. Bd. V/1, S. 167 ff. - dem *Gegenzug gegen das schlecht Vorhandene* einen zentralen Platz innerhalb seiner Behandlung der "utopischen Funktion" ein, wenn er auch im Anschluß daran Wert auf die Feststellung legt, daß "[d]ie Tiefendimension des subjektiven Faktors ... aber ebendeshalb in seinem Gegenzug [ist], weil dieser nicht nur negativ ist, sondern genauso das *Andrängen einer antizipierbaren Gelungenheit in sich enthält und dieses Andrängen in der utopischen Funktion vertritt*".

wirklichen werde.[19] Bei Bloch findet sich beides, aber die affirmative Dimension der Utopie überwiegt bei weitem. Denn die Negation dessen, von dem wir denken, daß es nicht sein sollte, oder was wir für schlecht und unrecht halten, verlangt nicht notwendigerweise den Rückgriff auf die Hoffnung, auf die jedoch Bloch unter keinen Umständen zu verzichten bereit ist.

Tatsächlich sind für Bloch die Kantischen Fragen "Was soll ich tun?" und "Was kann ich hoffen?" nicht nur miteinander verknüpft, sondern wohl sogar im strengen Sinne untrennbar, wie dies im übrigen auch seine Ethik und seine Geschichtsphilosophie waren. Diese Untrennbarkeit ist jedoch fraglich. Und um sie zu hinterfragen, könnten die Beobachtungen von Kolakowski nützlich sein, wenn er - im zweiten Komplex seiner Kritik - das Denken Blochs als archetypisches Beispiel für den *Mythos der Identität* in seiner metaphysischsten Version, nämlich derjenigen der oben erwähnten hegelianischen Identität von Subjekt und Objekt des historischen Prozesses, ansieht. Die Blochsche Hoffnung ist nichts anderes als die Vermutung, daß am Ende die menschliche Subjektivität eins wird bzw. übereinstimmt mit ihren geschichtlichen Objektivierungen in einer Gesellschaft wie der klassenlosen, in der die Überwindung jeglicher Entfremdung es ermöglichen wird, daß die Menschen - endlich Herren über ihr Schicksal - die Geschichte als ihr eigenes Produkt und nicht als Entfaltung ihnen fremder und äußerlicher Ereignisse verstehen.[20] So verlockend diese Auffassung auch ist, so ist doch nicht jeder verpflichtet, sie zu teilen. Dies zeigt die Tatsache, daß Kolakowski sich erlaubt, sie als mythisch abzulehnen. Darum geht es hier jedoch gar nicht. Akzeptiert man dagegen diesen *terminus ad quem* der Entwick-

---

[19] Ebd. Bd. V/2, S. 1602 ff.

[20] Kolakowski, a. a. O. S. 432 f. (dt.: 486 f.)

lung der Menschheit, dann ist es nur von zweitrangiger Bedeutung, ob wir ihn nach Hegel als Kulmination der Geschichte verstehen oder es vorziehen, darin wie Marx deren authentischen Beginn nach der revolutionären Beendigung der Prähistorie zu sehen. Bloch neigt offenbar der marxistischen Interpretation zu, die er um die eigene Formulierung ergänzt, nach der "die wirkliche Genesis sich nicht am Anfang, sondern am Ende befindet". Dies macht aber den Terminus nicht weniger zum Ultimatum, d. h. zu einem Punkt eschatologischer Umkehr. Und gegen ein solches Eschaton richten sich die Angriffe Kolakowskis. Im Wesentlichen ist die hier behandelte Kritik Kolakowskis schon Jahre vorher in einer zwischen ihm und Bloch ausgetragenen Kontroverse vorweggenommen worden.[21] Kolakowski vergleicht dort den Marxismus mit jenen alten Kosmologien, für die sich alles in der Natur bewegt, weil alles letztendlich zur Ruhe strebt. Auf analoge Weise strebt in der marxistischen Utopie - aufgefaßt als Essenz des revolutionären Denkens - die Geschichte zur Konsolidierung einer *endgültig* stabilen Lage, so daß sogar ihr eigener Motor - nämlich die Antagonismen, die unter der Überschrift des Klassenkampfes zusammengefaßt sind - abgestellt werden könnte, sobald sein Funktionieren nicht mehr notwendig wäre. Man könnte sogar glauben, daß nach der Revolution und unter der Voraussetzung der Abschaffung von Klassen es dem Marxismus als Utopie gelingt, der Notwendigkeit seiner Transformation in "Ideologie" im Sinne Karl Mannheims zu entgehen. Angenommen aber, der Marxismus könnte dieses Ereignis überleben: Welche anderen als apologetische Aufgaben würden ihm bleiben? Mehr noch, der Marxismus unterliegt

---

[21] Vgl. Maurice de Gandillac, Lucien Goldmann und Jean Piaget (Hrsg.), Entretiens sur les notions de genèse et structure, Paris und Den Haag 1965, S. 234 ff.

der Gefahr einer solchen apologetischen Herabsetzung *prima della rivoluzione*. Wer nämlich auf ein endgültiges und festes Ziel hinarbeitet, für den besteht immer die Möglichkeit, der Versuchung des Glaubens zu erliegen, daß er am Ziel angekommen ist und endlich festen Grund unter den Füßen hat - sei dies anläßlich des Datums der Oktoberrevolution oder irgendeines anderen herausgehobenen Datums -, und dann weiter auch der Versuchung, sich der Apologie der Gegenwart hinzugeben, für die in der Tat die Hegelsche Geschichtsphilosophie eine so große Schwäche besaß, unabhängig davon, ob es sich um den preußischen oder den stalinistischen Staat handelt. Für Kolakowski wäre der einzige Weg, wie man eine solche Herabsetzung des Marxismus - sei es als Ideologie oder als Utopie - auf die Ebene der reinen Apologie verhindern könnte, die Einnahme eines radikal anti-eschatologischen Standpunkts; d. h. die Übernahme einer Auffassung von Geschichte als *unabgeschlossenem* und darüber hinaus *unabschließbarem* Prozeß, bei dem die Spannung, welche die Bewegung antreibt, nie nachläßt, so daß die endgültige Lähmung nicht eintritt. Die Antwort Blochs auf derartige Vorschläge ist höchst aufschlußreich, da er sich im Prinzip mit Kolakowski einverstanden erklärt, dessen Entwurf - so sagt er - ja nur die Überwindung eines entwerteten Marxismus betreibe, nämlich der Interpretation des Marxismus seitens derjenigen, die - wie Karl Löwith - in ihm nur eine "säkularisierte Eschatologie" zu sehen imstande sind. Andererseits sträubt er sich aber gegen den Gedanken einer indefiniten Annäherung bzw. einer unaufhörlichen Bemühung im Sinne des Satzes von Lessing: "Wenn Gott in seiner rechten Hand das Streben nach Wahrheit und in seiner linken die Wahrheit selbst hielte und wenn ich zwischen beiden wählen dürfte, so würde ich Gott sagen: Herr, gib mir das Streben nach Wahrheit, denn die Wahrheit selbst ist Dir allein vorbehalten!" Letzteres wäre nach Bloch eine typisch "protestantische", aber auch eine typisch bürgerliche Haltung - eben die Haltung, die in Goethes "Faust" beispielhaft dargestellt ist, wo der Protagonist keine Ruhe kennt und seine Bestrebungen auf ständig höhere Sphären richtet -, die Bloch der "katholischen" Haltung der "Göttlichen Komödie" gegenüberstellt, in der - im letzten Gesang des Paradieses - Dante zur Himmelsrose gelangt, wo dann jegliches weitere Streben endet. Als Marxist - also weder Katholik noch Protestant - behauptet er, es müsse einen "dritten Weg" zwischen der ständigen Bewegung und der Lähmung der Zukunft geben, den er allerdings weder an dieser noch meines Wissens an irgendeiner anderen Stelle seines Werkes näher erläutert.[22] Wie dem auch sei, man würde Bloch sicher Unrecht tun, wenn man ihm die These des unausweichlichen Eintreffens der Utopie in der Zukunft zuschreiben würde, eine These, die viel eher einem Diodoros Chronos entspricht, unter der unwahrscheinlichen Annahme, daß der megarische Philosoph sich gelegentlich utopischen Anwandlungen hingab. Im Gegenteil ist Bloch die grundsätzliche *Enttäuschbarkeit der Hoffnung*[23] nicht entgangen, da der historische Prozeß solange unbestimmt bleibt, wie seine Vollendung nicht eintritt, so daß er vor einer radikalen Alternative steht: der eines Alles oder Nichts, die ihn als absoluten Erfolg oder als absoluten Fehlschlag abschließen läßt und es uns erlaubt zu entscheiden, ob die Hoffnung am Ende erfüllt wurde oder ob sie im Gegenteil völlig umsonst war.

---

[22] Ich will damit sagen, daß er es nicht auf befriedigende Weise erklärt, denn das Thema eines solchen dritten Weges findet sich von Anfang an in seinem Werk; siehe dazu Kap. XXI von Subjekt-Objekt. Erläuterungen zu Hegel, Gesamtausgabe, Bd. III, 1962.

[23] Bloch, Kann Hoffnung enttäuscht werden?, in: Literarische Aufsätze, Gesamtausgabe, Bd. IX, 1965, S. 385-391.

Genau deswegen wäre die Ethik - also unsere Antwort auf die Frage "Was sollen wir tun?" - endgültig sinnlos, wenn die Antwort auf die Frage "Was können wir hoffen?" ein "Nichts" sein müßte, denn Bloch vermittelt nicht den Eindruck, daß er die Möglichkeit der Ethik auch da vorsieht, wo keine Spur von Hoffnung bleibt.
Wir können uns hier auf eine hervorragende Zusammenfassung der Blochschen Doktrin der Enttäuschbarkeit der Hoffnung stützen:[24]

"Der Mensch ist gewiß ein utopisches Wesen, er ist aber auch ein bedrohtes Wesen. Die Realität dieser Tatsache ist der Ursprung der Angst als Gegensatz zur Hoffnung, und dies ist so, weil die irreversible Totalität, die Erfüllung, erst am Ende vorliegen wird; ihre derzeitige Abwesenheit garantiert nicht die Zukunft, die wir nur als Hoffnung besitzen. Die Zukunft der Identität ist bisher nicht erreicht worden, daher kann sie frustriert werden, denn die Bedrohung liegt nicht nur auf kurz- und mittelfristigen Projekten; in der ontologischen Wurzel ist der vernichtende Effekt des Nichts ein Teil des Möglichen auf dem Weg, und sein Fortbestehen kann auf der letzten Etappe im Nichts resultieren. Dies ist die letzte Konsequenz eines offenen Systems, das nicht *a priori* gelöst ist und in dem die Auffassung der Geschichte als Reflex der Parthenogenese des Logos abgelehnt wird ... Das Ausbrechen teilweise vernichtender Momente ist nicht ohne weiteres auf produktive Weise an die dialektische Entwicklung anzupassen. Diese historischen Tatsachen und Formen sind die Präfiguration und Vorwegnahme des am Ende des Prozesses möglichen Nichts, als Gegengewicht zu dem ebenfalls in diesem letzten Stadium möglichen Alles ... Auschwitz ist ein deutliches Beispiel für Tatsachen, die auf dem Wege des Fortschritts nicht wiedergutzumachen sind. Sie erweisen sich als jedes utopischen Inhalts ermangelnd. Sie nehmen nicht den Platz der Negation ein, des produktiven Nein, sondern sind Figuren des sterilen Nichts, außerhalb und entgegen der

[24] José A. Gimbernat, Ernst Bloch. Utopía y esperanza, Madrid 1983, S. 99 f.

menschlichen Hoffnung. Sie sind nicht eine weitere Etappe auf dem langen Weg zur letzten Utopie. Sie sind Haltepunkt und Rückschritt. Sie sind die greifbare Gegenwart, der Beweis, daß der Mensch und die Natur auf einen großen Fehlschlag zusteuern können. Die garantierte Totalität wird sich erst am Ende ergeben. In der Zwischenzeit nähern wir uns ihr, nicht in einer indefiniten, sondern in einer realen Annäherung. Damit die Utopie des Ziels nicht ein großer Betrug sein soll, muß sie eines Tages erreicht werden."

Auch wenn, wie Bloch selbst erkannte, der militante Optimismus bei seinem Vorrücken Trauerflor tragen muß,[25] so ist doch anscheinend sicher, daß es vorwärts geht, mit oder ohne Trauer, so daß die Ahnung von jenem Enderfolg nicht mehr und nicht weniger darstellt als eine Bürgschaft für seine Ethik.

Inwieweit bedarf nun die Ethik und besonders eine "Ethik der utopischen Intention" einer solchen Bürgschaft? Inwieweit muß sich also diese Ethik auf eine eschatologische Geschichtsphilosophie stützen? Und wie kann sie es damit vermeiden, auf eine Variante der sogenannten "Erfolgsethiken" reduziert zu werden?

Der Vorwurf, einen unmäßigen Erfolgskult zu betreiben, ist häufig einem bestimmten Marxismus gemacht worden, der dazu neigt, Ethik und Strategie oder gar Taktik zu verwechseln, oder der einfach zwanghaft an der *Realpolitik* hängt. Sogar marxistische Denker, die man keineswegs einem solchen Marxismus zurechnen könnte, mußten gelegentlich der Frage theoretischen Tribut zollen - und damit ihre ethische Durchdringung und Sensibilität unter Beweis stellen -, ob der Erfolg bzw. der Zweck den Einsatz jedes beliebigen Mittels zu seiner Erreichung rechtfertigt oder

[25] Bloch, Tübinger Einleitung in die Philosophie, Gesamtausgabe, Bd. XIII, 1970, S. 241.

nicht. Im Unterschied zu anderen Erfolgsethiken eher positivistischer Prägung, wie eine bestimmte Art des Utilitarismus oder des Pragmatismus, ist der marxistische Erfolgskult in der Regel gebunden an einen gewissen Historizismus, der die Geschichte zum objektiven Prüfstein im Gegensatz zur subjektiven Praxis macht. Und es ist dieser Erfolgskult, der die anmaßende Herausforderung erklären kann, mit der viele Marxisten vor einigen Jahren die Diskussion mit den Anarchisten beendeten: "Sagt uns, wann je eine anarchistische Revolution gesiegt hätte!" Auf diese Herausforderung gab es in der Tat keine bessere Antwort als die, daß "ein grandioser Mißerfolg doch immer hundertmal mehr wert ist als ein kläglicher Erfolg". Allerdings gibt es keinen Grund, sich des historischen Erfolgs zu rühmen, da ja - aufgrund der Tatsache, daß die Geschichte, wie wir gesehen haben, immer die Besiegten verurteilt - die Karten der Geschichte nur Trümpfe enthalten. Aus diesem Grund muß es - nach dem Willen von Walter Benjamin - die erste Aufgabe einer retrospektiven Geschichtsphilosophie sein, die die Ethik nicht außer acht läßt, ihre Stimme all denen zu leihen, die als Opfer im Schweigen der Geschichte begraben wurden. Einer, aus dem man nicht ganz grundlos die heftigste Apologie des Erfolges hat herauslesen wollen, hat sich in der Anklage dieses Historizismus hervorgetan, indem er die Geschichte entdeckte als "Abriß der realen Immoralität" und ihrem "Es war einmal" das "Ihr hättet es nicht gedurft" der Moralphilosophie entgegenstellte. Der Blochsche Marxismus interessiert sich nicht so sehr für die retrospektive Geschichtsphilosophie wie für deren prospektive Philosophie. Aber läuft nicht letztere Gefahr, alles Sollen am Triumph eines Seins zu messen, das unsere Erwartungen in der Zukunft in Realität verwandelt, gerade so wie sich bei der ersten das triumphierende Sein hartnäckig der Messung an jeglichem Sollen versagt? Der eher metaphysische als empirische Erfolg würde in einer solchen *Erfolgsethik* nicht mehr so sehr auf dem Nachweis beruhen, daß wir der Zerstörung durch die Geschichte entgangen sind, als vielmehr auf der vorauseilenden Hoffnung, daß eines Tages der Sieg endgültig auf unserer Seite sein wird.

Nun wäre eine Ethik dieser Art weit davon entfernt, die Hauptanforderung einer Ethik der utopischen Intention zu befriedigen. Denn wenn auch letztere natürlich an der Verwirklichung des Sollens interessiert ist, so muß sie doch vor allem - wie im übrigen ihr Name schon andeutet - eine "Ethik der Intention", eine *Gesinnungsethik* sein, im Unterschied zu einer "Ethik der Ergebnisse" oder *Erfolgsethik*. Das Fehlen klarer Vorstellungen von einer Ethik der Intention hat die Moralphilosophie und auf ganz besondere Weise die zeitgenössische politische Philosophie mehr als einmal in die Irre geführt.

Zum Beispiel leidet darunter immer noch der - weiter oben erwähnte - Aufruf Apels zu einer "kollektiven Verantwortungsethik", auf deren unbestreitbar utopischen Charakter wir sogleich zurückkommen werden. Der folgende Abschnitt sei als Beispiel gedacht:

"Auf der Linie einer geschichtsphilosophischen Übertreibung, welche die Wahrheit sichtbar macht, könnte man sagen: Kant hat durch seine Begründung der 'Autonomie' des gesetzgebenden 'guten Willens' die Ära der heteronomen 'Gebotsethik' überwunden; aber er hat damit zugleich eine 'Gesinnungsethik' begründet, die noch immer - insgeheim - unterstellt, daß der 'gute Wille' des Menschen, auf den es allein ankommt, gewürdigt wird (von einem Gott, der gewissermaßen die eigentliche Verantwortung für das Weltgeschehen einschließlich der Geschichte behält?). Demgegenüber scheint nun die Ära der eigentlichen 'Verantwortungsethik' angebrochen zu sein: Es kommt letztlich nicht auf den 'guten Willen' an, sondern darauf, daß das Gute geschieht. Die Menschen müssen die Verantwortung fürs Unternehmen auf sich nehmen."[26]

Die Apelsche Rekonstruktion scheint hier weniger an Übertreibung als an einem Irrtum zu leiden, da das Beharren darauf, "daß das Gute geschieht" - wie wir nur allzu genau wissen - keineswegs zu etwas anderem führen muß als jene Version der Gesinnungsethik, in der die Ethik der utopischen Intention besteht.

Um genau zu sein, ist aber die Ethik, die Apel im Gegensatz zu einer reinen Gesinnungsethik fordert, auch keine reine Ethik der Ergebnisse oder des Erfolges, sondern die Webersche Ethik der "politischen Verantwortung", die *Verantwortungsethik*,[27] die sich Weber sicher als von jeder dieser beiden anderen gleich weit entfernt vorstellte, obwohl es noch sicherer ist, daß seine eigene Version sich entschieden der Ethik der Ergebnisse zuneigt und sogar der Ethik der Intention diametral entgegengesetzt ist. Dies ist ein Detail, das durchaus einen kurzen Exkurs lohnt.

Dem begrüßenswerten Rat der Exegeten des Weberschen Denkens folgend - die uns auf die Notwendigkeit hinweisen, den Kontext zu beachten, besonders hinsichtlich seiner Schriften mit einem direkt politischen Inhalt, der immer aus einem konkreten Anlaß entspringt - ist daran zu erinnern, daß der berühmte Text "Politik als Beruf"[28] unter so dramatischen Umständen geschrieben wurde wie dem Ende des Ersten Weltkriegs und dem Ausbruch der sozialistischen Revolution in Deutschland. Um unsererseits auch die Lektüre dieses Textes in einen Kontext zu stellen: Man muß nicht betonen, daß die aktuellen Umstände - ab-

---

26 Apel, Das Apriori der Kommunikationsgemeinschaft, a. a. O. S. 427.

27 Ebd.

28 Max Weber, Politik als Beruf (Oktober 1919), in: Gesammelte Politische Schriften, hrsg. von J. Winckelmann, 2. Aufl. Tübingen 1958, S. 493-548.

gesehen von der nie auszuschließenden Möglichkeit eines erneuten Weltkrieges, der dann sicher der letzte wäre - mit denen Webers nur wenig gemein haben. Der Kapitalismus hat es heutzutage geschafft, die Revolution zu verdrängen und ihre Bedrohung auf isolierte Brennpunkte der Peripherie des "Systems" zu verbannen. Und dort, wo die Revolution sich hat durchsetzen können, mündete sie in den sogenannten - irgendwie muß man ihn schließlich nennen - "real existierenden Sozialismus". Damit ist eine Situation beschrieben, die man gut als Eintreten des *Untergangs der Utopie* und folglich auch des utopischen Denkens betrachten könnte, dessen Schwanengesang durch das Werk Blochs repräsentiert ist, das aber schon in Weber einen hellsichtigen Herold seines scheinbar unwiderruflichen Verfalls besessen hat. Bei der nun folgenden Beschäftigung mit seinem Text werden wir unsere Aufmerksamkeit auf die schon erwähnte Webersche Gegenüberstellung von Verantwortungsethik und Gesinnungsethik konzentrieren. Bekanntlich sah Weber darin zwei "Idealtypen", was gleichbedeutend ist mit dem Eingeständnis, daß sie in der Realität wohl kaum jemals in Reinform vorliegen, sondern meist als Mischform erscheinen. Dies schließt jedoch nicht aus, daß man zumindest analytisch zwischen ihnen unterscheiden sollte und daß sich beide, wie wir schon sagten, frontal gegenüberstehen. Worin besteht nun aber genau ihre Gegensätzlichkeit? Man könnte sagen, daß diesbezüglich mindestens drei Ebenen zu unterscheiden sind, die den verschiedenen Bedeutungen des Wortes *Gesinnung* entsprechen, das im Deutschen - und natürlich im Text von Weber, der alle diese Bedeutungen vermengt - außer "Absicht" auch "Zweck" und "Überzeugung" bedeuten kann. Die *Gesinnungsethik* wäre also eine Ethik der Absichten und ganz speziell der "guten Absichten". Aber auch eine Ethik der Zwecke, jedoch nicht irgendwelcher

Zwecke, sondern "absoluter Zwecke". Und schließlich eine Ethik der Überzeugungen oder Grundsätze, der "unbedingten" und daher für unverletzbar gehaltenen Grundsätze. Angesichts dieses Sachverhalts läßt sich kaum übersehen, daß Webers Text auf jeder dieser drei Ebenen gegen die *Kantische Ethik* polemisiert[29] und daß es diese Ethik ist, der man, auf eben diesen drei Ebenen, die Webersche Verantwortungsethik gegenüberzustellen hat.

Hinsichtlich der *ersten* Ebene steht die Verantwortungsethik - man sollte nicht vergessen, daß diese Verantwortung für Weber vor allem politische Verantwortung bedeutet - derjenigen der Absichten insofern gegenüber, als erstere eine "Ethik der Konsequenzen" ist, d. h. eine Ethik, in der die Auswirkungen der getroffenen Entscheidungen und der unternommenen Handlungen ebensosehr oder mehr zählen als die Absichten, die den für diese Entscheidungen und Handlungen Verantwortlichen geleitet haben. Kant vertrat die Meinung, daß das einzig wirklich Gute in dieser Welt ein guter Wille sei. Damit läßt sich jedoch kein Handbuch moralischer Anweisungen zur Instruktion von Politikern erstellen. Ebensowenig muß man Hegelianer sein um zu erkennen, daß sich gute Absichten unter anderem zweifellos dazu benutzen lassen, den Weg zur Hölle zu pflastern. Jedenfalls könnte sich kein Politiker hinter ihnen verschanzen, um die Folgen unheilvoller Entscheidungen und Handlungen zu entschuldigen. Zu entscheiden oder zu handeln, ohne die Folgen dieser Entscheidungen bzw. Handlungen in Betracht zu ziehen, wäre für ihn ein hinreichender Beweis für politische Verantwortungslosigkeit. Aus diesem Grund scheint das Ergebnis dieser ersten Gegenüberstellung der beiden Ethiken deut-

[29] Siehe hierzu meinen Aufsatz Etica de la responsabilidad: ¿realización política de la ética o coartada ética de la política?, in: Letra Internacional, im Druck.

lich für die Verantwortungsethik zu sprechen. Wir wollen nun sehen, was auf der *zweiten* der genannten Ebenen geschieht. Die Verantwortungsethik wäre eine Ethik, die von der von Weber sogenannten "Zweckrationalität" geleitet wird, welche trotz ihres Namens strenggenommen keine andere als die weiter oben erwähnte instrumentelle Vernunft oder Rationalität der Mittel ist, da es sich hierbei letztlich um die Rationalität handelt, der die Bestimmung solcher Zwecke obliegt, welche ihrerseits Mittel darstellen für die Verfolgung anderer Zwecke innerhalb einer Kette von Zwecken und Mitteln, welche die Politik als Kunst bzw. Technik des Machbaren ausmacht. Bezüglich der letzten Zwecke oder Werte jedoch, in denen diese Kette enden würde, glaubte Weber nicht daran, daß sie mit Hilfe einer angeblichen Wertrationalität - die in unserem Fall eher eine "deontologische Rationalität" wäre, welche völlig übereinstimmt mit dem, was wir praktische Vernunft genannt haben - zu bestimmen seien, die sich von der Zweckrationalität unterscheiden würde. Vor dem mit der Modernität eingetretenen Zusammenbruch des traditionalen Wertesystems ließ sich die Bestimmung solcher Werte, also solcher letzten bzw. absoluten Zwecke, als vorgegeben durch das Gesetz Gottes ansehen, das für alle ein und dasselbe war und so dem Universalitätsanspruch auch der Ethik genügte. Nach dem Tode Gottes bzw. des Monotheismus dagegen etablierte sich ein Wertepluralismus bzw. Polytheismus, in dem jeder auf seinen eigenen Gott bzw. Teufel hörte. Damit wird zweifellos eine andere nicht weniger wichtige Forderung der Ethik erfüllt, nämlich die Autonomie des ethischen Subjekts. Diese führt aber ihrerseits zu dem schwierigen Problem, wie unter ethischen Gesichtspunkten eine Gesetzgebung möglich ist, die gleichzeitig autonom und universal sein soll. Da Weber sich nicht eigentlich als Moralphilosoph verstand, kann man ihm vielleicht keinen Vorwurf daraus machen, daß er dieser Frage nicht die gebührende Aufmerksamkeit geschenkt hat. Kant hingegen hat dies getan, wenngleich man bezweifeln muß, daß er die Lösung gefunden hat, indem er uns dazu aufforderte, so zu handeln, daß wir wollen können, daß die Maxime unseres Verhaltens den Rang eines allgemeinen Gesetzes erhält. Schließlich könnten verschiedene Subjekte die Verallgemeinerung ebenso verschiedener und sogar miteinander unvereinbarer Maximen wünschen. Folglich wäre es vielleicht nicht ganz unangemessen zu sagen, daß - auf dieser Ebene - die Gegenüberstellung von Weber und Kant zu einer Art Remis führt. Gehen wir also zum Schluß zur *dritten* und letzten Ebene über. Als Ethik der Überzeugungen und Grundsätze stellt die Ethik von Kant eine Ethik der "kategorischen Imperative" dar - wie etwa, den Menschen immer als Zweck und nie als bloßes Mittel zu behandeln -, während die Webersche Verantwortungsethik allein hypothetische Imperative zuläßt. Nun ist das Charakteristikum der kategorischen Imperative ihre Unbedingtheit, die sie unabhängig von ihren Folgen gültig macht und selbst auf Kosten des Scheiterns derjenigen politischen Ziele, die zu verfolgen - so gerecht sie uns auch erscheinen mögen - uns nicht erlaubt wäre, wenn wir dazu auf ungerechte Mittel zurückgreifen müßten. Eine Ethik der kategorischen Imperative würde daher die machiavellistische Regel, daß der Zweck die Mittel heiligt, nicht akzeptieren. Ebenso würde sie die Logik des geringeren Übels ablehnen, da die moralische Verurteilung des Unrechts keine graduellen Unterschiede zuläßt und da kein höheres Gut als nur die Gerechtigkeit ausreichen würde, sie zu befriedigen angesichts von Verletzungen des Kantischen kategorischen Imperativs wie z. B. der Preisgabe unschuldiger Opfer zugunsten dieser oder jener gesellschaftlich für prioritär gehaltenen Ziele. Der im Weberschen Sinn verantwortliche Politiker wäre jedoch unter bestimmten Umständen dazu autorisiert, sich dieser Logik zu unterwerfen, und könnte sich sogar gezwungen sehen zuzugeben, daß die Mittel gelegentlich durch den Zweck geheiligt werden. Was hindert uns also, diese seine Ethik mit der schlechteren Erfolgsethik, wenn nicht sogar mit der Negation jeglicher Ethik zu identifizieren? Diesmal könnte also das Ergebnis der Gegenüberstellung - sofern wir weiter von Ethik sprechen wollen - kaum schlechter für ihn ausgehen.

Ich gebe zu, daß diese letzte Schlußfolgerung einer Nuancierung bedarf. In letzter Instanz hätte nämlich eine Ethik der Gesinnung oder der Grundsätze keine andere Wahl, als sich das Motto *Fiat iustitia et pereat mundus* zu eigen zu machen, da nicht einmal der Fortbestand der Welt - nach dem soeben Gesagten - die ungerechte Preisgabe auch nur eines einzigen unschuldigen Opfers wert wäre. Wie erhaben solche Grundsätze aber auch sein mögen, es bleibt doch zweifelhaft, ob der Politiker oder auch irgendein anderer Mensch ihnen immer und ohne Ausnahme gerecht werden kann. Wahrscheinlich ist Weber völlig im Recht, wenn er Leute, die ohne Verantwortungsgefühl für die Welt im Notfall eher deren Untergang fordern, als von ihren Grundsätzen abzurücken, als "Windbeutel" bezeichnet. Die Frage ist jedoch, bis zu welchem Punkt ein solches Abrücken möglich ist, ohne daß die Moralität - wie im Fall der Regel Machiavellis - untergraben wird. Es ist einmal gesagt worden, daß die machiavellistische Regel weniger eine Immoralität als eine Binsenweisheit enthält, insofern als der Zweck die Mittel ebenso bedingt, wie die Mittel den Zweck bedingen. Nun ist aber bedingen nicht dasselbe wie rechtfertigen. Selbst wenn sie ihn bedingen sollten, könnten auch die ehrbarsten Mittel niemals einen ehrlosen Zweck rechtfertigen, wiewohl es richtig ist, daß ehrlose

Mittel durchaus auch den ehrbarsten aller Zwecke bedingen können, indem sie ihm nämlich jede Möglichkeit der Rechtfertigung entziehen. Daher könnte auch ein ehrbarer Zweck niemals den Einsatz unehrenhafter Mittel rechtfertigen, wie Rosa Luxemburg wohl wußte, als sie schrieb:

"Die Praxis des Sozialismus erfordert eine ganze geistige Umwälzung in den durch Jahrhunderte der bürgerlichen Klassenherrschaft degradierten Massen. Soziale Instinkte anstelle egoistischer, Masseninitiative anstelle der Trägheit, Idealismus, der über alles Leiden hinweg trägt usw. usw. Niemand weiß das besser, schildert das eindringlicher, wiederholt das hartnäckiger als Lenin. Nur vergreift er sich völlig im Mittel. Dekret, diktatorische Gewalt der Fabrikaufseher, drakonische Strafen, Schreckensherrschaft, das sind alles Palliative. Der einzige Weg zur Wiedergeburt ist die Schule des öffentlichen Lebens selbst ... Gerade die Schreckensherrschaft demoralisiert."[30]

Die gegenseitige Bedingtheit von Zielen und Mitteln zeigt daher nicht, daß - wie gelegentlich für den Sozialismus und den Faschismus behauptet wird - die Ziele gleichwertig sind, wenn eine Übereinstimmung der Mittel besteht, sondern ganz einfach, daß die Mittel bei der Verfolgung keines wie auch immer gearteten Zieles unerheblich sind; und daß ein moralisches Urteil sowohl über die einen wie über die anderen zu fällen ist. Darüber hinaus stellt das politische Handeln diesbezüglich aber keinerlei Ausnahme dar. An dieser Stelle scheint die Feststellung angebracht, daß es - anders als Weber anzunehmen scheint - keine zwei Ethiken, nämlich eine Ethik für "Politiker" - so etwas wie das *Dharma* der politischen Kaste - und eine für andere Sterbliche, gibt noch geben kann. Zwar müssen Politiker häufig den Kantischen kategorischen Imperativ verlet-

[30] R. Luxemburg, Die russische Revolution, hrsg. von B. Krauss, Hameln 1957, S. 81 ff.

zen, aber in diesen Fällen kann man nicht davon sprechen, daß sie im Sinne der Regeln eines ihnen eigenen Moralkodex verantwortlich handeln, wenn man mit vollem Recht sagen könnte, daß sie unmoralisch handeln, wie dies ein jeder von uns - der eine mehr, der andere weniger - in seinem Privatleben tut. Und auch wenn, um das Beispiel von Weber zu benutzen, ein ehrenwerter Politiker an einem bestimmten Punkt einhält und sich weigert fortzufahren, weil er andernfalls seine Grundsätze verraten müßte, muß er dazu keine andere Ethik bemühen als die, welche auch von seinen Mitmenschen mehr oder weniger erfolgreich praktiziert wird. In der Tat sind die Worte, die Weber hier dem Politiker in den Mund legt - *Ich kann nicht anders, hier stehe ich* - keine anderen als diejenigen Luthers vor dem Reichstag in Worms. Und die Gründe, die diesen veranlaßten, sie auszusprechen, waren weder strategischer noch taktischer Art, sondern einzig und allein Gründe, die ihm sein Gewissen diktierte.

Zusammenfassend kann man also sagen, daß Weber mit seiner Unterscheidung von Verantwortungs- und Gesinnungsethik ein falsches Problem aufwarf, dem er aber - und daher rührt sein wohlverdienter Ruhm - ein echtes Problem zur Seite stellt: nämlich nicht das der Beziehung zwischen jenen zwei Ethiken, sondern zwischen Ethik und Politik. Die Verwechslung der beiden Probleme hat mehr als einmal dazu geführt, daß die Webersche Unterscheidung in einem etwas manichäistischen Sinn interpretiert wurde, wonach "rationales" und "verantwortliches" Verhalten nur dem zugestanden wurde, der eine Politik der Mäßigung und des Kompromisses - *expedient politics* - betreibt, wie sie der Interpret selbst bevorzugen würde, während die von diesem abgelehnte extremistische Gewalt dem zugeschrieben wurde, der an eine Ethik absoluter, keinerlei Kompromiß zulassender, fanatisch vertretener

Ziele glaubt.[31] Nun ist es richtig, daß Weber - für den ein Beispiel der "akosmischen" Ethik der reinen Gesinnung die Bergpredigt darstellte - in aller Klarheit warnte vor der Neigung derjenigen, die immer wieder "Liebe gegen Gewalt" predigen, im gleichen Atemzug Gewalt zu predigen, nämlich die "letzte" Gewalt, die die Auslöschung "aller Gewaltsamkeit" mit sich bringen würde; nicht weniger deutlich wies er aber auf die Tatsache hin, daß Macht immer auf Gewalt beruht - auch wenn diese "legitim" genannt wird -, so daß der Eintritt in die Politik gleichbedeutend damit sei (mit seinen eigenen Worten), "mit diabolischen Mächten einen Pakt (zu schließen)". Hinsichtlich der Gleichsetzung von "Rationalität" und "Verantwortung" ist darauf hingewiesen worden, daß das zweite der beiden Worte keineswegs *a halo word* - also ein mit einem Heiligenschein geschmücktes Wort - sein müsse, da es ein deskriptiver Terminus ist, der sich auf die Konnotation der Bereitschaft beschränkt, die Folgen und Ergebnisse unserer Entscheidungen und Handlungen in Erwägung zu ziehen anstelle der Absichten, die sie motivieren, oder der Überzeugungen, die ihnen zugrundeliegen.[32] Auch auf die Gefahr hin, eine Haltung gegenüber der Politik einzunehmen, die Weber vielleicht für kindisch halten würde, ist hier doch daran zu erinnern, daß die Politik von der instrumentellen und von der praktischen Vernunft gleichermaßen beansprucht wird und daß sie sowohl dem einen als auch dem anderen Anspruch gerecht werden muß. Ihre Beziehung zur Ethik jedoch hat viel mehr mit letzterer als mit ersterer zu tun.

Oft wird angenommen, daß die Bevorzugung der instrumentellen Vernunft bzw. Rationalität der Mittel vor der

---

31 Vgl. Daniel Bell, The End of Ideology, New York 1960, S. 288 f.

32 Vgl. Dennis H. Wrong, Einleitung zu ders. (Hrsg.), Max Weber, Englewood Cliffs 1970, S. 1-76, hier 61.

praktischen Vernunft bzw. Rationalität der Ziele neben einer Mißachtung der Ethik auch den Verzicht auf absolute Zielsetzungen mit sich bringt, der ja, wie wir soeben gesehen haben, als sicherster Weg zur Ausrottung des politischen Fanatismus gefeiert wird. Letzteres muß aber keineswegs notwendigerweise der Fall sein, denn im Prinzip wird durch nichts verhindert, daß das Festhalten an bestimmten für absolut gehaltenen Zielen oder Werten vereinbar ist mit der liberalen Zulassung eines Wertepluralismus.[33] Aber auch ersteres muß nicht unbedingt richtig sein, wenn man berücksichtigt, daß die Ausübung der instrumentellen Vernunft - die häufig, wenn auch nicht immer und unbedingt, auf eine Technologie im Dienste der politischen Herrschaft reduziert wird - selbst zum Ziel werden kann, das seinerseits verabsolutierbar ist.
Hierfür läßt sich kein besseres Beispiel anführen als die Aussage von O'Brien in Orwells "1984", in der es heißt, daß - anders als in der Zeit des Nationalsozialismus in Deutschland oder des Kommunismus in Rußland, wo man es noch für nötig hielt, politische Zwecke als Grundsätze zu tarnen - der Moment gekommen sei anzuerkennen, daß "der Zweck der Macht die Macht ist". Die brutale Einfachheit eines solchen Eingeständnisses trägt zur Aktualität des Orwellschen Werkes meines Erachtens mehr bei als seine Anklage des kommunistischen oder nazistischen Terrors; und sie ist es auch, die - abgesehen von der Beurteilung der literarischen Qualität - dieses Werk an die Spitze der dystopischen Literatur - noch über Zamjatins "Wir" oder Huxleys "Brave New World" - dieses Jahrhunderts stellt, welches nicht ohne Grund nicht nur für das Jahrhundert des "Untergangs der Utopie" bzw. ihres Nicht-Ortes,

---

[33] Diesen Punkt habe ich ziemlich ausführlich behandelt in meinem Aufsatz ¿Politeísmo o irracionalismo? Un dilema positivista, in: Contrafacta, im Druck.

sondern darüber hinaus für die Ära und den Ort von *Dystopia* gehalten wird. Schließlich verfolgen sowohl Zamjatins "Vereinigter Staat" wie auch der in Huxleys "Neuer Welt" keine unehrenhaften Ziele - sondern das Glück der Untertanen, auch wenn es hier an deren Entpersonalisierung und Idiotisierung grenzt -, die aber hinfällig werden durch den Gebrauch beklagenswerter Mittel, wie etwa einer zur Ausmerzung jeder Spur von Freiheit fähigen Macht. Für die Partei aber, in deren Namen O'Brien spricht, ist "Macht nicht ein Mittel, sondern ein Zweck". Seine Ideologie ist also nicht die des Großinquisitors - für den "das Schlechte ein Mittel ist, das dazu bestimmt ist, das Gute zu ermöglichen" - sondern die der Macht um einer Macht willen, die sich nicht bei Überlegungen über das Gute oder das Böse aufhält, einer Macht, deren Ausübung im Extremfall nicht mehr zur geistigen oder physischen Zerstörung des Individuums führt - wie im Fall von D-503 oder John dem Wilden in den Romanen von Huxley bzw. Zamjatin - sondern zu dessen moralischer Zerstörung, wie im Fall von Orwells Winston Smith. Der Roman von Orwell ließe sich interpretieren nicht so sehr als Vorhersage mit einer Reichweite von ungefähr drei Jahrzehnten, sondern eher als eine Meditation über die Strategen einer Ideologie der Macht um der Macht willen; einer Ideologie, die - nach der Verwandlung der schrecklichen Fratze, mit der Orwell sie gezeichnet hatte, in ein harmloses Gesicht - letztendlich mit derjenigen bürokratisierter und dem berühmten eisernen Gesetz von Michels unterworfener politischer Organisationen übereinstimmen sollte: mit der vom *bureaucratic personality type* Mertons bzw. vom *organization man* Whytes vertretenen und verkörperten Ideologie, die sich mit der Förderung durch den Staat zu jener *völlig verwalteten Gesellschaft* Horkheimers ausbilden wird, auf die wir uns in der Tat zubewegen, sofern wir sie nicht sogar schon erreicht haben. So, wie man totalitäre Bewegungen einmal "Orthodoxien ohne Doktrin" nannte, verdienten es die politischen Ausformungen der Ideologie der Macht um der Macht willen wohl eher, als "desideologisierte (d. h. prinzipienlose) ideologische Machenschaften" bezeichnet zu werden; dergestalt ist der Trick, dessen sich die List der instrumentellen Vernunft im Jahre 1984 bedient, um den Alptraum von "1984" - zweifellos in entdramatisierter, aber gerade dadurch auch unsere Wehrlosigkeit erhöhender Form - wieder heraufzubeschwören.

Es ist daher sehr wohl möglich, daß wir uns tatsächlich - wenn auch in einem ganz anderen Sinn als dem des Satzes von Marcuse - dem "Ende der Utopie" nähern,[34] was - neben dem unleugbar fortschreitenden Aktualitätsverlust der Utopie nicht nur als literarische, sondern ebenso als philosophische Gattung[35] - auch den nicht weniger unleugbaren und nicht aufzuhaltenden Aufstieg jener anderen Gattung erklären würde, die in der Sozialphilosophie unter dem Namen "Utopiekritik" bekannt ist.[36]

Das utopische Denken scheint aber, auch wenn es seiner endgültigen Auslöschung entgegengehen sollte, dank der

---

[34] Für Marcuse - Das Ende der Utopie, Berlin 1967 - bedeutete "das Ende der Utopie" im Gegenteil nicht weniger als ihre effektive - und außerdem, als wäre das noch nicht genug, ihre bevorstehende - Verwirklichung.

[35] Hermann Lübbe nennt diesen Wandel in Fortschritt als Orientierungsproblem im Spiegel politischer Gegenwartssprache, in: E. Klett (Hrsg.), Tendenzwende?, Stuttgart 1975, wie auch in seinen Büchern Fortschritt als Orientierungsproblem, Freiburg i. Br. 1975; Unsere stille Kulturrevolution, Zürich 1978; und Praxis der Philosophie, Praktische Philosophie, Geschichtsphilosophie, Stuttgart 1978, ein "Umschalten" bzw. eine Tendenzwende, die für unsere sozio-kulturelle Lage bezeichnend sei.

[36] Auf einer Linie, auf der - jeder in der ihm eigenen Weise - Ernst Topitsch und Arnold Gehlen - um nicht von Hans Freyer zu sprechen - Pionierarbeit geleistet haben, siehe heute - neben dem bekannten Buch von Robert Spaemann, Zur Kritik der politischen Utopie, Stuttgart 1977 - das "pro-Webersche" Buch von Hans Jonas, Das Prinzip Verantwortung, Frankfurt a. M. 1979, und das "anti-Blochsche" von Helmut Schelsky, Die Hoffnung Blochs, Stuttgart 1979.

sogenannten "kommunikationstheoretischen Transformation des Utopie-Problems"[37] zumindest eine gewisse Überlebensfähigkeit bewiesen zu haben. Peter Brenner hat diese Transformation folgendermaßen beschrieben:

"Die Probleme des gegenwärtigen utopischen Denkens haben einen Neuansatz der Diskussion erzwungen ... Der aporetischen Problemsituation wollen die Ansätze von Jürgen Habermas und Karl-Otto Apel gerecht werden, indem sie nicht mehr versuchen, positive utopische Ideale - wie sie von Bloch und den verschiedenen Versionen der Kritischen Theorie diskutiert wurden - zu begründen. Sie zielen vielmehr in einer kommunikationstheoretischen Wende der Argumentation darauf, den formalen Rahmen abzustecken, auf den die Formulierung solcher Ideale zwingend verwiesen ist."[38]

Dies schließt allerdings nicht aus, daß dieser Entwurf nicht seinerseits einen utopischen Gehalt besitzt, der sich völlig korrekt darstellen läßt, indem man sagt, daß - inmitten des allgemeinen Mangels an Glauben und an Hoffnung in jeden utopischen Vorschlag - "die Forderung nach einer Vernunft für die Utopie zur Utopie der begründeten Rationalität wird".[39]
Nun weiß man, daß die Unterschiede zwischen den beiden Philosophien von Habermas und Apel letztlich ebenso schwer wiegen wie ihre ursprünglichen Konvergenzpunkte.[40] Und während Habermas sich im allgemeinen nicht dazu äußert, daß sein Denken als "utopisch" charakterisiert

---

[37] Vgl. P. J. Brenner, Aspekte und Probleme der neueren Utopiediskussion in der Philosophie, in: Wilhelm Voßkamp (Hrsg.), Utopieforschung. Interdisziplinäre Studien zur neuzeitlichen Utopie, 3 Bde., Stuttgart und Tübingen 1982, Bd. I, S. 11-63.
[38] Ebd. S. 41.
[39] Vgl. die ausgezeichnete Arbeit von Rafael del Aguila, Crítica y reivindicación de la utopía: la racionalidad del pensamiento utópico, in: Revista Española de las Investigaciones Sociológicas 25 (1984), S. 37-70, hier 68.
[40] Siehe hierzu meine Arbeit Más allá del contrato social: Venturas y desventuras de la ética comunicativa, Kap. VII von Desde la perplejidad, a. a. O.

wird, hat Apel diese heutzutage so lästige Einschätzung mindestens einmal - wenn auch in abgeschwächter Form - akzeptiert.[41] All dies läßt es ratsam erscheinen, uns darauf zu konzentrieren, wie Apel selbst an das Problem der Utopie herangeht, wobei allerdings zunächst sein gemeinsamer Nenner mit Habermas hervorzuheben ist.[42]
Wenden wir uns also diesem gemeinsamen Nenner zu. Vielleicht ist es angebracht, hier eine Frage wieder aufzunehmen, die weiter oben unbeantwortet geblieben war. Ich beziehe mich auf die Frage nach der Versöhnung des Universalitätsanspruchs der moralischen Gesetze auf der einen mit der Bedingung der Autonomie der moralischen Subjekte auf der anderen Seite. Kant ließ, wie erwähnt, dieses Problem ungelöst, wenngleich er der erste war, der es sich in aller Schärfe stellte. Daß er sich das Problem in aller Schärfe stellte, zeigt sich daran, daß für ihn die Ethik die Gesetze für die ganze Welt macht, ohne daß er damit ausschließt - ganz im Gegenteil -, daß jeder von uns Gesetzgeber ist. Jedoch gelang es ihm nicht, das Problem zu lösen, denn dazu hätte es nicht genügt - wie wir bei früherer Gelegenheit schon feststellten -, uns aufzufordern, so zu handeln, daß wir wollen können, daß die Maxime unseres Handelns allgemeines Gesetz wird. Die Verhaltensmaximen verschiedener Subjekte könnten nämlich ebenfalls verschieden sein, so daß die Kantische Formel allein nicht einmal die Verträglichkeit und noch viel weniger die Übereinstimmung der entsprechenden Gesetzgebungen

[41] Apel, Ist die Ethik der idealen Kommunikationsgemeinschaft eine Utopie?, in: W. Voßkamp (Hrsg.), Utopieforschung, a. a. O. Bd. I, S. 325-355.

[42] Apel, a. a. O., legt nicht nur Wert darauf, diesen gemeinsamen Nenner zu betonen, sondern man könnte sogar sagen, daß er ihn übertreibt, da er nicht zur Kenntnis nimmt - oder vielleicht, angesichts des wahrscheinlichen Redaktionsschlusses seiner Arbeit, keine Möglichkeit hatte zu berücksichtigen -, daß Habermas sich kurz zuvor (besonders seit der Theorie des kommunikativen Handelns, 2 Bde., Frankfurt a. M. 1981) von einigen der zunächst von beiden vertretenen Positionen distanziert hat.

garantiert. Habermas hat daher in unseren Tagen das Gesetz von Kant folgendermaßen umformuliert:

"Statt allen anderen eine Maxime, von der ich will, daß sie ein allgemeines Gesetz sei, als gültig vorzuschreiben, muß ich meine Maxime zum Zweck der diskursiven Überprüfung ihres Universalitätsanspruchs allen anderen vorlegen."[43]

Was die neue Formulierung von Habermas zu suggerieren scheint, ist, daß, wenn es uns Menschen eines Tages gelingen sollte, eine wirkliche Gemeinschaft zu bilden, dann jedes einzelne Mitglied dieser Gemeinschaft vielleicht etwas dazu tun könnte, um - durch einen *rationalen Diskurs*, d. h. durch jenen Gebrauch der Vernunft, der die *dialogische Rationalität* ausmacht[44] - zu einer Übereinkunft darüber zu kommen, welche moralischen Maximen es verdienen, universale Gesetze zu werden, welche letzten Werte oder Zwecke wir zu teilen bereit sind und welche Bedürfnisse und Interessen wir als allen Menschen gemein anerkennen können. Die Idee einer derartigen Übereinkunft ersetzt, zumindest im Prinzip, nicht das *forum internum* der persönlichen Moral jedes Einzelnen, sondern zielt vielmehr darauf ab, ihn zu ergänzen durch einen "kritischen Kanon, mit dem jede Gesetzgebung im Bereich der öffentlichen Moral zu sanktionieren ist, denn eine solche Gesetzgebung könnte nur in dem Maße verpflichtend sein, in dem die Gesamtheit aller Betroffenen an ihrer Formulierung beteiligt war".[45] Diese Absicht ist jedoch einfacher auszusprechen als auszuführen. Oder anders ausgedrückt: Es gibt keinen Grund, warum für Habermas die Schwierigkeit, die beiden Versionen der Moral - die persönliche und die

[43] Habermas, Diskursethik, in: Moralbewußtsein und kommunikatives Handeln, Frankfurt a. M. 1983, S. 53-126, hier 77.
[44] Vgl. Más allá del contrato social, a. a. O.
[45] Habermas, Diskursethik, a. a. O. S. 86 ff.

öffentliche Moral - zu versöhnen, weniger groß sein sollte als die Schwierigkeit für Kant, den Anspruch der ethischen Gesetzgebung auf Einzigartigkeit mit der Existenz einer Vielzahl von Gesetzgebern zu versöhnen. Der rationale Dialog ist zweifellos notwendig, um jene Übereinkunft zu erzielen, von der Habermas spricht. Es ist aber in keiner Weise gesichert, daß er auch hinreichend ist. Und in einer Welt wie diejenige, in der wir leben müssen, wird eine Übereinkunft dieses Ausmaßes sicher immer illusorisch erscheinen. Dessenungeachtet nährt sich von dieser Illusion das, was wir unter Demokratie zu verstehen gewohnt sind. Denn auf einer ethischen Ebene reduziert sich die Substanz der Demokratie darauf, jedem einzelnen Mitglied der Gemeinschaft Rede- und Stimmrecht im Dialog zuzugestehen, angefangen mit jenen Gemeinschaften - solange es, wie in unserer Welt, verfrüht ist, von einer universalen menschlichen Gemeinschaft zu sprechen -, zu denen wir tatsächlich in der heutigen Welt gehören.
Um nun die Charakterisierung einer solchen "Gemeinschaft" Apel zu überlassen, wollen wir vor allem sagen, daß er sie auffaßt als eine Dialog- oder *Kommunikationsgemeinschaft*, wobei er unterscheidet zwischen dem, was er selbst die *ideale* Kommunikationsgemeinschaft nennt, und den *realen* Kommunikationsgemeinschaften. Eine "reale" Kommunikationsgemeinschaft bestünde immer in einem bestimmten "Sprachspiel" im Wittgensteinschen Sinne des Wortes.[46] Und die "Lebensform", die sie auszeichnet, kann - um nicht zu sagen, daß sie es immer tut - Beschränkungen auferlegen, die dem Vorliegen von Herr-

[46] Über die eigenwillige Aneignung der Sprachphilosophie des Wittgenstein der Philosophischen Untersuchungen durch Apel siehe dessen Arbeiten Wittgenstein und das Problem des hermeneutischen Verstehens, Sprache als Thema und Medium der transzendentalen Reflexion und Der transzendentalhermeneutische Begriff der Sprache, in: Transformation der Philosophie, a. a. O. Bd. I, S. 335-377; Bd. II, S. 311-329 und 330-357.

schaftsstrukturen in ihrem Inneren entspringen. Unter diesen Umständen ist anzuzweifeln, daß die von den Mitgliedern der Gemeinschaft eingegangenen Übereinkünfte je völlig frei von Zwang sind und es daher verdienen, als "rational" angesehen zu werden, es sei denn in dem der instrumentellen Vernunft eigenen strategischen bzw. taktischen Sinn. Nach Apel ist jedoch ein Sprachspiel bzw. eine Lebensform - die im Idealfall so etwas wie das prinzipielle Analogon jedes anderen Sprachspiels bzw. jeder anderen Lebensform darstellen würde - nicht undenkbar, in der die Kommunikation "herrschaftsfrei" und unbehindert abläuft und der Gemeinschaftskonsens keinem anderen Zwang als dem zur *Argumentation* unterliegt. Und nur wenn man an eine solche "ideale" Gemeinschaft denkt, hätte es für Apel Sinn zu verlangen, daß die Mitglieder der realen Gemeinschaft ihre gegenseitige Interaktion an einer anderen als der instrumentellen Vernunft ausrichten, nämlich an jener Rationalität, die wir - im Gegensatz zur taktischen bzw. "strategischen Rationalität" - kommunikative oder "dialogische" Rationalität genannt haben. Apel nennt sie "konsensual-argumentative Rationalität", da sie sich nicht nur des Arguments bedient - womit ihr Stammbaum zurückreicht bis zum sokratischen argumentativen Diskurs der *Dialoge* Platons -, sondern, über den Kontraktualismus bzw. Neokontraktualismus eines Großteils der neueren politischen und Moralphilosophie hinaus, auch das Erreichen eines rational begründeten Konsenses unter den am Dialog Beteiligten zum Ziel hat. Letztlich wäre sie daher mit der "praktischen Vernunft" gleichzusetzen. Was nun die Forderung betrifft, an diese höchste Instanz zu appellieren, so enthält sie den mahnenden Hinweis auf eine moralische Pflicht, eine Pflicht, die zu einer Ethik führt, welche für sich mit gutem Recht den Titel "kommunikative Ethik" beanspruchen kann. Allein diese kommunikative Ethik könnte uns aus der verblüffenden paradoxen Situation heraushelfen, von der wir zu Beginn dieses Aufsatzes sprachen, da ihre Aufgabe keine andere ist als die, für jedes menschliche Wesen die Verpflichtung einzuführen, jede Gemeinschaft, an der es teilhat - einschließlich der Humanität als zumindest potentielle universale Gemeinschaft -, an die idealen Bedingungen der idealen Kommunikationsgemeinschaft heranzuführen.[47] Womit wir schließlich zu der Frage kommen, die die Überlegungen Apels zur "dialogischen Utopie" anregt: *Ist die kommunikative Ethik eine Utopie*?

Um seine Antwort vorwegzunehmen: Apel antwortet mit Nein, sofern die Frage verstanden wird als gleichbedeutend mit der Frage: "Ist die kommunikative Ethik *nur* eine Utopie?", seine Antwort lautet jedoch Ja, wenn "die Ethik der idealen Kommunikationsgemeinschaft" verstanden wird als "partielle Rechtfertigung der *utopischen Intention*".[48]

Um seine Überlegungen darzulegen, geht Apel in drei Schritten vor, die uns hier in unterschiedlichem Maße interessieren. Zunächst macht er sich an eine Kritik der von uns "eschatologisch" genannten Utopie, um die Ethik der idealen Kommunikationsgemeinschaft abzugrenzen von einem derartigen "von der spekulativen Geschichtsphilosophie geleiteten Utopiebegriff", mit dem sie mehr als einmal in Verbindung gebracht worden ist.[49] Anschließend versucht er zu bestimmen, welcher Natur - von seinem speziellen Standpunkt aus gesehen - die Beziehung zwischen "Ethik und Utopie" eigentlich ist. Schließlich entwickelt er, ausgehend von seiner vorherigen Utopiekritik,

---

[47] Apel, Ist die Ethik der idealen Kommunikationsgemeinschaft eine Utopie?, a. a. O. S. 333 ff.

[48] Ebd. S. 338 ff.

[49] Ebd.

Überlegungen hinsichtlich der Notwendigkeit, die "Verwirklichung der formalen Bedingungen für eine ideale Kommunikationsgemeinschaft" einer Politik zu überantworten, die den Anforderungen der "Verantwortungsethik" genügt.[50] Für unsere Zwecke können wir hier auf den ersten und den letzten dieser drei Schritte verzichten, da sowohl das Thema der "eschatologischen" Utopie als auch das der Verantwortungs-"Ethik" - Themen, die Apel Bloch und Weber zuordnet - von uns weiter oben schon behandelt wurde. Und was deren Behandlung durch Apel vermittels seiner eigenen "Utopiekritik" betrifft, die meines Erachtens ohne Not von der derzeitigen Welle neokonservativer Kritik am utopischen Denken ausgelöst wurde, so scheint es ratsam, ihre Analyse zurückzustellen, bis der Autor seine bislang kaum skizzierte, aber vielversprechende "Kritik der utopischen Vernunft" weiterentwickelt haben wird.[51] Betrachten wir also den zweiten und zentralen der genannten Schritte. Darin beschäftigt sich Apel, wie gesagt, mit der Beziehung zwischen Ethik und Utopie, d. h. mit der Frage: "Wie verhält sich die kommunikative Ethik zur utopischen Intention des Menschen?"

Die kommunikative Ethik ist - wie wir schon vorweggenommen hatten - für Apel nicht nur eine Utopie. Er zögert aber nicht, ihr die Aufgabe zuzuweisen, eine "partielle Rechtfertigung" für die utopische Intention zu liefern. Dabei geht er von folgendem Standpunkt aus:[52]

---

[50] Ebd. S. 340-346.

[51] Für eine erste Annäherung an unser Thema - die mich einmal dazu verleitet hat (De la intrascendentalidad de la razón, Kap. IV von Desde la perplejidad), die Apelsche kommunikative Ethik nicht nur als "utopisch", sondern auch als "eschatologisch" aufzufassen - siehe Apel, Das Apriori der Kommunikationsgemeinschaft, a. a. O. S. 423 ff.

[52] Apel, Ist die Ethik der idealen Kommunikationsgemeinschaft eine Utopie?, S. 342 f.

"Der argumentative Diskurs ... beruht in der Tat auf einer Idealisierung im Sinne der Trennung von *konsensual-argumentativer Rationalität* und *strategischer Rationalität*. Diese Trennung ist für die Kommunikationsformen der Menschen vor und außerhalb der Einführung des argumentativen Diskurses nicht charakteristisch und bleibt selbst für den Diskurs, den sie als Institution *konstituiert*, gleichzeitig eine 'regulative Idee', der nichts Empirisches völlig korrespondieren kann ... Doch aus diesem Umstand folgt keineswegs, daß die im argumentativen Diskurs vorausgesetzte Ethik für das Austragen praktischer Lebenskonflikte nicht verbindlich ist. Denn auch dies setzt jeder, der ernsthaft argumentiert, ... immer schon a priori voraus: daß der Diskurs unter den normativen Bedingungen einer idealen Kommunikationsgemeinschaft nicht bloß ein mögliches 'Sprach-Spiel' unter anderen ist, sondern als einzig denkbare Begründungs- und Legitimationsinstanz auf die strittigen Geltungsansprüche der Menschen in allen möglichen Sprachspielen bezogen ist."

Um jedoch sagen zu können, daß Ethik und Utopie miteinander in Beziehung stehen, muß man beide voneinander unterscheiden können. Was wäre demnach das Kriterium dieser Unterscheidung? In einem ersten Ansatz zur Unterscheidung könnte man vielleicht zeigen, daß sowohl die Ethik als auch die Utopie ein Ideal antizipieren, daß aber - während die Utopie "das Ideal durch die Vorstellung einer empirisch-möglichen Alternativ- oder Gegenwelt [antizipiert]" - die ethische Antizipation "das Ideal nur als *regulative Idee* [betrachtet], deren Entsprechung unter Bedingungen der Realität ... niemals als völlig realisierbar unterstellt werden kann". Dies ist zwar nicht falsch, behandelt jedoch für Apel die Frage nicht erschöpfend. Er beharrt darauf, daß auch die ethische Antizipation die eines "Idealzustands" ist, zu dessen Herbeiführung in der Zukunft die Ethik - wenn auch nicht mit einer Fülle empirischer Details, so doch auch nicht nur auf rein abstrakte Weise - aufruft. Hieraus würde sich eine ethische Rechtfertigung nicht nur der "*Pflicht* der langfristigen Aufhebung des Widerspruchs zwischen Realität und Ideal", sondern auch des "Fortschrittsglaubens" selbst, der mit einer solchen Überwindung einhergeht, ergeben. Mit diesem Korollar begeben wir uns, wie auch Apel eingestehen muß, ins sumpfige Grenzgebiet der spekulativen Geschichtsphilosophie, die - ebenso wie ihre Vorläuferin, die jüdisch-christliche Eschatologie - "eine innerzeitliche Realisierung des Ideals gemäß einem dialektischen Gesetz des Geschichtsverlaufs" für gesichert hält. Apel sieht sich daher zu schwierigen Balanceakten genötigt, um dieser Fallgrube zu entgehen. Er kommt dabei zu folgendem Schluß:

"[M]it dem *ethisch* begründeten Fortschrittspostulat ist weder ein Verzicht auf die progressive Realisierung des Ideals vereinbar noch die Vorstellung einer eschatologischen Verifikation ... in der Zeit ... Ich möchte darin eher eine kritische Differenzierung zwischen ... der *ethischen* Zukunftsdimension des unbedingten Sollens ... und ... der *geschichtsspekulativen* Zukunftsdimension der *Voraussagbarkeit* erblicken. Den aktuellen Vorzug der kritischen Begründbarkeit aber möchte ich eindeutig der *ethisch-deontischen Teleologie* zuerkennen. Aus ihrer Sicht muß die *spekulativ deterministische Geschichtsphilosophie* durch den immer neuen Versuch einer *kritischen Rekonstruktion der Geschichte in praktischer Absicht* ... ersetzt werden."[53]

[53] Man muß diesbezüglich darauf hinweisen, daß - entgegen dem, was Apel (ebd. S. 327 ff.) nahezulegen scheint - nicht jede spekulative Geschichtsphilosophie eschatologisch sein muß: So erklärt sich, daß einerseits die traditionelle Unterscheidung zwischen "analytischer" und "spekulativer" Geschichtsphilosophie heute revidiert wird (vgl. Haskell B. Fain, Between Philosophy and History. The Resurrection of Speculative Philosophy of History within the Analytic Tradition, Princeton 1970), während andererseits nicht einmal der Gedanke unsinnig erscheint (vgl. Gerald A. Cohen, Karl Marx's Theory of History. A Defence, Oxford 1979), das analytische Instrumentarium zur Verteidigung einer bestimmten spekulativen Geschichtsphilosophie, wie sie der historische Materialismus darstellt, einzusetzen, sofern sie nur erst von eschatologischen Rückständen bereinigt ist.

Die Philosophie Apels ist, wenn auch nicht mehr Teil einer spekulativen Geschichtsphilosophie im strengen Sinn, so doch zumindest - auch dies hat er ausdrücklich zugegeben - "quasi-geschichtsphilosophisch", d. h. Teil der "quasi-utopischen" und ich fürchte auch der "quasi-eschatologischen" Literatur.

Das, was Apel in den vorausgegangenen Absätzen auszudrücken versucht - und in ganz besonderer Weise seine Verteidigung der Ethik gegen die Geschichtsphilosophie -, läßt sich vielleicht zutreffender als durch seinen zweifelhaften Rückgriff auf eine "ethisch-deontische Teleologie", die unseren erschütterten Glauben an den Fortschritt festigen soll, ausdrücken anhand der von Neusüss aufgenommenen Unterscheidung zwischen einem "horizontalen" und einem "vertikalen" Utopiemodell.[54] Bei ersterem wäre die Utopie - d. h. das Korrelat zur utopischen Intention - nicht mehr und nicht weniger als die Krönung der linearen Entwicklung der Geschichte, bei der das Sein schließlich nach der tatsächlichen Verwirklichung des utopischen Ideals mit dem höchsten Gut übereinstimmen würde. Im zweiten Fall dagegen würde die Utopie vielmehr senkrecht auf den historischen Prozeß bzw. einzelne geschichtliche Momente einwirken, wobei sie in jedem dieser Augenblicke den Kontrast zwischen Realität und Ideal - die Spannung zwischen Sein und Sollen - erneut vor Augen führt und so die Erfüllung der utopischen Intention, für de-

[54] A. Neusüss, Utopie, a. a. O. Einleitung, III, 2, wo Neusüss sich anregen läßt von der Unterscheidung in Paul Tillich, Kairos und Utopie, Stuttgart 1963, zwischen einer "horizontalen" und einer "vertikalen" Linie - die beide in Zusammenhang stehen mit "der suprahistorischen Dimension des Reiches Gottes" - innerhalb der "utopischen Prophezeiungen"; dies ist eine theologische Unterscheidung, die wir nicht übernehmen können, ohne ihren Sinn zu verändern, da sie - so wie Tillich sie formuliert (a. a. O. S. 150 ff.) - eher auf eine metahistorische Ebene abzielt, die vielleicht zu der der Geschichte parallel verläuft, die aber trotzdem von der Geschichte selbst verschieden - wenn nicht sogar unabhängig - ist.

ren endgültige Erfüllung es keine Garantie gibt, fragmentiert. Es handelt sich, wie wir sehen, nicht nur um *unterschiedliche Utopiemodelle*, sondern auch um *unterschiedliche Auffassungen von Ethik*, nämlich eine teleologische Auffassung - die in diesem Fall untrennbar verbunden ist mit einer eschatologischen Geschichtsphilosophie - und eine deontologische Auffassung, die nicht prinzipiell den Rekurs auf irgendeine Eschatologie erfordert.[55] In einem Werk wie dem Blochs finden sich beide Modelle und beide Auffassungen nebeneinander. Aber letztendlich setzen sich in ihm die *horizontale Utopie* und die Ethik des höchsten Gutes gegenüber der Ethik des Sollens und der *vertikalen Utopie* durch.[56] Und wenn es nur jenes Utopiemo-

[55] In der Regel werden diese Auffassungen - wie auch die beiden Modelle - der eudämonistischen respektive der autonomistischen Haltung zugeordnet, wie Bloch selbst feststellt bei seinem - von uns im folgenden behandelten - Versuch, die Koexistenz und sogar die Verbundenheit der verschiedenen Traditionen der "sozialen Utopie" und des "Naturrechts" zu verteidigen (Naturrecht und menschliche Würde, Gesamtausgabe, Bd. VI, Frankfurt a. M. 1961): "Obgleich beide in dem Entscheidenden einig waren, das menschlichere Gesellschaft heißt, so bestanden doch zwischen Sozialutopien und Naturrechtslehren lange wichtige Unterschiede. Sie sind, sehr abgekürzt, so formulierbar: Die Sozialutopie ging auf menschliches Glück, das Naturrecht auf menschliche Würde. Die Sozialutopie malte Verhältnisse voraus, in denen die *Mühseligen* und *Beladenen* aufhören, das Naturrecht konstruierte Verhältnisse, in denen die *Erniedrigten* und *Beleidigten* aufhören ... Die Sozialutopien gehen überwiegend auf das *Glück*, mindestens auf Abschaffung der Not und der Zustände, die diese erhalten oder produzieren. Die Naturrechtstheorien gehen, wie so deutlich erhellte, überwiegend auf *Würde*, auf Menschenrechte, auf juristische Garantien der menschlichen Sicherheit oder Freiheit, als Kategorien humanen Stolzes. Demgemäß richtet sich die Sozialutopie vor allem auf Abschaffung des menschlichen *Elends*, das Naturrecht vor allem auf Abschaffung der menschlichen *Erniedrigung*. Die Sozialutopie will wegräumen, was der *Eudämonie* aller, das Naturrecht, was der *Autonomie* und ihrer *Eunomie* im Wege steht." (a. a. O. Vorwort, S. 13 f., 233 ff.)

[56] Genauer gesagt gelingt es Bloch - vielleicht, weil in seiner Philosophie die "Sozialutopie" wie das "Naturrecht" gleichermaßen offen sind für eine eschatologische Auslegung - nicht, die Möglichkeit eines Konflikts zwischen den beiden zu sehen, was ihn zu dem - für sein Denken charakteristischen - Vorschlag ihrer "Synthese im Marxismus" führt (ebd. S. 235-238); vgl. Felipe González Vicen, Ernst Bloch y el Derecho natural, in: Sistema 27 (1978), und Ernst Blochs Philosophie der Utopie, in: W. Voßkamp (Hrsg.), a. a. O. S. 293-303).

dell und jene Auffassung von Ethik gäbe, dann wäre es nicht verwunderlich, daß der aktuelle Ansehensverlust der Utopie den noch schwerer wiegenden Ruin der Ethik mit sich bringen würde. Der Lauf der Geschichte scheint nicht in die von Bloch erträumte Richtung der Vollendung des Mythos von der Einheit von Subjekt und Objekt zu führen, die - in ihrer am ehesten direkt politischen Version - sich niederschlagen müßte in der Identifizierung des Menschen als Individuum mit dem Menschen als Bürger bzw. der zivilen Gesellschaft mit dem Staat, was die Abschaffung dieses letzteren und seine Ersetzung durch eine radikale Demokratie zur Folge haben müßte. Es handelt sich dabei um eine Identifizierung, deren Erringung die von Bloch - wie vorher von Marx selbst - dem Sozialismus zugeschriebene Aufgabe wäre.[57]

---

[57] Um mit "Naturrecht und menschliche Würde" fortzufahren, so liest man dort: "[Marx] entdeckte das Privateigentum als regierend unter den anderen Menschenrechten, doch diese anderen treten dadurch desto abgebrochener hervor. Lehnt Marx, wenn er das Privateigentum als bürgerliche Schranke in den Menschenrechten anzeigt, Freiheit, Widerstand des Volkes gegen Unterdrückung, Sicherheit als die anderen Anmeldungen des Rechten ab? Durchaus nicht, wie sich von selbst versteht, er trieb vielmehr auf ihre weiterlaufende, durch kein Privateigentum verhinderte und wachsend vernichtete Konsequenz ... Wonach Solidarität des Sozialismus bedeutet, daß der Mensch in den Menschenrechten nun nicht mehr das egoistische Individuum darstelle, sondern das sozialistische, welches nach der Marxschen Prophezeiung seine *forces propres* in gesellschaftlich-politische verwandelt habe. Dergestalt, daß der *citoyen* aus dem abstrakt-moralischen Jenseits, welches er in der Ideologie der Französischen Revolution bewohnte, ins Diesseits der vergesellschafteten Menschheit zurückgeholt ist ... [D]ann erst, sagt Marx, 'ist die menschliche Emanzipation vollbracht'." (A. a. O. S. 203-206) "Bis dahin und zu diesem Ende wäre der Staat als sozialistischer nach der Weisung von Marx und Engels der Staat in seiner *völlig verkehrten Gestalt*, mit keiner bisherigen vergleichbar. Er fungierte schlechthin nur als Diener seines Untergangs, ein vorübergehendes Gerüst und Stützbalken am Bau des zu errichtenden Nicht-Staats ... 'An die Stelle der alten bürgerlichen Gesellschaft mit ihren Klassen und Klassengegensätzen tritt eine Assoziation, worin die freie Entwicklung eines jeden die Bedingung für die freie Entwicklung aller ist' (*Kommunistisches Manifest*) ... Und da kein Rechtsstaat in prosperity das wahre, katastrophenhaltige Wesen des Kapitalismus auf Dauer verdecken kann und ebenso kein Stalineffekt, mit sehr veränderbaren Ursachen, den menschlichsten aller Siege, den Sozialismus, so

Man muß nicht betonen, daß diese Errungenschaft bis heute nicht verwirklicht wurde und daß es auch keine Anzeichen für ihre Verwirklichung in absehbarer Zukunft gibt. In der sogenannten sozialistischen Welt befindet sich die Abschaffung des Staates sicher jenseits jeglicher menschlichen Vorstellungskraft, und wir beobachten heute - anstelle einer fortschreitenden Überwindung der Kluft zwischen ziviler Gesellschaft und Staat - eine Verschärfung ihres Gegensatzes. Was die kapitalistische Welt betrifft, so gibt es Legionen von Beobachtern, die beharrlich auf die Überbordung des klassischen Nationalstaates hingewiesen haben; diese hat aber stattgefunden auf Betreiben und zugunsten der großen multinationalen Konzerne - die ihrerseits in einer Art superstaatlicher Organisation im Weltmaßstab zusammengeschlossen sind -, eine Feststellung, die kaum dazu beitragen kann, unsere entnervten freiheitsliebenden Gemüter aus ihrer Niedergeschlagenheit zu reißen. Deswegen müssen wir jedoch keineswegs aus der Not eine Tugend machen und einen Lobgesang auf die Vorzüge des Staates anstimmen - selbst wenn es sich dabei um einen sogenannten "Sozialstaat" handelt. Andererseits ist der Widerstand gegen ihn nicht zu verwechseln mit dem Versuch der neoliberalen und neokonservativen Reaktion, ihn seiner Unterstützungs- und Wohlfahrtsaspekte zu entkleiden, wobei beide "Neo-ismen" - Neoliberalismus und Neokonservatismus - viel eher die Einschätzung als "Paläo-ismen" verdienten. Der Kampf für eine radikale Demokratie könnte aus ethischen Gründen jedenfalls weiterhin die Mühe lohnen, selbst wenn er von keiner Geschichtsphilosophie mehr gestützt wird und auch keiner anderen utopischen Intention mehr entspricht als einer solchen, die keiner - man müßte heute sagen: nicht nur fer-

gelten diese Marxworte *ante rem* auch *in re, post rem*; ihre Wahrheit ist *index sui et falsi*." (Ebd. S. 309 f.)

nen, sondern sogar verlorenen - Horizonte bedarf, um zu bestehen. Und ganz ähnlich liegen die Dinge hinsichtlich unseres Einsatzes für die dialogische Utopie, der keinerlei Urteil über deren mehr als zweifelhafte historische Wahrscheinlichkeit beinhalten muß. In der Tat sind derzeit wenige Dinge so unwahrscheinlich wie die - um die schöne Beschreibung Emilio Lledós zu gebrauchen - "Utopie der vollen Kommunikation, mit einer größeren Reichweite als die Stimme Stentors, jenes Herolds der *Ilias*, die Aristoteles in der *Politik* erwähnt und deren Reichweite die Grenze markierte, jenseits derer es keine pólis mehr gab".[58] Mit einer solchen Mahnung soll nicht in Anlehnung an Rousseau behauptet werden, daß authentische Demokratie in unseren aktuellen komplexen Gesellschaften allein aufgrund ihrer Komplexität nicht möglich ist. Schließlich stellt uns die Kommunikationstechnologie gerade heute ein umfangreiches Repertoire an "Stentorstimmen" zur Verfügung, die jede dieser Gesellschaften erreichen und sogar weit über sie hinausgehen können. Was aber nicht einmal die gewaltigste Stimme garantieren kann, ist, daß die Kommunikation innerhalb dieser Gesellschaften genügend vollkommen ist in dem Sinne, daß sie der Manipulation entzogen, reziprok, symmetrisch und, mit einem Wort, demokratisch ist. Wir wollen also gar nicht von der universalen Kommunikationsgemeinschaft sprechen. Wie "universal" eine solche - heutzutage, um die Wahrheit zu sagen, inexistente - "Gemeinschaft" auch sein mag, sie wäre doch wohl immer eine reale und nicht eine ideale Kommunikationsgemeinschaft, in der eine sozusagen absolute "Kommunikationstransparenz" herrschen würde. Die reale Universalität der Kommunikation -

[58] E. Lledó, La realidad de la utopía, in: Ramón García Cotarelo (Hrsg.), Las utopías en el mundo occidental, Universidad Internacional Menéndez Pelayo 1981, S. 13-32, hier 25.

die für sich schon unwahrscheinlich genug ist - wäre sicher weit davon entfernt, uns zu garantieren, daß diese nicht nur real universal, sondern auch ideal transparent ist. Jedenfalls bietet der Gegensatz von kommunikativer Undurchsichtigkeit und Transparenz Anlaß zu der Unterscheidung Apels zwischen dem einfachen "faktischen Konsens" einer realen und dem "argumentativen Konsens" der idealen Kommunikationsgemeinschaft, die als Apriori und sogar als transzendentale Bedingung für die Möglichkeit der kommunikativen Ethik selbst aufgefaßt wird.[59] Undurchsichtig wäre jene kommunikative Situation, in der es nicht möglich ist zu erkennen, ob eine Übereinkunft das Ergebnis stichhaltiger Argumente gewesen ist oder ob sie mit dem Argument der Gewalt erreicht wurde. Die Häufigkeit derartiger Situationen macht glauben, daß es vielleicht dringlicher ist, die Undurchsichtigkeit zu bekämpfen, als zu präzisieren, worin die Transparenz der kollektiven Kommunikation besteht, so wie es gewöhnlich dringender ist, Ungerechtigkeit anzuprangern, als eine Theorie der Gerechtigkeit zu erarbeiten. Abgesehen von anderen Schwierigkeiten, bei denen wir uns hier nicht aufhalten können, sollte uns die Tatsache, daß Apel auf der Notwendigkeit eines *Konsenses* beharrt, jene Dringlichkeit nicht vergessen lassen, da reale Konflikte in den seltensten Fällen durch einen idealen Konsens gelöst werden. Und was auch immer in einer idealen Kommunikationsgemeinschaft geschehen würde, die menschliche Kommunikation

[59] Strenggenommen reichen die von Apel - Ist die Ethik der idealen Kommunikationsgemeinschaft eine Utopie?, a. a. O. - angeführten Traditionen und Modelle von der "räsonierenden Öffentlichkeit" Kants bis zum "handlungsentlasteten Diskurs" von Habermas, aber die innere Logik seiner "idealen Kommunikationsgemeinschaft" würde sich nicht mit weniger als der vollkommensten kommunikativen Transparenz zufrieden geben können, die als solche eine besondere Variante des "Mythos" der sozialen und politischen "Transparenz" ist (vgl. meinen Aufsatz En torno al mito de la transparencia, in: Diálogos, im Druck).

ist im allgemeinen weder völlig undurchsichtig noch völlig transparent, sondern auf mehrdeutige Weise durchsichtig, so daß sie sowohl die Gefahr des Kommunikationsverlustes als auch die Möglichkeit in sich birgt, diese zu überwinden. Die kommunikative Ethik, die in jedem Fall zu letzterem verpflichtet, ist erklärtermaßen utopisch, was bedeutet, daß es - da sie bestenfalls ansatzweise die reale Konsistenz einer Tatsache besitzt - zwecklos ist, uns - transzendental oder nicht - nach den empirischen Voraussetzungen für ihre Möglichkeit zu fragen. Im Gegenteil scheint die "Utopie der vollen Kommunikation" - die weder eschatologisch noch quasi-eschatologisch, sondern ein ständig unbefriedigtes, wenngleich gerade deswegen von der utopischen Intention beharrlich immer wieder aufgegriffenes Bestreben ist - vielmehr, anders als Apel zu glauben scheint, ein problematisches und ungewisses *Aposteriori* in sich zu bergen.[60]

Aus dem Gesagten folgt schließlich, daß die Utopie der vollen Kommunikation mit der Vertikalität der Utopie viel mehr zu tun hat als mit ihrer Horizontalität. Würde aber in diesem Fall der vertikale Utopiebegriff - dem wir uns hier anschließen - nicht übereinstimmen mit demjenigen, den Neusüss selbst als "konservativen Utopiebegriff" bezeichnet und kritisiert hat?[61] Wenn wir uns auf seine Charakterisierung eines solchen konservativen Utopiebegriffs beziehen - die Utopie als ethische Instanz, die senkrecht über der historischen Ebene steht, in der unser politisches Leben verläuft -, dann fällt die Antwort fraglos zustimmend aus, da die Auffassung von Utopie, die wir vertreten, die-

[60] Siehe neben der soeben zitierten Arbeit meinen Beitrag El aposteriori de la comunidad de comunicación y la ética sin fundamentos, in: Adela Cortina (Hrsg.), Estudios sobre la filosofía de Karl-Otto Apel, in Vorbereitung.

[61] Er tat dies u. a. in der zitierten Arbeit, wobei er in diesem Fall auf Hans Freyer, Die politische Insel. Eine Geschichte der Utopien von Plato bis zur Gegenwart, Leipzig 1936, S. 165 ff., verweist.

ser mehr gleicht als jeder der bekannten fortschrittlichen Alternativen. Wenn wir uns aber auf seine Kritik am konservativen Utopiebegriff beziehen - an einer utopischen Instanz, die vom Lauf der Geschichte unabhängig ist, was jeden politischen Kampf um der Utopie willen zwecklos und sogar unerwünscht machen würde -, dann möchte ich doch darauf vertrauen, daß unsere Auffassung von Utopie dieser Kritik standhält, da von ihr meines Wissens keine Apologie der Untätigkeit ableitbar ist. Der konservative Utopiebegriff, den Neusüss kritisiert, ist - anders als der, den er beschreibt - ein entschieden ahistorischer Begriff. Die Utopie aber, die wir vorschlagen, ist keineswegs epochenunabhängig, sondern findet sich immer in den geschichtlichen Augenblick eingebettet. Und was den Konservatismus betrifft, so handelt es sich auch nicht darum, den brennenden - wenn auch nicht immer klaren - fortschrittlichen Blick zu ersetzen durch die eiskalte konservative bzw. neokonservative Weise, die Welt zu erforschen, in der die Gleichgültigkeit gegenüber dem Schicksal der Menschheit der Preis für die Klarheit zu sein scheint. Konservatismus wie Progressivität gibt es in vielen Erscheinungsformen. Dem Konservatismus des Prinzen Salina im Roman von Lampedusa, für den sich etwas ändern muß, damit alles gleich bleibt, könnte man beispielsweise denjenigen gegenüberstellen, bei dem sich alles ändern muß, damit einige Dinge erhalten bleiben können. Dies ist es, woran Marx zu denken scheint, wenn er - ganz konservativ - die Optionen nennt, die später als die tragische Alternative zwischen "Sozialismus" - einem im Grunde viel utopischeren Sozialismus, als er selbst je zugegeben hätte - und dystopischer "Barbarei" bekannt wurden.[62] Unter

---

[62] Ausgehend von anderen Voraussetzungen plädiert Felipe Martínez Marzoa, La filosofía de "El Capital", Madrid 1983, S. 156-167, treffend für eine "konservative" Lesart dieser Alternative und der Idee der Revolution bei Marx

den dank des Sozialismus zu bewahrenden Dingen befand sich natürlich auch die Möglichkeit, daß es sinnvoll bliebe, von Ethik zu sprechen.
Die vertikale Utopie begünstigt, wie gesagt, die Untätigkeit nicht. Aber trotzdem könnte man sich fragen, ob revolutionäres Handeln - im Unterschied zur bloßen punktuellen Rebellion, die einfach aus der Verneinung der Gegenwart entspringt - nicht, mehr oder weniger im Sinne Blochs, einen Zukunftshorizont verlangt. Sieht man genau hin, so wird man jedoch erkennen, daß sogar die horizontale Utopie selbst nur dann Sinn macht, wenn wir denken, daß dieser Horizont - der im revolutionären Traum vom Kampf für eine bessere Welt erahnt wird - sich von uns gerade in dem Maße entfernen muß, in dem wir uns ihm zu nähern versuchen. Und daß, so ironisch dies auch scheinen mag, diese Schlußfolgerung nur der logischste Schluß ist, den man aus der fundamentalen Unabgeschlossenheit der menschlichen Geschichte ziehen kann. Hierauf hat schon Albert Camus hingewiesen:

"Theoretisch hat das Wort Revolution dieselbe Bedeutung wie das lateinische revolutio in der Astronomie. Sie ist eine Bewegung, die ein Looping macht ... Aber mit ebensoviel Grund kann man sagen, daß es in der Geschichte überhaupt noch keine Revolution gegeben hat. Es kann nur eine geben, wenn sie die endgültige sein würde ... Bis es so weit ist - falls es so weit kommen soll -, ist die Geschichte der Menschheit in gewissem Sinne die Summe ihrer aufeinander folgenden Revolten."[63]

ganz allgemein, für den "die wahre Alternative nicht die zwischen Revolution und Konservation, sondern die zwischen revolutionärer Konservation und abstrakter Liquidation ist".
63 A. Camus, L'homme révolté, Paris 1951, S. 100-102 (hier zitiert nach der deutschen Fassung: Der Mensch in der Revolte. Essays, übers. von J. Streller, Hamburg 1953, S. 109-111).

Eine aller Wahrscheinlichkeit nach unendliche Summe, es sei denn, der utopische Horizont könnte schließlich erreicht werden, so daß der Saldo der Geschichte im Optimismus oder Pessimismus endet. Es ist aber unklar, ob aus dieser eschatologischen Phantasievorstellung ein revolutionärer Vorteil folgt. Und es ist nicht einmal Zufall, daß uns der Horizont nur dann erreichbar erscheint, wenn wir stillstehen. Weit entfernt davon, uns zum Quietismus zu verführen, könnte die Ethik als Utopie - die ethische Utopie - uns ganz im Gegenteil weiterhin - selbst dann noch, wenn Nacht und Nebel von Dystopia jeden Horizont aus unserem Blickfeld entfernt haben - mehr als einen Grund, und vielleicht sogar die einzigen Gründe, dafür geben, nicht stillzuhalten.

# Literaturverzeichnis


Aguila, R. del: Crítica y reivindicación de la utopía: la racionalidad del pensamiento utópico, in: Revista Española de las Investigaciones Sociológicas 25 (1984) 37-70.

Alvarez Domínguez, I.: La filosofía kantiana de la historia, Universidad Complutense de Madrid 1984.

Apel, K.-O.: Transformation der Philosophie, 2 Bde., Frankfurt a. M. 1973.

-: Ist die Ethik der idealen Kommunikationsgemeinschaft eine Utopie?, in: Voßkamp 1982.

Aranguren, J. L.: Lo que sabemos de moral, Madrid 1967.

Arvon, H.: L'anarchisme au XXe siècle, Paris 1979.

Barry, B.: Review of 'Anarchy, State, and Utopia', in: Political Theory 3 (1975) 331 f.

Batscha, Z. (Hrsg.): Materialien zu Kants Rechtsphilosophie, Frankfurt a. M. 1976.

Beck, L. W.: Studies in the Philosophy of Kant, New York 1965.

Bell, D.: The End of Ideology, New York 1960.

-: The Comming of the Post-Industrial Society, New York 1973.

Berlin, I.: Two Concepts of Liberty, in: ders.: Four Essays on Liberty, Oxford 1969.

Bernstein, R. J.: The Restructuring of Social and Political Thought, Oxford 1976.

Bernstein, R. J. (Hrsg.): Habermas and Modernity, Oxford 1985.

Bloch, E.: Geist der Utopie, 2. Aufl. Frankfurt a. M. 1923.

-: Das Prinzip Hoffnung, Gesamtausgabe, Bde. V/1 und V/2, Frankfurt a. M. 1959.

-: Naturrecht und menschliche Würde, Gesamtausgabe, Bd. VI, Frankfurt a. M. 1961.
-: Subjekt-Objekt. Erläuterungen zu Hegel, Gesamtausgabe, Bd. III, Frankfurt a. M. 1962.
-: Kann Hoffnung enttäuscht werden?, in: Literarische Aufsätze, Gesamtausgabe, Bd. IX, Frankfurt a. M. 1965.
-: Tübinger Einleitung in die Philosophie, Gesamtausgabe, Bd. XIII, Frankfurt a. M. 1970.
-: Die neue Linke und die Tradition, in: H. Gekle (Hrsg.): Abschied von der Utopie?, Frankfurt a. M. 1980.
Bobbio, N.: Da Hobbes a Marx. Saggi di storia della filosofia, Neapel 1965.
Bobbio, N. und M. Bovero: Società e stato nella filosofia politica moderna, Mailand 1979.
Brenner, P. J.: Aspekte und Probleme der neueren Utopiediskussion in der Philosophie, in: Voßkamp 1982.
Bubner, R.: Modern German Philosophy, Cambridge u. a. 1981.
Buchanan, A. E.: Marx and Justice, Totowa 1982.
Burg, P.: Kant und die Französische Revolution, Berlin 1974.
Camus, A.: L'homme révolté, Paris 1951 (dt. Der Mensch in der Revolte. Essays, übers. von J. Streller, Hamburg 1953).
Cohen, G. A.: Karl Marx's Theory of History. A Defence, Oxford 1979.
Cortina, A.: Pragmática trascendental y responsabilidad solidaria en Apel, in: Estudios filosóficos 87 (1982) 322-336.
-: Etica mínima. Introducción a la filosofía práctica, mit einem Vorwort von José Luis L. Aranguren, Madrid 1986.
Cranston, M.: Freedom. A New Analysis, London u. a. 1953.
Daniels, N. (Hrsg.): Reading Rawls. Critical Studies on Rawls' 'A Theory of Justice', New York 1974.
Dworkin, R.: Liberalism, in: S. Hampshire (Hrsg.): Public and Private Morality, Cambridge 1978.
Elster, J.: Marxism, Functionalism, and Game Theory: The Case for Methodological Individualism, in: Theory and Society 11 (1982) 435-483.

Euchner, W.: Kant als Philosoph des politischen Fortschritts, in: Gerresheim 1974.
Fahrenbach, H.: Zukunftforschung und Philosophie der Zukunft. Eine Erörterung im Wirkungsfeld Ernst Blochs, in: Ernst Blochs Wirkung. Ein Arbeitsbuch zum 90. Geburtstag, Frankfurt a. M. 1975.
Fain, H. B.: Between Philosophy and History. The Resurrection of Speculative Philosophy of History within the Analytic Tradition, Princeton 1970.
Fetscher, I.: Immanuel Kant und die Französische Revolution, in: Gerresheim 1974.
Freyer, H.: Die politische Insel. Eine Geschichte der Utopien von Plato bis zur Gegenwart, Leipzig 1936.
Fries, J. F.: Philosophische Rechtslehre und Kritik aller positiven Gesetzgebung, Jena 1803 (Nachdruck Leipzig 1914).
Gandillac, M. de, Goldmann, L. und Piaget, J. (Hrsg.): Entretiens sur les notions de genèse et structure, Paris und Den Haag 1965.
Gerresheim, E. (Hrsg.): Immanuel Kant 1724-1974. Kant als politischer Denker, Bonn-Bad Godesberg 1974.
Gewirth, A.: Reason and Morality, Chicago und London 1978.
Gibbs, B.: Freedom and Liberation, New York 1976.
Gimbernat, J. A.: Ernst Bloch. Utopía y esperanza, Madrid 1983.
Godwin, W.: Enquiry Concerning Political Justice, hrsg. von F. E. L. Priestley, 3 Bde., Toronto 1971.
Gómez Caffarena, J.: Del 'Yo trascendental' al Nosotros del 'Reino de los Fines', in: Convivium 21 (1966) 183-198.
-: El teísmo moral en Kant, Madrid 1984.
González Vicen, F.: Filosofía del Estado en Kant, La Laguna, Teneriffa 1952.
-: Ernst Bloch y el Derecho natural, in: Sistema (Madrid) 27 (1978).
-: Ernst Blochs Philosophie der Utopie, in: Voßkamp 1982.
-: De Kant a Marx. Estudios de Historia de las Ideas, Valencia 1984.

Gorovitz, S.: John Rawls: A Theory of Justice, in: A. de Crespigny und K. Minogue (Hrsg.): Contemporary Political Philosophers, New York 1975.

Gough, J. W.: The Social Contract. A Critical Study of Its Development, 2. Aufl. Oxford 1957.

Habermas, J.: Erkenntnis und Interesse (1965), in: Technik und Wissenschaft als 'Ideologie', Frankfurt a. M. 1968.

-: Erkenntnis und Interesse, Frankfurt a. M. 1968.

-: Vorbereitende Bemerkungen zu einer Theorie der Kommunikativen Kompetenz, in: ders. und N. Luhmann: Theorie der Gesellschaft oder Sozialtechnologie, Frankfurt a. M. 1971.

-: Legitimationsprobleme im Spätkapitalismus, Frankfurt a. M. 1973.

-: Wahrheitstheorien, in: H. Fahrenbach (Hrsg.): Wirklichkeit und Reflexion. Festschrift für Walter Schulz, Pfullingen 1973.

-: Was heißt Universalpragmatik?, in: K.-O. Apel (Hrsg.): Sprachpragmatik und Philosophie, Frankfurt a. M. 1976.

-: Aspects of the Rationality of Action, in: Th. F. Geraets (Hrsg.): Rationality Today, Ottawa 1979.

-: Die Moderne - Ein unvollendetes Projekt. Rede aus Anlaß des Adorno-Preises, in: Die Zeit 39 (1980).

-: Theorie des kommunikativen Handelns, 2 Bde., Frankfurt a. M. 1981.

-: A Reply to my critics, in: Thompson und Held 1982.

-: Moralbewußtsein und kommunikatives Handeln, Frankfurt a. M. 1983.

-: Interpretative Social Science *versus* Hermeneuticism, in: N. Haan, R. B. Bellah, P. Rabinow und W. M. Sullivan (Hrsg.): Social Science as Moral Inquiry, New York 1983.

-: Der philosophische Diskurs der Moderne, Frankfurt a. M. 1985.

-: Theorie und Praxis, Frankfurt a. M. 1971.

Haezrahi, P.: The Concept of Man as End-in-Himself, in: R. P. Wolff (Hrsg.): Kant. A Collection of Critical Essays, London 1968.

-: The Price of Morality, London 1971.
Hampshire, S.: Unity of Civil and Political Society: Reply to Leszek Kolakowski, in: Kolakowski und Hampshire 1974.
Hare, R.: Rawls' Theory of Justice, in: Daniels 1974.
Harich, W.: Kommunismus ohne Wachstum?, Hamburg 1975.
Hegel, G. W. F.: Aphorismen aus der Jenenser Zeit, in: J. Hoffmeister (Hrsg.): Dokumente zu Hegels Entwicklung, Stuttgart 1936.
-: Grundlinien der Philosophie des Rechts, Sämtliche Werke, Jubiläumsausgabe, 4. Aufl. 1961-1968, Bd. VII.
Heller, A.: Habermas and Marxism, in: Thompson und Held 1982.
Herrero, F. J.: Religión e historia de Kant, Madrid 1979.
Hill, Th. E.: The Kingdom of Ends, in: L. W. Beck (Hrsg.): Proceedings of the Third International Kant Congress, Dordrecht 1972.
Horkheimer, M.: Anfänge der bürgerlichen Geschichtsphilosophie, Stuttgart 1930.
Iglesias, C.: América o el paraíso de lo posible en el siglo XVIII, in: Sistema (Madrid) 49 (1982).
Jarvie, C. I.: Concepts and Society, London und Boston 1972.
Jiménez Redondo, M.: Antiutopía y utopía neolibertarias, unveröffentlichtes Manuskript.
Jonas, H.: Das Prinzip Verantwortung, Frankfurt a. M. 1979.
Jordan, B.: Freedom and the Welfare State, London 1976.
Kant, I.: Werke, Akademie-Ausgabe, Berlin 1968 ff.
Kolakowski, L.: The Myth of Human Self-Identity: Unity of Civil and Political Society in Socialist Thought, in: ders. und Hampshire 1974.
-: Die sogenannte Entfremdung, in: Leben trotz Geschichte, München 1977.
-: Main Currents of Marxism, 3 Bde., Oxford 1978 (dt. Die Hauptströmungen des Marxismus, 3 Bde., 2. Aufl. München 1981).
-: Warum brauchen wir Kant?, in: Merkur 35:9/10 (Sept./Okt. 1981) 915-924.

Kolakowski, L. und Hampshire, S. (Hrsg.): The Socialist Idea: A Reappraisal, New York 1974.
Kortian, G.: Metacritique: The Philosophical Argument of Jürgen Habermas, Cambridge 1980.
LaCapra, D.: Rethinking Intellectual History: Texts, Contexts, Language, Ithaca 1983.
Levine, A.: Rawls' Kantianism, in: Social Theory and Practice 3 (1974) 47-63.
-: The Politics of Autonomy. A Kantian Reading of Rousseau's Social Contract, Amherst 1976.
Lledó, E.: La realidad de la utopía, in: R. García Cotarelo (Hrsg.): Las utopías en el mundo occidental, Universidad Internacional Menéndez Pelayo 1981.
Locke, J.: Two Treatises of Government, hrsg. von P. Laslett, 2. Aufl. Cambridge 1967.
Lübbe, H.: Fortschritt als Orientierungsproblem, Freiburg i. Br. 1975.
-: Fortschritt als Orientierungsproblem im Spiegel politischer Gegenwartssprache, in: E. Klett (Hrsg.): Tendenzwende?, Stuttgart 1975.
-: Praxis der Philosophie, Praktische Philosophie, Geschichtsphilosophie, Stuttgart 1978.
-: Unsere stille Kulturrevolution, Zürich 1978.
Luf, G.: Freiheit und Gleichheit. Die Aktualität im politischen Denken Kants, Wien 1978.
Lukes, S.: Individualism, Oxford 1973.
-: Methodological Individualism Reconsidered, in: Essays in Social Theory, New York 1977.
-: Of Gods and Demons: Habermas and Practical Reason, in: Thompson und Held 1982.
Luxemburg, R.: Die russische Revolution, hrsg. von B. Krauss, Hameln 1957.
Lyons, D.: Rawls versus Utilitarianism, in: The Journal of Philosophy 69 (1972) 535-543.
Machan, T. R. (Hrsg.): The Libertarian Reader, Totowa 1982.
MacIntyre, A.: A Short History of Ethics, New York 1966.

-: Secularisation and Moral Change, 1967.
-: Against the Self-Image of the Age, 1971.
-: After Virtue, Notre Dame 1981.
Macpherson, C. B.: The Political Theory of Possessive Individualism. Hobbes to Locke, Oxford 1962 (dt. Die politische Theorie des Besitzindividualismus, Frankfurt a. M. 1967).
Mansfield, Jr., H. C.: The Spirit of Liberalism, Cambridge, Mass. 1978.
Marcuse, H.: Eros und Zivilisation, Frankfurt a. M. 1965.
-: Das Ende der Utopie, Berlin 1967.
-: Versuch über Befreiung, Frankfurt a. M. 1969.
Marcuse, H., Habermas, J., Lubasz, H. und Spengler, T.: Theorie und Politik, in: J. Habermas u. a.: Gespräche mit Herbert Marcuse, Frankfurt a. M. 1978.
Martínez Marzoa, F.: La filosofía de "El Capital", Madrid 1983.
Marx, K.: Zur Kritik der Hegelschen Rechtsphilosophie, MEW, Bd. I, Berlin 1958 ff.
Mate, R.: El lugar de la ética en el arte de la política, in: Leviatán (Madrid) 9 (1982) 111-120.
McCarthy, Th.: The Critical Theory of Jürgen Habermas, 2. Aufl. Cambridge, Mass. und London 1981 (dt.: Kritik der Verständigungsverhältnisse: Zur Theorie von Jürgen Habermas, übers. von M. Looser, Frankfurt a. M. 1980).
Merton, Th.: The Meaning of Malcolm X, in: ders.: Faith and Violence, Notre Dame 1968.
Mill, J. S.: On Liberty, hrsg. von C. V. Shields, New York 1956.
Miller, R. W.: Rawls and Marxism, in: Daniels 1974.
Miller-Williamss, H. B. und Williams, H. (Hrsg.): The Limits of Utilitarianism, Minneapolis 1982.
Muguerza, J.: La razón sin esperanza, Madrid 1977.
-: La ética en la cruz del presente, in: Enrahonar 1 (1981) 7-16.
-: Etica y comunicación (Una discusión del pensamiento ético-político de Jürgen Habermas), in: Boletín Informativo de la Fundación Juan March 149 (1985) 26-33.
-: Sobre la falta de lugar de la utopía, in: J. González, C. Perey-

ra und G. Vargas Lozano (Hrsg.): Praxis y filosofía. Ensayos en Homenaje a Adolfo Sánchez Vázquez, Mexiko-Stadt 1985.
-: Rousseau, Kant, Marx, in: Homenaje a José Antonio Maravall, 2 Bde., Madrid 1986, Bd. II, 123-143.
-: Cara y cruz del contrato social, in: Saber leer (Madrid) 1 (1986) 6 f.
-: Desde la perplejidad, Madrid 1990.
-: A ciencia incierta, Madrid, im Druck.
-: De lo divino y lo humano, Madrid, im Druck.
-: ¿Politeísmo o irracionalismo? Un dilema positivista (En torno a la lectura habermasiana de Max Weber), in: Contrafacta, im Druck.
-: En torno al mito de la transparencia, in: Diálogos, im Druck.
-: Etica de la responsabilidad: ¿realización política de la ética o coartada ética de la política?, in: Letra Internacional, im Druck.
-: El aposteriori de la comunidad de comunicación y la ética sin fundamentos, in: A. Cortina (Hrsg.): Estudios sobre la filosofía de Karl-Otto Apel, in Vorbereitung.
Neusüss, A. (Hrsg.): Utopie. Begriff und Phänomen des Utopischen, Neuwied 1968.
Nowell-Smith, P. H.: Ethics, Oxford 1954.
Nozick, R.: Anarchy, State, and Utopia, New York 1974 (dt. Anarchie, Staat, Utopia, übers. von H. Vetter, München 1976).
-: Philosophical Explanations, Cambridge, Mass. 1981.
Paton, H. J.: The Categorical Imperative, London 1974.
Paul, J. (Hrsg.): Reading Nozick. Essay on 'Anarchy, State, and Utopia', Totowa 1981.
Plamenatz, J.: Ce qui ne signifie pas autre chose, sinon qu'on le forcera d'être libre, in: Annales de philosophie politique 5 (Rousseau et la philosophie politique) (1966) 137-152.
Popper, K. R.: The Poverty of Historicism, London 1954 (dt. Das Elend des Historizismus, übers. von L. Walentik, Tübingen 1965).

-: The Open Society and its Enemies, 4. Aufl. Princeton 1963 (dt. Die offene Gesellschaft und ihre Feinde, übers. von P. K. Feyerabend, Bern und München 1957/1958).
Proudhon, P.-J.: Idée générale de la Révolution au XIXe siècle, hrsg. von A. Berthod, in: Oeuvres Complètes de P.-J. Proudhon, hrsg. von C. Bouglé und H. Moysset, 8 Bde., Paris 1924, Bd. II.
Quintanilla, M. A. (Hrsg.): Diccionario de filosofía contemporánea, Salamanca 1979.
Rawls, J.: Justice as Fairness, in: The Philosophical Review 67 (1958) 164-194 (dt. Gerechtigkeit als Fairneß, in: John Rawls: Gerechtigkeit als Fairneß, hrsg. von Otfried Höffe und übers. von J. Schulte, Freiburg/München 1977).
-: Distributive Justice, in: P. Laslett und W. G. Runciman (Hrsg.): Philosophy, Politics and Society, Third Series, Oxford 1967.
-: A Theory of Justice, Cambridge, Mass. 1971 (dt. Eine Theorie der Gerechtigkeit, übers. von H. Vetter, Frankfurt a. M. 1975).
-: Reply to Lyons and Teitelman, in: The Journal of Philosophy 69 (1972) 556 f.
-: A Well-Ordered Society, in: P. Laslett und J. Fishkin (Hrsg.): Philosophy, Politics and Society, Fifth Series, New Haven 1979, 6-20.
-: Kantian Constructivism in Moral Theory (The Dewey Lectures), in: The Journal of Philosophy 77 (1980) 515-573.
Reiman, J. H.: In Defense of Political Philosophy: A Reply to Robert Paul Wolff's 'In Defense of Anarchism', New York 1972.
-: Anarchism and Nominalism: Wolff's Latest Obituary for Political Philosophy, in: Ethics 89 (1978) 95-110.
Reiss, H. (Hrsg.): Kant's Political Writings, Cambridge 1970.
Rodríguez Aramayo, R.: La filosofía kantiana de la historia. ¿Otra versión de la teología moral?, in: Revista de Filosofía 8 (1985) 21-40.
-: La filosofía kantiana del Derecho a la luz de sus relaciones

con el formalismo ético y la filosofía crítica de la historia, in: Revista de Filosofía 9 (1986) 15-36.
Rodríguez Ibáñez, J. E.: Teoría crítica y sociología, Madrid 1978.
Rollin, B. E.: There is only one Categorical Imperative, in: Kant-Studien (1976) 60-72.
Rousseau, J.-J.: Du contrat social, in: Oeuvres complètes, Bd. III. Ecrits politiques, Paris: Bibl. de la Pléiade 1964.
Saner, H.: Kants Weg vom Krieg zum Frieden. I. Widerstreit und Einheit: Wege zu Kants politischem Denken, München 1967.
Sartre, J. P.: L'Existencialisme est un humanisme, Paris 1946.
Schelsky, H.: Die Hoffnung Blochs, Stuttgart 1979.
Schroyer, T.: The Critique of Domination, New York 1973.
Sidgwick, H.: The Methods of Ethics (1874), 7. Aufl. 1907.
-: Principles of Political Economy, 1883.
-: Outlines of the History of Ethics, 1886.
Silber, J. R.: Procedural Formalism in Kant's Ethics, in: Review of Metaphysics 28 (1974) 197-236.
Spaemann, R.: Zur Kritik der politischen Utopie, Stuttgart 1977.
Steiner, H.: Anarchy, State, and Utopia: Book Review, in: Mind 86 (1977).
Talmon, J. L.: The Origins of Totalitarian Democracy, London 1952.
Teitelman, M.: The Limits of Individualism, in: The Journal of Philosophy 69 (1972) 545-556.
Thompson, J. B. und D. Held (Hrsg.): Jürgen Habermas. Critical Debates, Cambridge, Mass. 1982.
Thoreau, H. D.: Civil Disobedience, in: The Writings of H. D. Thoreau, Bd. IV, Boston 1906.
Tillich, P.: Kairos und Utopie, Stuttgart 1963.
Toulmin, S.: Human Understanding, Bd. I: The Collective Use and Evolution of Concepts, Princeton 1972.
Tugendhat, E.: Morality and Communication, Christian Gauss Lectures, University of Princeton 1981 (dt. Drei Vorlesun-

gen über Probleme der Ethik [1981], in: E. Tugendhat: Probleme der Ethik, Stuttgart 1984).
-: La pretensión absoluta de la moral y la experiencia histórica, in: J. Muguerza und F. Quesada (Hrsg.): Ayer y hoy de la ética. Actas de la Ia Semana de Etica e Historia de la Etica en Homenaje al Profesor José Luis L. Aranguren, Madrid, im Druck.
Ureña, E. M.: La crítica kantiana de la sociedad y la religión, Madrid 1979.
Valls Plana, R.: Del yo al nosotros. Lectura de la Fenomenología del Espíritu de Hegel, Barcelona 1971.
Vlachos, G.: La pensée politique de Kant, Paris 1962.
Vorländer, K.: Immanuel Kant, der Mann und das Werk, 2 Bde., Leipzig 1924.
Voßkamp, W. (Hrsg.): Utopieforschung. Interdisziplinäre Studien zur neuzeitlichen Utopie, 3 Bde., Stuttgart und Tübingen 1982.
Watkins, J. W. N.: The Alleged Inadequacy of Methodological Individualism, in: L. I. Krimmerman (Hrsg.): The Nature and Scope of Social Science, New York 1969.
Weber, M.: R. Stammlers 'Überwindung' der materialistischen Geschichtsauffassung, in: Gesammelte Aufsätze zur Wissenschaftslehre, hrsg. von J. Winckelmann, 2. Aufl. Tübingen 1951.
-: Politik als Beruf (Oktober 1919), in: Gesammelte Politische Schriften, hrsg. von J. Winckelmann, 2. Aufl. Tübingen 1958.
Wellman, C.: Welfare Rights, Totowa 1982.
Williams, H.: Kant's Political Philosophy, Oxford 1983.
Wolff, R. P.: In Defense of Anarchism, with a Reply to J. H. Reiman's 'In Defense of Political Philosophy', New York 1976.
-: Understanding Rawls. A Reconstruction and Critique of 'A Theory of Justice', Princeton 1977.
Wolff, R. P., Moore, B. und Marcuse, H.: Kritik der reinen Toleranz, Frankfurt a. M. 1966.

Woodcock, G.: Anarchism. A History of Libertarian Ideas and Movements, New York 1970.
Wrong, D. H. (Hrsg.): Max Weber, Englewood Cliffs 1970.
Yovel, Y.: Kant and the Philosophy of History, Princeton 1978.

# Personenregister

# Sachregister

# Reihe: Praktische Philosophie

*Die Bände 1 bis 28 sind kartoniert;*
*ab Band 29 erscheint die Reihe in festen Einbänden*

1: Ingrid Craemer-Ruegenberg: Moralsprache und Moralität. Zu Thesen der Sprachanalytischen Ethik. Diskussion, Kritik, Gegenmodell
2: Otfried Höffe: Strategien der Humanität. Zur Ethik öffentlicher Entscheidungsprozesse
3: Beat Sitter: Dasein und Ethik. Zur Theorie der Eksistenz
4: Claus Günzler: Anthropologische und ethische Dimensionen der Schule. Lernzieldruck und Lebenshilfe
5: Lewis White Beck: Akteur und Betrachter. Zur Grundlegung der Handlungstheorie. Aus dem Englischen
6: John Rawls: Gerechtigkeit als Fairneß. Herausgegeben von Otfried Höffe mit einem Beitrag „Rawls' Theorie der politisch-sozialen Gerechtigkeit". Aus dem Englischen
7: Reinhard B. Nolte: Einführung in die Sprechakttheorie John R. Searles
8: Martin Rhonheimer: Politisierung und Legitimitätsentzug. Totalitäre Kritik der parlamentarischen Demokratie in Deutschland
9: Annemarie Pieper: Pragmatische und ethische Normenbegründung. Zum Defizit an ethischer Letztbegründung in zeitgenössischen Beiträgen zur Moralphilosophie
10: Hans Michael Baumgartner (Hg.): Prinzip Freiheit. Eine Auseinandersetzung um Chancen und Grenzen transzendentalphilosophischen Denkens
11: Ludwig Siep: Anerkennung als Prinzip der praktischen Philosophie. Untersuchungen zu Hegels Jenaer Philosophie des Geistes
12: Hermann Krings: System und Freiheit. Aufsätze
13: Friedhelm Brüggen: Strukturen pädagogischer Handlungstheorie. Dilthey, Geisteswissenschaftliche Pädagogik, Mead, Habermas, Erlanger Schule

14: Anselm Winfried Müller: Praktisches Folgern und Selbstgestaltung nach Aristoteles
15: Stephan Strasser: Jenseits des Bürgerlichen. Ethisch-politische Meditationen für diese Zeit
16: Günther Maluschke: Philosophische Grundlagen des demokratischen Verfassungsstaates
17: Hans Poser (Hg.): Philosophische Probleme der Handlungstheorie
18: Rüdiger Bittner: Moralisches Gebot oder Autonomie
19: Monika Riedinger: Das Wort „gut" in der angelsächsischen Metaethik
20: Kristian Kühl: Eigentumsordnung als Freiheitsordnung. Zur Aktualität von Kants Rechts- und Eigentumslehre
21: Wolfgang Leidhold: Ethik und Politik bei Hutcheson
22: Andreas Kamp: Die politische Philosophie des Aristoteles und ihre metaphysischen Grundlagen
23: Gerhard Krämling: Die systembildende Rolle von Ästhetik und Kulturphilosophie bei Kant
24: G. E. M. Anscombe: Absicht. Aus dem Englischen
25: Karl-Heinz Nusser: Kausale Prozesse und sinnerfassende Vernunft. Max Webers philosophische Fundierung der Soziologie und der Kulturwissenschaften
26: Matthias Kaufmann: Recht ohne Regel? Die philosophischen Prinzipien in Carl Schmitts Staats- und Rechtslehre
27: Matthias Lutz-Bachmann: Geschichte und Subjekt. Zum Begriff der Geschichtsphilosophie bei Kant und Marx
28: Lukas K. Sosoe: Naturalismuskritik und Autonomie der Ethik. Studien zu G. E. Moore und J. S. Mill
29: Karl Schuhmann: Husserls Staatsphilosophie
30: Walter Pfannkuche: Platons Ethik als Theorie des guten Lebens
31: Edmund Sandermann: Die Moral der Vernunft. Transzendentale Handlungs- und Legitimationstheorie bei Kant
32: Thomas Nisters: Kants Kategorischer Imperativ als Leitfaden humaner Praxis
33: Markus Hilmar Wörner: Das Ethische in der Rhetorik des Aristoteles
34: Javier Muguerza: Ethik der Ungewißheit

Verlag Karl Alber, Freiburg/München